本书的出版得到了北京工商大学学科建设项目
“法学院学科建设”（项目编号：19008022068）的支持

RESEARCH ON THE ENVIRONMENTAL CITIZEN SUIT IN THE UNITED STATES

美国环境
公民诉讼制度研究

崔　瑜／著

法律出版社 LAW PRESS · CHINA
北京

图书在版编目(CIP)数据

美国环境公民诉讼制度研究 / 崔瑜著. -- 北京 : 法律出版社, 2023
ISBN 978-7-5197-7709-8

Ⅰ. ①美… Ⅱ. ①崔… Ⅲ. ①环境保护法-民事诉讼-研究-美国 Ⅳ. ①D971.251

中国国家版本馆 CIP 数据核字(2023)第 047650 号

美国环境公民诉讼制度研究
MEIGUO HUANJING GONGMIN SUSONG ZHIDU YANJIU

崔 瑜 著

责任编辑 薛 晗 王 斓
装帧设计 汪奇峰

出版发行 法律出版社
编辑统筹 法商出版分社
责任校对 晁明慧
责任印制 胡晓雅
经 销 新华书店

开本 710 毫米×1000 毫米 1/16
印张 17.5 字数 272 千
版本 2023 年 8 月第 1 版
印次 2023 年 8 月第 1 次印刷
印刷 北京建宏印刷有限公司

地址:北京市丰台区莲花池西里 7 号(100073)
网址:www.lawpress.com.cn
投稿邮箱:info@lawpress.com.cn
举报盗版邮箱:jbwq@lawpress.com.cn

销售电话:010-83938349
客服电话:010-83938350
咨询电话:010-63939796

书号:ISBN 978-7-5197-7709-8
定价:68.00 元
凡购买本社图书,如有印装错误,我社负责退换。电话:010-83938349

前言

进入新时代,我国公益诉讼制度在理论思考和法治建设上均有了重大进展。2017 年 7 月 1 日,第十二届全国人大常委会第二十八次会议修改的《民事诉讼法》和《行政诉讼法》正式实施,确立了检察机关提起公益诉讼制度。在推进公益诉讼制度的深化改革中,除深入总结国内司法经验外,还需要对域外相关制度进行考察。在世界各国的公益诉讼制度中,美国联邦环境法律中公民诉讼制度(citizen suit)富有特色,立法规定及司法实践较为丰富,引人深思。本书以美国环境公民诉讼制度为研究对象,通过美国环境公民诉讼的概述、诉讼资格、限制、强制执法的司法审查、救济措施及律师费用、公民诉讼制度的展望等几个部分,对美国环境公民诉讼制度的立法背景、法条规定、司法实践、审慎思考及展望等进行了比较细致、全面的动态探讨,以期完整地勾勒美国环境公民诉讼制度之全貌。

第一章对美国环境公民诉讼制度进行概括介绍。美国环境公民诉讼制度作为"典型的美国法律程序的创新",其创设印刻着时代烙印,20 世纪 70 年代管制俘获理论盛行、环保运动高涨等为其提供了契机。《清洁空气法》是首个将公民诉讼制度纳入其中的联邦环境法律,该法律的公民诉讼条款在提交国会立法讨论过程中经历多个版本,见证了立法支持者与反对者之间的冲突及妥协。最终国会在环境法规中纳入公民诉讼条款,形成由联邦环境保护局、州和私人公民组成的多方执法框架。环境公民诉讼制度业已成为联邦环境法律的常规特征。公民诉讼制度不同于告发人诉讼、政府执法及集体诉讼,应当将此类诉讼视为"私人检察总长"理论法律化转型的表现形式之一。

第二章从立法规定和司法塑造两个角度对环境公民诉讼的诉讼资格

进行考察。对于诉讼资格,各环境法律公民诉讼条款使用的文字并不相同,主要有"任何人"和"遭受不利影响者"两种类型。但这些要求并不明确,法院在审判过程中主要从宪法和法律角度推演判断,事实损害、因果关系和可补救性三要件体系及具体判断已成为诉讼资格的基本规则。法院对环境公民诉讼的诉讼资格认定需要动态考察,将联邦最高法院的案例一起阅读时,呈现出一幅诉讼资格认定的动态图景:在20世纪70年代和80年代,公民诉讼的诉讼资格标准相当宽松;在20世纪90年代,诉讼资格认定受到严格限制;在21世纪初,法院放松了诉讼资格认定标准。此外,环境公民诉讼的诉讼资格受到多重宪法防御的影响,包括权力分立、诉由消失等原则。

第三章分析了环境公民诉讼的限制。环境公民诉讼制度使私人公民为执法资源和执法能力有限的行政机构执行环境法规提供了补充,但公民诉讼的启动可能会干扰行政机构的执法权。国会早已预见到这一可能性,在授予公民有权提起诉讼的同时又对公民诉讼设定了多项限制措施,包括公民诉讼起诉前的通知、勤勉执法阻却、介入等,构成公民诉讼制度的重要内容。但是,国会在立法中并未对公民诉讼限制进行具体界定,交由法院结合个案具体情形进行认定。国会及法院对这些限制措施的态度摇摆不定,但也体现了在环境法规执行中依靠行政机构执法与拓宽公民诉讼通道之间的慎重选择。在此选择过程中,涉及行政执法及公民诉讼之间的博弈与平衡,以达到公民诉讼只是政府执法的补充而非取代。

第四章探析了强制执法公民诉讼的司法审查。在联邦环境法律的行政诉讼中,通常采用强制执法公民诉讼和一般诉讼的司法审查对行政机关进行司法监督,可能会造成一定程度的混淆,需要予以区分。法院一般不会认定行政机构未能履行非自由裁量职责,除非国会限定具体职责或提供确定的履职日期或可确定的期限。该类诉讼通过促使行政机构克服政治障碍、促进公众参与等方式督促行政机构履行职责。但在某些情况下,强制执法公民诉讼无疑会破坏行政机构制定执法议程和分配有限资源的行政自主性,然而,这种自主性的降低是可接受的代价,因为这类诉讼将促进行政责任制。

第五章对环境公民诉讼的救济措施及律师费用进行分析。在环境公民诉讼中,禁令是规定最早、适用最普遍的救济手段,申请禁令也成为公民原告的主要诉求。有些环境法律的公民诉讼制度又规定了罚款救济，但罚款应当上缴美国财政部，而非支付给公民原告。这本是为了确保严格的利他主义的公民诉讼，但也使和解应运而生。长期以来，公民发出的多数起诉意向通知没能进入诉讼程序，而是引发谈判，并较快地达成和解。和解被广泛用于公民诉讼案件中。此外，为了防止公民诉讼制度落空，国会并没有沿用律师费用负担的传统规则——美国规则，而是确立了律师费用转移规则，从而极大地缓解了公民原告的经济压力。

第六章在前文介绍的基础上，对美国环境公民诉讼制度予以反思及展望。公民诉讼制度作为美国环境法律的创新，其确立是基于特定的立法背景和特有的法律文化，在补充行政机关执法、保护环境方面发挥着重要作用。但公民诉讼制度在某些情况下可能会偏离立法者将其作为环境法律实施的补充和保证的最初设想，具体表现在干扰行政机关执法、破坏程序价值理念、合宪性质疑、滥用公民诉讼权利等方面。对此，应当将公民诉讼制度放在整个环境公益保护背景下辩证思考。

第七章对近年来我国公益诉讼制度的发展进行思考，并指出美国环境公民诉讼制度对我国的启示。公益诉讼作为一种特殊的公共利益保护方式，在守住绿水青山的过程中发挥着重要作用。我国要基于自身独特的法治体系与法治传统将公益诉讼制度作为公益保护体系的一环，构建多层级、内部和谐的公益保护体系。

本书常用缩写用词对照表

APA（Administrative Procedure Act）：行政程序法

CAA（Clean Air Act）：清洁空气法

CWA（Clean Water Act）：清洁水法

DOJ（Department of Justice）：美国司法部

EPA（Environmental Protection Agency）：联邦环境保护局

ESA（Endangered Species Act）：濒危物种法

FOIA（Freedom of Information Act）：信息自由法

NEPA（National Environmental Policy Act）：国家环境政策法

NPDES（National Pollutant Discharge Elimination System）：国家污染物排放消除系统

OMB（Office of Management and Budget）：管理和预算办公室

SEP（Supplemental Environmental Project）：补偿环境项目

目录

引言

自20世纪60年代以来，随着工业技术的不断发展，人类对生态环境的需求索取和征服能力不断增强，自然环境破坏也在不断升级，各种大规模环境事件频繁发生，我国也不例外。实际上，早在20世纪70年代，环境保护就已被立法机关所重视。在此后的几十年里，我国制定了大量的保护和改善环境、防治污染和其他公害的法律法规，但未能根本遏制生态环境恶化趋势，环境监管法律实施效果不佳对环境污染的规模和程度产生了直接影响。我国生态环境本底脆弱，局部区域生态系统质量不高、稳定性弱等问题突出，挤占和破坏重要生态系统与重要生态空间问题仍时有发生，生态安全形势依然严峻。[1]

党的十八大以来，以习近平同志为核心的党中央十分重视生态文明建设和生态环境保护，提出了一系列新思想、新论断、新要求。在中国特色社会主义进入新时代之际，习近平总书记在十九大报告中为中华民族伟大复兴的中国梦描绘了一幅宏伟蓝图。作为中国梦的重要组成部分，习近平总书记全面阐述了“美丽中国”的生态文明建设目标，并前所未有地提出“实行最严格的生态环境保护制度”等论断，生态文明建设在理论思考及实践举措上均有了重大进展。检察机关提起公益诉讼是全面推进依法治国、加强环境公益保护的重要举措。2017年6月27日，第十二届全国人大常委会结合理论界的创新性研究及不断丰富的试点实践，作出了《关于修改〈中华人民共和国民事诉讼法〉和〈中华人民共和国行政诉

[1] 参见《“十四五”生态环境保护监管规划》，载生态环境部，https://www.mee.gov.cn/xxgk2018/xxgk/xxgk03/202203/W020220323551716506114.pdf。

讼法〉的决定》,将检察公益诉讼制度正式纳入《民事诉讼法》和《行政诉讼法》,适用于生态环境和资源保护等领域,填补了生态环境公益保护的司法救济空白。从先期探索到两年试点,再到正式立法授权,检察机关作为"国家力量"正式登上公益诉讼的舞台,检察公益诉讼迎来了新的任务、面临着重大发展机遇。

2022 年党的二十大提出"加强检察机关法律监督工作。完善公益诉讼制度"。作为中国特色的公益诉讼制度,"检察公益诉讼在制度层面尚未成熟定型"。[1]如何对公益诉讼制度进行制度构建、理论细化,正是深化环境公益诉讼必须思考的问题。除总结国内的试点实践经验外,还需要考察域外相关制度。美国联邦环境法律中公民诉讼制度(citizen suit)极具特色,立法规定及司法实践较为成熟,引起国内学者的广泛关注。美国环境公民诉讼制度的确立是基于特定的立法背景和特有的政治制度,国会的初衷是将其作为环境法律实施的补充和保证。[2]那么,公民诉讼制度的实践功能和社会效果如何?该制度运作是否符合立法者的最初设想?是否产生任何问题?美国环境公民诉讼制度及其相关领域的经验对我国有何借鉴意义?这些问题既关乎对美国环境公民诉讼制度的全面认识,更有助于客观思考我国公益诉讼制度深化中的功能定位、路径选择等问题。客观上讲,国内学界对于美国环境公民诉讼制度研究成果丰富,但研究尚不成体系,还没有触及这些应当被认真思考的实质性问题。[3]随着时代变迁和司法实践发展,环境公民诉讼制度面临诸多困境,美国理论界和实务界对该制度评价不一。鉴于国内学界对美国环境公民诉讼制度的辩证研究明显不充分,本书在结合立法规定和司法实践分析的基础上,

---

〔1〕 参见胡卫列:《中国检察公益诉讼基本特征和理论制度构建》,载《人民检察》2019 年第 15 期。

〔2〕 See Natural Resources Defense Council v. Train, 510 F. 2d 692, 700 (D. C. Cir. 1975).

〔3〕 国内学者对美国公民诉讼制度的介绍多为美国公民诉讼对于我国公益诉讼的借鉴及启示,鲜有系统研究美国公民诉讼制度运行措施、现实困境等制度细节的文章。例如,巩固:《美国环境公民诉讼之起诉限制及其启示》,载《法商研究》2017 年第 5 期;齐树洁、李叶丹:《美国公民诉讼的原告资格及其借鉴意义》,载《河北法学》2009 年第 9 期;李艳芳:《美国的公民诉讼制度及其启示——关于建立我国公益诉讼制度的借鉴性思考》,载《中国人民大学学报》2003 年第 2 期。

从不同角度对该制度进行全面介绍，以期更客观地揭示美国环境公民诉讼制度之原貌。同时，针对中国公益诉讼的理论问题、实践问题，指出美国环境公民诉讼对我国的启示意义，以期正确认识我国公益诉讼深化中的路径选择、动力机制、制度构型等根本问题，这也是本书研究目的之所在。

第一章 美国环境公民诉讼制度的概述

第一节　公共利益与公益诉讼

一、公共利益

自由主义理论家弗里德里希·冯·哈耶克认为,“公共利益”或“公益”这两个术语直到今天仍是最难给出明确定义的概念。[1]鉴于“公共”的范围难以精确化以及“利益”的内容具有不确定性,对“公共利益”进行定义极其困难,公共利益必然是不确定的、动态的、发展的。[2]在一些案件中,法官认为公共利益是“公民在地方、州或国家政府的事务中共享的利益”[3],是公众或社会普遍存在的,“影响其合法权利或责任的某种利益。它并不意味着仅仅由于好奇或可能受到所涉问题影响的特定地区的利益”[4]。例如,在 Rose v. Chaikin 案中,法院认识到,在考虑是否发布禁止当地风车运营的禁令时,有必要在全国范围内考虑公众对清洁和可

---

〔1〕 参见[英]弗里德利希·冯·哈耶克:《法律、立法和自由》(第2、3卷),邓正来等译,中国大百科全书出版社2000年版。

〔2〕 参见崔瑜:《行政公益诉讼受案范围的立法反思——以“公共利益”的合理界定为视角》,载《中共山西省直机关党校学报》2017年第5期。

〔3〕 Russell v. Wheeler, 439 P. 2d 43, 46 (Colo. 1968).

〔4〕 Raj Anand & Ian G. Scott, *Financing Public Participation in Environmental Decision-making*, 60 Canadian Bar Review 81 (1982).

再生能源的利益。[1]换句话说，在一个主要涉及对本地私人滋扰的案件中，国家的整体利益被考虑在内。因此，公共利益法的核心是保护和维护公众的合法利益。公共利益具有多重性，并不是单一的，而是多种利益的平衡。[2]

公共利益理论是一种理性主义——也就是说，相信人类理性可以解决复杂问题，而行政机构被认为是专门为实现这一理想而设立的机构。从20世纪初，为了适应工业化发展的需要而扩张行政机构，到20世纪30年代为应对经济大萧条而实施新政进一步扩张了行政权，行政机构管理公共事务、维护公共利益的经验和水平进一步加强。行政机构是管理公共事务的行政组织体系，行使执行权，必须将其决定所涉及的各种利益视为"平衡所有对公共利益的公正决定至关重要的因素"。[3]专门性行政部门通过制定和执行专门性具体法律规范来承担越来越多的社会管理责任，这是由于行政机构相较于其他部门具有比较优势：立法机关虽然具有权威性，但因为公共管理事项由抽象转为具体，其无法满足专业性要求；市场能够满足专业性要求，但易受利益集团的影响；司法机关虽然可以获得专业信息并且不受利益集团的影响，但法院通常是分散的，而且对管理公共事项缺乏经验。[4]行政机关比这些部门更有可能将复杂现象置于理性控制之下，即更能实现公共利益。

公共利益理念通过针对国家社会需求的立法者制定法律予以成文化，最终透过法院和审理法官在具体个案中对案件所涉及公共利益考量并作出决定。[5]美国联邦最高法院的一项早期裁决认识到，法院往往会比考虑私人利益更大限度地考虑公共利益，甚至可能更深入地考虑公共利益。公共利益是一种具有重大意义和重要性的力量，美国联邦最高法

---

〔1〕 See Rose v. Chaikin, 453 A. 2d 1378 (N. J. Ch. 1982).

〔2〕 See E. Gellhorn, *Public Participation in Administrative Proceedings*, 81 Yale Law Journal 359 (1972).

〔3〕 See Airline Pilots Ass'n v. CAB, 475 F. 2d 900, 905 (D. C. Cir. 1973). See also Palisades Citizens Ass'n v. CAB, 420 F. 2d 188, 191 – 92 (D. C. Cir. 1969).

〔4〕 See Edward L. Rubin, Law and Legislation in the Adminstrative State, 89 Columbia Law Review 369(1989).

〔5〕 参见王珂瑾：《行政公益诉讼制度研究》，山东大学出版社2009年版，第23页。

院瑟古德·马歇尔(Thurgood Marshall)大法官表示:“公共利益法旨在填补我们法律制度中的一些空白。今天的公益律师是在早期民权、公民自由和法律援助律师成功的基础上发展起来的,但已经进入了新的领域。在法院、行政机构和立法机构之前,他们为广泛的相对无能为力的少数群体提供代表,例如,精神病患者、儿童和所有种族的穷人。他们也代表了我们大多数人作为消费者、工人、需要隐私和健康环境的个人广泛分享的被忽视的利益。这些律师……做出了重要贡献。他们不会(也不应该)永远占上风,但他们为客户赢得了许多重要的胜利。或许更重要的是,他们使我们的法律程序更好地运作,扩大了向决策者提供信息的渠道。他们使行政机关、立法者和法官能够根据所有受影响的利益来评估其决策的影响。而且,通过帮助打开我们法律体系的大门,他们使我们更接近人人享有平等正义的理想。”〔1〕

环境保护领域即是瑟古德·马歇尔大法官提到的一个相对的“新领域”。在环境保护的背景下,法院或其他环境决策者在依据环境立法作出决定时,不可避免地要特别考虑公共利益。许多环境法规赋予“环境”一词最广泛的含义,认为它不仅包括自然环境和对空气、土地和水的影响,而且包括社会、文化和经济环境。〔2〕即使短期内的环境恶化不会给人们造成传统法律意义上的人身或财产损害,但人们仍重视环境保护,因为环境恶化的过程是渐近的。人们希望后代能够继续享受环境资源,当代人不能为了自身的利益而置环境安全于不顾,透支后代的环境资源。同样地,环境案件的当事人往往不仅寻求保护自己的个人利益,而且也寻求保护子孙后代的利益。

二、公益诉讼

公共利益的实现与私益一样有基本实现路径:立法的确认、行政的落

---

〔1〕 R. Quicho, Watching the Trees Grow; New Perspectives on Standing to Sue, in Capacity Building for Environmental Law in the Asian and Pacific Region 680 (Donna Craig, et al., eds., 2002).

〔2〕 See Michael I. Jeffery, *Intervenor Funding As the Key to Effective Citizen Participation in Environmental Decision – Making: Putting the People Back into the Picture*, 19 Arizona Journal of International and Comparative Law 643 (2002).

实、司法的矫正以及社会自身的维护,四者缺一不可。[1]司法作为最终的、常态化救济渠道,更能稳定而规范地保护各种利益,包括私益和公共利益。公益诉讼是一个以诉讼目的为基准所界定的概念,旨在描述与保护私人利益相对的一种诉讼活动。[2]相较于私益诉讼,公益诉讼的显著特征在于诉讼主体的不同。例如,环境法律所赋予的生态环境权实际上是公共权利,这些权利在法律上被宣布属于每个人,是否意味着任何无个别利害关系的公民均可提起环境公益诉讼?答案是否定的。环境不会均匀地退化,环境损害也不会对所有公民产生同等影响。因此,并不是每个公民都能作为适格的权利主体,提起公益诉讼。私益诉讼通常需要遵循侵权诉讼的一般规则,原告必须证明他所受的损害不同于一般公众所受的损害。由于许多公益损害,例如空气或水污染,其性质同样影响到许多人,因此私益诉讼往往是无效的。在不涉及独特且重要的私人利益的情况下,公民个人一般不能起诉强制执行一般公共利益。例如,普通公民不能提起公害诉讼,除非他们遭受特定损害。[3]公益诉讼的原告不是为了追求私人利益,而是保护公共利益。

在过去的几十年里,美国公益诉讼得到长足发展。美国加利福尼亚州法院揭示了公益诉讼兴起的原因:“在我们所处的复杂社会中,大量的公民和广泛的群体拥有共同利益。这些利益虽然对整个社会具有重大意义,但并没有在必要程度上涉及单个个人的命运,以鼓励他们在法庭上进行私人辩护。虽然有政府的行政部门和机构(以 DOJ 部长为例)代表公众处理此类问题并确保适当执行,但由于各种原因,政府执法并不总是适当的,使得执行法律的某种私人行动势在必行。”[4]在美国,可采取集体诉讼(class actions)、检察总长请求(attorney general claims)和公民诉讼

---

[1] 参见马明生:《行政公益诉讼制度研究》,中国政法大学 2008 年博士学位论文,第 1 页。

[2] 参见傅达林:《“行政公益诉讼”概念之辩》,载《检察日报》2014 年 2 月 19 日,第 7 版。

[3] See W. Page Keeton et al., Prosser and Keeton on the Law of Torts § 90, at 646 – 50 (5th ed., 1984).

[4] Serrano v. Priest, 20 Cal. 3d 25, 44, 569 P. 2d 1303, 1313, 141 Cal. Rptr. 315, 325 (1977).

(citizen suits)等形式来保护公共利益,[1]其中联邦环境法律中的公民诉讼是美国公益诉讼的制度创新,立法规定及司法实践较为丰富,值得系统研究。所谓公民诉讼,通常是指允许受到法律所禁止的环境损害所影响的私人,替代政府执行法律的机制。[2]需要先予说明的是,美国法律有联邦法与州法之别,本书的研究范围限于联邦法,由于各州对公民诉讼的态度不一,本书所展现的联邦环境公民诉讼制度不能直接推导为对州法的理解。

第二节　环境公民诉讼制度的确立

密歇根州立大学法学院教授约瑟夫·萨克斯(Joseph Sax)作为公民诉讼理论的倡导者及实践者,将公民诉讼制度首次适用于1969年的《密歇根州环境保护法案》,[3]并被1970年联邦CAA所采纳。在2000年召开的"环境政策创新"(Innovations in Environmental Policy)研讨会上,斯坦福大学法学教授巴兹·汤普森(Buzz Thompson)宣称现代环境时代最普遍、最突出、最持久的创新是公民参与环境法实施。[4]公民参与被认为是对行政机构存在的政治束缚、制度限制以及执法资源匮乏等问题的回应。[5]作为参与环境法律实施的重要途径,国会于1970年在CAA中首次在联邦法律层面确立公民诉讼制度,这被视为"典型的美国法律程序的

---

〔1〕 See Drury D. Stevenson & Sonny Eckhart, *Standing as Channeling in the Administrative Age*, 53 Boston College Law Review 1357 (2012).

〔2〕 See Steven D. Shermer, *The Efficiency of Private Participation in Regulating and Enforcing the Federal Pollution Control Laws: A Model for Citizen Involvement*, 14 Journal of Environmental Law and Litigation 461 (1999).

〔3〕 See Karl S. Coplan, *Citizen Litigants Citizen Regulators: Four Cases Where Citizen Suits Drove Development of Clean Water Law*, 25 Colorado Natural Resources, Energy & Environmental Law Review 61 (2014).

〔4〕 See Barton H. Thompson, Jr., *The Continuing Innovation of Citizen Enforcement*, 2000 University of Illinois Law Review, 185 (2000).

〔5〕 See David R. Hodas, *Enforcement of Environmental Law in a Triangular Federal System: Can Three Not Be a Crowd When Enforcement Authorization Is Shared by the United States, the States, and Their Citizens?*, 54 Maryland Law Review 1552 (1995).

创新”。[1]美国作为法律制度发达的国家,为何要做出这样的创新？对这一问题的回答,离不开对环境公民诉讼制度的立法背景和立法历史的考察。

一、环境公民诉讼制度的立法背景

在20世纪70年代环境运动爆发之前,美国政府已经与环境污染斗争了几十年,但是联邦环境法规要么不存在,要么缺乏有效的联邦政府执法权力。例如,1948年的《联邦水污染控制法》(the Federal Water Pollution Control Act)[2]只适用于州际水流资源,没有明确污染排放者具体的排污标准,加之行政机构缺乏有效的执法措施,“从根本上来说是象征性执法,环境保护微乎其微”。[3]低效执法使人们对联邦政府保护环境的决心和效率产生深刻怀疑,由行政机构垄断环境执法的传统模式受到猛烈抨击。美国环境公民诉讼制度的创设带有鲜明的时代烙印,管制俘获理论的兴起与声势浩大的环境运动交相呼应,构成环境公民诉讼制度的立法背景,为公民诉讼条款入法提供了契机。

(一)管制俘获理论的盛行

大多数环境法规都以“市场失灵”(market failure)理论为前提。[4]简单来说,市场没有对外部环境成本负责。例如,当工厂排放污染物时,成本被“外化”,可能未经他人同意而被强加给其他人。环境影响在市场上得不到足够的重视,因为这些影响的成本未能在调节市场交易的价格信号中被考虑。需要政府以法规或财政手段的形式进行干预,以限制会对

---

〔1〕 See Zygmunt J. B. Plater, *The Three Economies: An Essay in Honor of Joseph Sax*, 25 Ecology Law Quarterly 411 (1998).

〔2〕 The Federal Water Pollution Control Act of 1948, c. 758, 62 Stat. 1155. 该法于1972年经由国会修订为《清洁水法》。

〔3〕 See Peter Cleary Yeager, *The Limits of Law: The Public Regulation of Private Pollution*, Cambridge University Press, 1991, p. 83.

〔4〕 See, e. g., Tom Tietenberg, *Environmental and Natural Resource Economics*, 3rd ed. Addison Wesley longman, 1992, p. 51 – 54. For an alternative framework, see Fred L. Smith, Jr., *Markets and the Environment: A Critical Reappraisal*, 13 Contemporary Economic Policy 62 (1995).

环境造成伤害的私人行为。因此,各州和联邦机构介入,阻止排污者排放污染物。虽然在理论上,行政机关被认为是公共利益的代表,但行政管理的现实往往会对行政机关构成妨碍,被监管的商业团体主导着行政机关与被监管者之间的关系。[1]

公民诉讼制度最早是由国会在俘获理论(capture theory)主导的管制学术时期颁布的,[2]即公民诉讼是管制俘获理论发展的产物。管制俘获理论的盛行随着"行政国家"(administrative state)的式微。20 世纪 30 年代,经济危机席卷全球,人们寄希望于国家力量。为了有效克服经济危机,联邦政府的权力显著扩张,其触角渗透到社会经济生活的方方面面。在这一时期,行政国家被人们所接受,并认为是对政府结构的永久性改良。然而,20 世纪 50 年代出现对行政国家零星质疑,在同一时期,研究独立监管委员会的学者发明"俘获"(capture)一词,用来描述监管机构与受监管企业相勾结的现象。[3]管制俘获理论认为,监管机构有意为受监管企业利益服务,具有公共性的监管立法可能会偏离轨道,使监管机构获得经济利益,[4]该理论已被证明是监管学者研究成果丰硕的领域。[5]对"管制俘获"保护下的行政国家的攻击在 20 世纪 60 年代变得"广泛而深刻"。[6]到了 20 世纪 70 年代,公众对"行政国家"的热情已经消失殆尽。

在对环境治理失败的检讨中,主流观点认为,政府和监管机构被受监

---

[1] See Richard B. Stewart, *The Reformation of American Administrative Law*, 88 Harvard Law Review 1669 (1975).

[2] See Barry Boyer & Errol Meidinger, *Privatizing Regulatory Enforcement: A Preliminary Assessment of Citizen Suits under Federal Environmental Laws*, 34 Buffalo Law Review 833 (1985).

[3] See Professor Marver Bernstein appears to have been the first to use the term capture. See Marver H. Bernstein, *Regulating Business by Independent Commission*, Princeton University Press, 1955, p. 90.

[4] See Samuel P. Huntington, *The Marasmus of the ICC: The Commission, the Railroads, and the Public Interest*, 61 Yale Law Journal 467 (1952).

[5] See Matthew D. Zinn, *Policing Environmental Regulatory Enforcement: Cooperation, Capture, and Citizen Suits*, 21 Stanford Environmental Law Journal 81 (2002).

[6] See John Wiley, *A Capture Theory of Antitrust Federalism*, 99 Harvard Law Journal 713 (1986).

管企业俘获而不能积极采取执法行动，使某些利益团体受益但公共利益受损。[1]导致监管机构被受监管企业所俘获的原因，既包括受监管企业主导着监管者与受监管企业之间的关系，[2]也包括将分散的公共利益组织起来的困难。

1. 被监管企业的优势地位

行政管制的客观目标反映在法官和学者的论述中，即“公共利益具有多重性，并不是单一的，而是多种利益的平衡”[3]，行政机构必须将其决定所涉及的各种利益视为“平衡所有对公共利益的公正决定至关重要的因素”[4]。虽然在理论上，行政机构被认为是公共利益的代表，但行政管制的现实往往是行政机构的决策过程并非为公共利益所主导。作为管制者的行政机构出于各种原因对受监管者抱有不当同情，从而出现被监管企业俘获监管机构的情形。监管机构受到无数压力和激励，推动监管朝向被监管企业所希望的方向发展，促使监管机构作出有利于被监管企业利益的决定。[5]

具体来说，被监管企业在监管过程的所有阶段都处于优势地位。首先，被监管企业对自身事务有优先控制权，在信息方面相较于监管机构更有优势。例如，环境监管具有资源密集型特征，需要广泛而详细的技术知识，包括生产过程、污染控制或修复技术、化学化合物的特性、流行病学、经济学等广泛和详细的技术知识，拥有这些知识的最佳知识库是被监管企业本身，这种优势可能会将监管机构推向被监管者的怀抱。而且，被监管企业熟悉监管机构的程序和运作，并可能为监管机构提供信息甚至专

---

[1] See Barry Boyer & Errol Meidinger, *Privatizing Regulatory Enforcement: A Preliminary Assessment of Citizen Suits under Federal Environmental*, 34 Buffalo Law Review 833 (1985).

[2] See Richard B. Stewart, *The Reformation of American Administrative Law*, 88 Harvard Law Review 1669 (1975).

[3] See Gellhorn, *Public Participation in Administrative Proceedings*, 81 Yale Law Journal 359 (1972).

[4] See Airline Pilots Ass'n v. CAB, 475 F. 2d 900, 905 (D. C. Cir. 1973).

[5] See Matthew D. Zinn, *Policing Environmental Regulatory Enforcement: Cooperation, Capture, and Citizen Suits*, 21 Stanford Environmental Law Journal 81 (2002).

业技术咨询,被监管企业能够将其观点有效传达给监管机构。虽然在理论上(在很大程度上也是实践中)监管机构可以自己收集信息,但与被监管企业相比,监管机构资源(如资金、人力等)有限,使监管机构不得不依赖于被监管企业提供的信息。因此,监管机构行使行政权力、实现行政目标依赖于被监管企业的合作,这也解释了监管机构为何会不合理地偏向于被监管企业提出的事实和论点。

其次,被监管企业拥有专业技术知识还意味着他们可以在法庭上巧妙地挑战行政行为,辩称监管机构未能充分考虑所有相关信息,迫使监管机构对其意见进行回应。监管机构总是有强烈的动机去倾听被监管者的意见,因为被监管者可以通过诉讼来挑战监管要求,从而增加监管机构的成本。监管机构从一开始就将被监管者的利益考虑在内,扼杀这些诉讼的可能性。如果监管机构对被监管者持续采取抗衡态度,将迅速消耗监管机构的资源。因此,监管机构会通过与被监管企业密切合作,以阻止此类诉讼。[1]被监管企业也可以通过对监管机构施加政治压力促使监管机构妥协,即如果被监管者遭受严重的经济波动,监管机构必须对此负责。由于这个原因,监管机构在监管中处于弱势地位,采取保守的监管政策。

此外,被监管者还可以通过影响晋升机会以及行政官员在私营企业就业前景(又称"旋转门")等方式影响监管机构的监管政策。为了使各自的利益最大化,监管机构和被监管企业之间形成利益互补、各取所需的共谋关系,这往往促使监管机构做出有偏见的政策。

2. 集体行动的困境

美国著名经济学家曼瑟尔·奥尔森(Mancur Olson)关于"集体行动的逻辑"的开创性研究为管制俘获理论的分析提供了新的论断,[2]即官僚机构"被认为是通过牺牲公共利益为代价来补贴私人利益"。他观察到,利益集中、组织良好的被监管企业相比于利益分散的、无组织的公共利益群体,通常是数量有限、可确定的,而且目标利益一致。在行政领域,采取协调一致、持续行动的被监管企业也能够雇用有效的律师和专家以

---

〔1〕 See Matthew D. Zinn, *Policing Environmental Regulatory Enforcement: Cooperation, Capture, and Citizen Suits*, 21 Stanford Environmental Law Journal 81 (2002).

〔2〕 See Mancur Olson, Jr., *The Logic of Collective Action*, Schocken Books, 1965.

支持他们的观点、为他们作证。被监管企业拥有巨大的财富和政治权力，他们雇用最好的说客、公关人员和律师，而这些费用通过价格上涨和税收减免的形式转嫁给公众。这种经济失衡为有组织的被监管企业提供了许多优势。由于企业是长期存在的，所以被监管企业在长期的斗争中坚持不懈。与具有强烈诉求的利益集团相比，公共群体中的个体在集体行动结果中所占利益相当小，[1]处于明显的劣势。因此，行政机构通常偏向被监管企业，对无组织的利益一般不予回应。

那么，能否通过将分散的、无组织的利益组织起来，有效代表分散的、无组织的利益？答案似乎是不太可能，因为创建有组织利益团体的成本将会随着利益团体规模的增加而不成比例地增加。而且，非组织利益成员（如消费者）的个人利益通常太小，个人往往缺乏为本群体利益而强烈参与的动机，因为如果其他人代表了该组织的利益，那么带来的好处不仅是参与代表的人受益，而且也使未参与者受益，即享受福利而不付出任何成本（"搭便车"效应）。耶鲁大学法学院乔纳森·梅西（Jonathan Macey）教授简明扼要地描述了"搭便车"问题："从定义上说，公众立法的好处一般落在公众身上。因此，任何个人都不太可能私下投入必要的资源来获得这种立法。那些不花钱的公众成员将获得免费受益的机会，而那些在公共相关立法方面投资的人将会因此受到损失。由于所有的收益都属于整个群体，那些没有贡献的人和那些贡献很大的人一样受益。因此，每个人都无所作为，并希望其他人会做出努力，以从他人的努力中获益。"[2]相比之下，当提出的利益不是公共利益，而是集中在少数几个拥有专门利益的企业时，一致的利益导向活动不会面临"搭便车"问题。

由于"搭便车"问题和集体行动的高昂代价，广泛的公共利益被管制机构所架空，例如，当涉及清洁的水或清洁的空气时，环境危害的分散性使得环境利益相对难以组成有效的政治力量。因为公共利益的获得者是每个人，利益是分散的和相对较小的，如果他们是理性的经济行为人，便

---

〔1〕 See Gellhorn, *Public Participation in Administrative Proceedings*, 81 Yale Law Journal 359 (1972).

〔2〕 See Jonathan R. Macey, *Promoting Public – Regarding Legislation Through Statutory Interpretation: An Interest Group Model*, 86 Columbia Law Review 223 (1986).

会免费享用他人的努力,而不是在政治活动中投入自己的时间和精力。[1] 从而出现被监管企业俘获监管机构的情形,牺牲了分散的、无组织的公共利益,如消费者、环保人士等群体的利益。

(二)环境运动的爆发

20 世纪六七十年代是美国历史上著名的社会改革时代,也推动着公共利益的保护。20 世纪 60 年代,公共利益环境组织对联邦机构和政府权力进行深刻批评。第二次世界大战结束之后,美国经济的长期稳定发展,得益于政府推行的促进国内产业、稳定经济发展等经济政策。但是,在人们享受工业发展带来的便利时,也面临着生存环境的严重恶化,如水污染、空气污染和化学污染等。美国许多大城市发生过严重的环境污染事件,如 1943 年洛杉矶光化学烟雾事件以及 1948 年多诺拉事件均被列入世界八大环境公害事件,美国环境污染严重程度可见一斑。

对越南战争的深刻幻灭和民权改革步伐缓慢,大大加深了公众对政府的批评。[2]很多创立环境法律组织的自由派律师受到约翰·肯尼迪总统呼吁的公共服务启发。然而,他们也开始相信政府本身不能有效地代表公共利益。环境律师与那些追求类似公共利益诉讼战略的同行一样,认为政府的局限性是针对其他"无人代表"的群体,包括消费者、儿童、妇女、福利领取者、精神病患者、穷人和少数族裔等。环境律师对政府的批判性观点得到了与政府机构日益频繁的斗争者的支持,这些政府机构隐瞒了公众的信息,无视公众的强烈反对,并有选择地选取了支持政府计划的专家。20 世纪 60 年代的典型性书籍,包括蕾切尔·卡逊(Rachel Carson)的《寂静的春天》(*Silent Spring*)(1962 年)和拉夫尔·纳德(Ralph Nader)的《任何速度都不安全》(*Unsafe at Any Speed*)(1965 年)都谴责了联邦监管机构与被监管企业的良好关系以及对公共健康和环境保护的疏忽。其中,《寂静的春天》描述了人类可能因为使用杀虫剂而面临着一个

---

[1] See E. Donald Elliot et al. ,*Toward a Theory of Statutory Evolution*:*The Federalization of Environmental Law*, 1 Journal of Law,Economics,and Organization 313 (1985).

[2] See Paul Sabin,*Environmental Law and the End of the New Deal Order*, 33 Law and History Review 965 (2015).

没有鸟类、蜜蜂和蝴蝶的世界,该书被誉为现代环境保护运动的开山之作,引起了广泛关注。

随着越来越多人的环保意识觉醒,20 世纪六七十年代美国公众卷入了声势浩大的环境保护运动中。20 世纪 70 年代,凯霍加河上多次燃起油污大火、加利福尼亚州南部的致命烟雾以及其他环境公害彰显了环境法规的不足,〔1〕这与人们所追求的健康生活品质背道而驰。公众对光化学烟雾、水污染、沙尘暴等生态环境污染的愤怒集中体现在 1970 年首个"地球日"(Earth Day)活动。1970 年 4 月 22 日,在全国范围内爆发了"地球日"活动,至少有 2000 万公众上街游行、示威和集会,〔2〕抗议政府对生态环境保护的懈怠和不作为,要求加强环境监管,维护公众安全和健康的环境权利。

二、环境公民诉讼制度的立法历史

为了回应公众对生态环境问题的持续高度关注,国会在 20 世纪 70 年代着手处理经济快速发展所导致的环境问题,并将综合性的环境法律列为优先立法事项,由此进入反环境污染立法的全盛期。即使国会已经制定了解决污染问题的理想立法框架,但这些法律必须实施和执行,否则非法活动及环境退化将会继续。正如康涅狄格州前检察长所说:"通过良好的环境法律只是挑战的一半。显然,另一部分是确保它们得到执行。如果我们要拥有一个良好的环境,我们既需要良好的法律,也需要良好的执法。"〔3〕环境法律改善环境质量的效果不仅取决于立法的合理性,还依赖于法律实施的有效性。对此,有参议员指出,如果没有有效的执法,环境保护"缺乏意义,缺乏真理,缺乏现实"。〔4〕的确,环境法规只有在付

---

〔1〕 See Jeffrey G. Miller, *Theme and Variations in Statutory Preclusions against Successive Environmental Enforcement Actions by EPA and Citizens, Part One: Statutory Bars in Citizen Suit Provisions*, 28 Harvard Environmental Law Review 401 (2004).

〔2〕 See N. Y. Times, April 22, 1970 at 1, Col. 1.

〔3〕 U. S. Senator Joseph Lieberman before the Senate Committee on Environment and Public Works, S. Hrg. 101 – 735, April 24, 1990 at 4.

〔4〕 See 101st Cong. 1 st Sess. S. Hrg. 101 – 503, Nov. 15, 1989, at 2 (statement of Sen. Joseph I. Lieberman).

诸执行时才有效,环境法规制定的标准如果不加以执行,仅仅作为建议,对于改善环境没有实际意义。

但是,环境监管机构面临着各种障碍,这些障碍可能限制其提供最佳环境执法水平的能力,特别是行政机构受到稀缺执法资源、有限信息和政治压力等因素的限制。这一情况在环境监管领域和其他任何监管领域一样。由于信息有限,监管机构在提供最佳环境法规执行方面的能力受到进一步的限制。各种活动对环境的影响因地而异,必须了解当地信息、具备专业知识。这种基于特定位置的信息本质上超出了监管机构的获取范围。当地公民团体可以更好地观察这些影响并采取相应行动。为了确保环境法律得到遵守,国会创建了由行政机构和公民组成的执法并行机制,颁布环境公民诉讼条款,通过使当地公民和环保团体能够补充政府的执法力度来帮助解决这些问题。1970 年制定的 CAA 不仅是第一个综合处理公众健康及环境问题的联邦项目,也是首个确立行政机构与公民并行执法机制的法律。

(一)纳德调查报告

有学者认为,1970 年制定的 CAA 很大程度上受到共和党的尼克松总统和直接负责国会空气和水污染小组委员会主席埃德蒙·马斯基(Edmund Muskie)参议员之间政治角力的影响,[1]后者是 1972 年民主党提名总统候选人的主要人选。两人都提出清洁空气立法,但与政府提案中更实质性的变化相比,马斯基参议员最初提交的法律草案只对饱受诟病的环境监管传统制度进行了细微改变。此时,著名调查记者拉尔夫·纳德(Ralph Nader)主导的调查团队通过大量深入的调查研究和缜密思考后,出版了《纳德报告:消失的空气》(*Nader Report*:*Vanishing Air*)一书,全面介绍了空气污染相关的社会因素及其中的利益勾连,对政府执法不力强烈鞭挞。[2]该报告反映了私人执法诉讼诞生的激进氛围:"空气污

---

〔1〕 See Elliott, Ackerman & Millian, *Toward a Theory of Statutory Evolution*: *The Federalization of Environmental Law*, 1 Journal of Law, Economics, and Organization 313 (1985).

〔2〕 See John C. Esposito & Larry J. Silverman, *Vanish Air*: *Ralph Nader's Study Group Report on Air Pollution*, Grossman Publishers, 1970.

染(及其对土壤和水的影响)是一种化学和生物的国内战争形式……这种损害日益直接地违反了地方、州和联邦法律,破坏了人们的健康和安全……违法者公然藐视法律,而据称致力于执行法律的政府对此负有责任。”而且,该报告对马斯基参议员进行了强烈批评,“这种尖刻的批评……把几乎所有存在的问题都归咎于马斯基参议员。指责马斯基参议员对国会空气和水污染小组(当时负责空气污染监管的联邦机构)提供的支持不充分,忽视了空气质量法案的缺陷,未能对国会空气和水污染小组的活动举行监督听证会。纳德报告甚至建议马斯基辞去国会空气和水污染小组委员会主席职务,因为他被指控没有能力为保护环境而工作”〔1〕。

该报告及诸多类似报道产生了重大社会影响,迫使马斯基参议员为了修复民众的信任,不得不考虑学界呼吁已久的公民诉讼。授权私人就政府未能保护环境而起诉的概念起源于一群法律活动家,他们认为司法机构最适合“使行政程序民主化”(democratize the administrative process)。〔2〕密歇根大学法学教授纳瑟夫·萨克斯(Joseph Sax)于1968年将这一想法付诸实践,为密歇根州立法机构起草了一部示范法,授权任何人得以起诉州或私人。此时学界普遍认为,单纯依托于政府执法的环境监管是不充分的,在行政机构不能或不愿执法的情况下,应当为私人通过诉讼的“代位执法”提供渠道。〔3〕甚至有人主张,“政府经常是违法者,联邦政府自身就是违反法律的常客,即便存在政府执法,通常也是无效的。只有私人是确保环境法律得到实施的唯一有效手段”〔4〕。授予私人参与环境决策

〔1〕 E. Donald Elliott, Bruce A. Ackerman & John C. Millian, *Toward a Theory of Statutory Evolution: The Federalization of Environmental Law*, 1 Journal of Law, Economics, and Organization 313 (1985).

〔2〕 See Reuel E. Schiller, *Enlarging the Administrative Polity: Administrative Law and the Changing Definition of Pluralism*, 1945 – 1970, 53 Vanderbilt Law Review 1389 (2000).

〔3〕 See Barry Boyer & Errol Meidinger, *Privatizing Regulatory Enforcement: A Preliminary Assessment of Citizen Suits under Federal Environmental Laws*, 34 Buffalo Law Review 833 (1985).

〔4〕 David Kimo Frankel, *Enforcement of Environmental Laws in Hawaii*, 16 Hawaii Law Review 85 (1994).

和执法的权利和机会,已成为社会的普遍共识和殷切期盼。[1]

约瑟夫·萨克斯教授的法案直接对马斯基参议员产生影响,马斯基参议员是1970年CAA的主要支持者。作为参议院委员会主席,马斯基参议员在委员会草案中引入了公民诉讼条款,该草案是以约瑟夫·萨克斯教授的示范法为基础。[2]为了回应公众期待,1970年8月中旬,马斯基参议员领导的空气和水污染小组委员会向公共工程立法委员会提交了新的CAA提案。参议院的立法报告也将此前的联邦执法工作委婉地描述为"受限的"(restrained),[3]将执法责任直接延伸至公民,赋予私人公民提起公民诉讼的权利。

(二)立法过程

虽然私人公民最终被赋予执行环境法律的责任,立法历史表明国会对公民诉讼制度持有谨慎态度。[4]CAA的公民诉讼条款在提交国会立法讨论过程中经历了多个版本,数易其稿才得以确定,见证了立法支持者与反对者的冲突及妥协。[5]CAA的公民诉讼条款早期版本授权公民针对违法者和不执行法案要求或不履行法案规定的任何义务(any duty)的联邦行政机构提起诉讼;公民需要在提起诉讼之前30日通知行政机构和违法行为所在州,但有四个例外;当公民诉讼符合公共利益时,法院即可将公民原告的律师费用转移给被告承担;等等。该版本在提交审议时引起一些立法者反对,参议员赫鲁斯卡怀疑对公民广泛授权将导致公民提起大量的公民诉讼案件,"行政机构的裁量权可能因此受到干扰,其时间

[1] See Barry Boyer & Errol Meidinger, *Privatizing Regulatory Enforcement: A Preliminary Assessment of Citizen Suits Under Federal Environmental Laws*, 34 Buffalo Law Review 833 (1985).

[2] See Reuel E. Schiller, *Enlarging the Administrative Polity: Administrative Law and the Changing Definition of Pluralism*, 1945 – 1970, 53 Vanderbilt Law Review 1389 (2000).

[3] See S. Rep. No. 1196, 91st Cong., 2d Sess. 36 – 37 (1970).

[4] See Barry Boyer & Errol Meidinger, *Privatizing Regulatory Enforcement: A Preliminary Assessment of Citizen Suits under Federal Environmental Laws*, 34 Buffalo Law Review 833 (1985).

[5] See a Legislative History of the Clean Air Act Amendment of 1970, at 226.

和资源消耗在应对这些诉讼上,而且也使法院不堪重负”〔1〕。企业的代表者也警告这将导致无聊、多重或骚扰性诉讼。〔2〕公民诉讼制度的主要立法支持者——马斯基参议员对此辩称,“迫使行政机构履行职责的概念是民主社会不可或缺的……该法案的理念是行政失败不应该阻碍公共政策,公民应该有权在行政机构失败的情况下寻求执法”〔3〕。

这些相互博弈的理念促成公民诉讼条款的最终形成,立法委员会对公民诉讼草案作出了较大程度的修改,如将起诉事项限于行政机构未能履行非自由裁量职责(nondiscretionary duties)、将起诉意向通知期限由30日延长至60日而且缩小例外适用情形、勤勉执法阻却(diligent prosecution bar)、律师费用转移规则由“公共利益”(public interest)标准调整为“适当”(appropriate)标准、允许行政机构基于正当事项“介入”(intervention)公民诉讼等措施,以防止公民诉讼干扰行政机构的执法权,使公民诉讼作为行政机构执法的补充。

最终,CAA第304条的公民诉讼条款规定,任何人都可以以自己的名义提起诉讼:(1)起诉任何人(包括美国政府和在美国宪法所允许范围内的其他任何政府部门或机构),指控其违反了或正在违反本法规定的排放标准或限制、EPA或各州颁布的有关上述标准或限制的命令;(2)起诉EPA局长,指控其不履行本法所规定的不属于裁量领域的行为或义务;(3)起诉任何人,指控其无许可证,而打算建造或已经建造了任何新的或经改造的重要排污设施;或指控其违反了或正在违反上述许可证之任何条款。〔4〕

CAA的公民诉讼条款促使国会在其他联邦环境法律中纳入公民诉讼条款。自1899年《垃圾法案》(The Refuse Act)通过以来,国会一直试图解决水质问题。〔5〕众议院公共工程委员会于1946年成立,审议了恢复和改善美国水域的计划。1948年国会颁布《联邦水污染控制法》是第一个专门用于控制水污染的综合措施,但是该法未能有效改善水质。

---

〔1〕 116 Cong. Rec. 32,925 – 26 (1970) (statement of Sen. Hruska).

〔2〕 See Legis. Hist. Clean Air Act, at 719 – 732.

〔3〕 116 Cong. Rec. 32,902 (1970) (statement of Sen. Muskie).

〔4〕 See 42 U. S. C. § 7604.

〔5〕 See generally H. R. Rep. No. 911, 92d Cong., 2d Sess., 66 (1972).

1971年2月8日，尼克松总统敦促国会修改《联邦水污染控制法》（当时国会正在考虑），以吸纳类似于CAA中的公民诉讼条款。[1]1971年11月2日，在该法通过20余年之后，参议员马斯基——1972年CWA的关键设计师——在参议院关于CWA的辩论中，描述了《联邦水污染控制法》失败的严重程度。参议院对政府有效执法的前景抱有很大的怀疑态度，指出"记录显示几乎完全没有执法"（the record shows an almost total lack of enforcement）[2]，在过去的二十多年里只有一个案件诉诸法院。CWA制定的目的是"恢复和维持水域的化学、物理和生物的完整性"，实现可垂钓和游泳的水质，并最终消除污染物的排放。[3]虽然CWA的目标是全国性的，但国会设想联邦政府和各州将共同承担"预防、减少和消除污染"的主要责任。[4]国会还认识到，仅靠政府的执法不足以确保环保目标得以实现。因此，国会在CWA中通过第505条确立了公民诉讼条款，授权任何公民根据自己的意愿提起诉讼。[5]在1972年国会制定ESA时，公众参与理念已经被普遍认同，以至于该法规定公民诉讼条款被认为是顺理成章的，不需要单独的报告对此予以讨论了。[6]

这些环境法律公民诉讼条款的立法历史表明，国会将执行环境法律的责任直接扩展至公民，为公民/公民组织提起公民诉讼提供渠道，架构由EPA、州（state）和公民（citizen）组成的三方执法框架。但是在许多方面，国会对公民诉讼制度设置了种种限制，使公民诉讼作为不那么激进的行政机构执法的补充办法。[7]前述的立法历史表明，国会在制定公民诉讼条款时至少有两方面的目的。一方面，公民诉讼可以促使行政机构履行执行环境法律的职责。公民在提起诉讼前要向行政机构报告环境违法

---

[1] See H. R. 5966, 92nd Cong., 1st Sess. (1971); S. 1014, 92nd Cong., 1st Sess. (1971).

[2] 117 Cong. Rec. 38,797, 38,799 (1971).

[3] See CWA s 101(a), 33 U. S. C. s 1251(a).

[4] See CWA s 101(b), 33 U. S. C. s 1251(b).

[5] See S. Rep. No. 414, 92d Cong., 1st Sess.

[6] See Karl S. Coplan, *Refracting the Spectrum of Clean Water Act Standing in Light of Lujan v. Defenders of Wildlife*, 22 Columbia Journal of Environmental Law 169 (1997).

[7] See Cramton & Boyer, *Citizen Suits in the Environmental Field: Peril or Promise?*, 2 Ecology Law Quarterly 407 (1972).

行为,提醒行政机构采取执法措施。另一方面,如果行政机构没有采取适当的执法行动,公民可以直接提起诉讼,此时公民诉讼是直接执行环境法律的手段。为了应对政府执法的弱化,私人公民(也包括公民组织)开始发起全国性的环境诉讼行动,在20世纪80年代以后公民诉讼案件开始增长。公民诉讼制度的双重目的也反映了国会所设想的执法顺序,即"如果联邦、州和地方机构未能履行其执法责任,公众有权根据公民诉讼条款寻求强有力的执法行动"[1]。在此框架下,EPA和州享有主要的执法地位,公民诉讼通过通知或随后的执法诉讼来弥补执法疏漏。

第三节　环境公民诉讼制度的界定

一、环境公民诉讼制度的内容

环境退化的扩散性使环境利益相对难以组织成一股有效的政治力量。更具体来说,由于"搭便车"问题和集体行动的高成本,有效表达公众对环境保护的广泛利益成为美国政治体制中的主要障碍。公民诉讼条款通过使公民直接执行环境法规而不关心政治限制来解决这一问题。

(一)环境公民诉讼条款的一般结构

CAA的公民诉讼条款成为后续几乎所有主要的联邦环境法律公民诉讼条款的范本。除《联邦杀虫剂、杀真菌剂和杀鼠剂法》外,[2]主要的联邦环境法律均对公民诉讼制度进行规定,包括《防止船舶污染法》(Act to Prevent Pollution from Ships)[3]、CWA[4]、《深海床固体矿物资源法》(Deep Seabed Hard Mineral Resources Act)[5]、《深水港法》(Deep-

---

[1] S. Rep. No. 92 – 414, at 64, reprinted in 1972 U. S. C. C. A. N. 3668, 3730.

[2] See 7 U. S. C. § 135 – 136y.

[3] See 33 U. S. C. § 1910.

[4] See 33 U. S. C. § 1365.

[5] See 30 U. S. C. § 1427.

water Port Act)[1]、《紧急应变规划与社区知情权法》(Emergency Planning and Community Right to Know Act)[2]、ESA[3]、《综合环境应对、补偿与责任法》(Comprehensive Environmental Response, Compensation and Liability Act)[4]、《能源政策与节约法》(Energy Policy and Conservation Act)[5]、《海洋保护、研究与保护区法》(Marine Protection, Research and Sanctuaries Act)[6]、《噪音管制法》(Noise Control Act)[7]、《安全饮水法》(Safe Drinking Water Act)[8]、《资源保护与再生法》(Resource Conservation and Recovery Act)[9]、《毒性物质管制法》(Toxic Substance Control Act)[10]等。

虽然这些后续环境法规中包含的公民诉讼条款与 CAA 的规定并不完全相同,但它们的相似性表明它们是根据 CAA 公民诉讼条款及其指导原则为模板的。在此之前,可能没有环境法规的章节明显地适用于其他法规的先例。[11]该制度业已成为联邦环境法律的常规特征,[12]旨在"消除这些(诉讼资格和程序性的)障碍,以迅速解决环境问题"[13]。环境公民诉讼条款的一般结构,整理大致如下:

---

[1] See 33 U. S. C. § 1515.

[2] See 42 U. S. C. § 11046.

[3] See 16 U. S. C. § 1540(g).

[4] See 42 U. S. C. § 9659.

[5] See 42 U. S. C. § 6305.

[6] See 33 U. S. C. § 1415(g).

[7] See 42 U. S. C. § 4911.

[8] See 42 U. S. C. § 300j-8.

[9] See 42 U. S. C. § 6972.

[10] See 15 U. S. C. § 2619.

[11] See North Slope Borough v. Andrus, 515 F. Supp. 961, 964, 11 ELR 20419, 20420(D. D. C. 1981).

[12] See Stephen Fotis, *Private Enforcement of the Clean Air Act and the Clean Water Act*, 35 American University Law Review 127 (1985).

[13] Environmental Citizen Action: Hearings before the Subcomm. on Fisheries and Wildlife Conservation of the House Comm. on Merchant Marine and Fisheries, 92nd Cong., 2nd Sess. 1 (1971).

(1)原告(Plaintiff):可由任何人提起诉讼,但受起诉资格要求限制。

(2)被告(Defendant):一般而言,被告包括两种类型。一是违反 EPA 所颁布之标准、限制、条件或命令之任何人(包括政府在内);二是不履行非裁量性职责的 EPA 局长。

(3)通知(Notice):原告须在提起诉讼之前预先通知行政机构、违法者。

(4)勤勉执法阻却(Diligent Prosecution Bar):如果行政机构在收到通知后已经勤勉地执法,则可以阻却公民诉讼的提起。

(5)救济(Remedy):法院可以作出禁令救济和罚款救济。

(6)律师费用(Attorney Fee):法院认为合适的情况下,将合理的律师费用判给胜诉或实质上胜诉方。

公民诉讼至少以两种重要而新颖的方式拓宽了公民执法的概念。[1]首先,环境公民诉讼反映了损害以及公民合法利益观念的扩大。在反垄断、证券和其他传统监管领域,私人公民有权因经济损失提起诉讼,法律没有认识到需要保护普通公民的无形损害。因此,没有遭受经济损失的公民不能起诉。但是,环境公民诉讼条款表明,某些重要的环境利益至少在市场上并未得到直接重视,行政机关没有充分履行执行环境法律的职责。通过允许任何公民起诉以执行环境法律,国会含蓄地认识到,环境利益不能仅仅以市场条件来衡量,即使那些没有遭受可衡量的经济损失的人也可以在执法方面有具体的利益。

其次,公民诉讼概念扩大了私人原告的范围。在 CAA 颁布之前,公民只有在执行原告私人利益时才被允许进行公共执法。如果没有公民诉讼条款,那么关心环境的公民就无法有效地执行环境保护法或对抗环境退化,因为这些公民除普通法诉讼之外几乎没有其他补救办法。除公民诉讼部分外,大多数环境法规都没有规定私权诉讼。[2]然而,普通法上的补救措施往往无法有效地防治环境损害。例如,普通法的妨害(nuisance)

---

〔1〕 See Barton H. Thompson, Jr., *The Continuing Innovation of Citizen Enforcement*, 2000 University of Illinois Law Review 185 (2000).

〔2〕 See Peter H. Lehner, *The Efficiency of Citizens Suits*, 2 Albany Law Environmental Outlook 4 (1995).

诉讼需要遵循侵权诉讼的一般规则，原告必须证明他所受的损害不同于一般公众所受的损害。由于许多环境损害，如空气或水污染，其性质同样影响到许多人，因此妨害诉讼往往是无效的。同样地，许多损害发生时没有任何疏忽或排污者的故意不当行为，侵权仅限于对私人财产的某些侵权，并且不会涵盖大多数类型的环境污染。在不涉及独特且重要的私人利益的情况下，公民个人一般不能起诉强制执行一般公共利益。例如，普通公民不能提起公害诉讼，除非他们遭受特定损害。〔1〕

公民诉讼条款可以弥补普通法上救济措施的不足，授权公民起诉违反环境法规的排污者或者起诉行政机构，迫使他们履行非自由裁量职责。几乎所有早于1970年CAA的州和地方环境法规都是专门为公共执法提供的。1970年CAA授权公民诉讼时，国会首次呼吁公民在执行公共法律方面发挥直接作用，而不是间接作用。更大的威慑不再是附带利益，而是成为主要利益，原告不再追求私人利益，而是保护公共利益，公民诉讼将在全国范围内提供更高质量、更好的空气污染控制项目，改变公民参与机会较少的情况。〔2〕公民诉讼不仅提供直接执法，而且还会向EPA和各州"施加重要压力"(apply important pressure)，要求它们有效执行环境标准。〔3〕提起公民诉讼的原告不会从中受益，而是"履行了一项公共服务"，公民诉讼还可以通过为美国公民提供非常广泛的机会参与预防和减少空气污染，从而有助于行政程序民主化。〔4〕评论人士认为，这些条款可

---

〔1〕 See W. Page Keeton et al., Prosser and Keeton on the Law of Torts § 90, at 646 – 50 (5th ed., 1984).

〔2〕 See 1 Environmental Policy Div., Library of Congress, 93d Cong., A Legislative History of the Clear Air Amendments of 1970, at 138 (Comm. Print 1974).

〔3〕 See 1 Environmental Policy Div., Library of Congress, 93d Cong., A Legislative History of the Clear Air Amendments of 1970, at 127 (statement of Senator Muskie) (Senate consideration of the Clean Air Act) (Comm. Print 1974).

〔4〕 See 1 Environmental Policy Div., Library of Congress, 93d Cong., A Legislative History of the Clear Air Amendments of 1970, at 138 (statement of Senator Eagleton) (Senate consideration of the Clean Air Act) (Comm. Print 1974).

以更全面、更公平地执法,而政府只需付出极少的成本。[1]

(二)公民诉讼制度的类型

环境公民诉讼制度的诉讼类型并非仅限于我国通常所理解的民事诉讼,实际上包括了民事与行政两个维度,即以违反环境法律的排污者为被告、针对违法行为的诉讼;以环境监管者即行政机构为被告、针对其不履行"非自由裁量职责"的诉讼。

1. 私人执法公民诉讼

以环境违法者为被告,针对其违反授予公民诉讼条款的联邦环境法规特定法律条款和内容的行为提起的公民诉讼被称为"私人执法诉讼"(citizen enforcement suits),通过该类诉讼督促排污者遵守环境法规的基本要求。这类诉讼的被告是负有遵守联邦环境法律的所有义务主体,如果这些守法主体未能遵守环境法律——如违反排污限制、标准、排污许可证要求等,对此,公民可对其提起此种类型的环境公民诉讼。

2. 强制执法公民诉讼

针对行政机构未依法履行非自由裁量职责的公民诉讼属于强制执法诉讼。对于这类公民诉讼,有学者使用"agency - forcing" citizen suits 一词,[2]也有学者使用"action - forcing"[3]"bureaucracy - forcing"[4],统

---

[1] See e. g. , Adam Babich, *Citizen Suits: The Teeth in Public Participation*, 25 Environmental Law Reports 10141 (1995); Jeffrey G. Miller, *Citizen Suits: Private Enforcement of Federal Pollution Control Laws*, Wiley Law Publications, 1987, p. 2.

[2] See Frank B. Cross, *Rethinking Environmental Citizen Suits*, 8 Temple Environmental Law and Technology Journal 55 (1989).

[3] See Bruce A. Ackerman & Richard B. Stewart, *Reforming Environmental Law*, 37 Stanford Law Review 1333 (1985); Barry Boyer & Errol Meidinger, *Privatizing Regulatory Enforcement: A Preliminary Assessment of Citizen Sual Environmental Laws*, 34 Buffalo Law Review 833 (1985).

[4] John E. Bonine & Thomas O. McGarity, *The Law of Environmental Protection: Cases - Legislation - Policies*, West Academic Publishing and Foundation Press, 1992, p. 1.

称为强制执法公民诉讼。[1] 在CAA立法时,参议院法案授权公民针对EPA未行使"根据该法案规定的任何职责"提起诉讼。参议院报告指出,"如果(环境保护局局长)未能履行该法规定的职责,包括执法职责,将面临被诉"[2]。参议院法案引起了一些人反对,他们担心广泛授权的强制执法公民诉讼会引发大量诉讼,从而干扰到联邦环保局执行法案的能力。作为回应,立法委员会修改了该项规定,将强制执法公民诉讼限制在EPA未履行非自由裁量行为或职责的情况,旨在"限制针对行政机构的公民诉讼的数量,并减少对法案复杂行政程序的干扰"。[3]

可见,公民诉讼的范围较为宽泛,并非局限于不遵守联邦环境法律的私人执法诉讼,还涵盖公法意义上司法审查的强制执法公民诉讼。这两种诉讼类型虽然可能依据同一实体法规定,但具有不同的法律特征,不仅体现在被告的不同,更主要的是法律适用上的不同。具体来说,私人执法诉讼适用民事诉讼程序规则,而强制执法公民诉讼则主要依据APA及其他对行政机构司法审查的规定。国会希望通过公民诉讼制度扩展公民在环境法律实施中的作用,即一方面促使行政机构更积极地执行反污染标准,另一方面在行政机构不执法时提供一种替代执行法律的机制。[4]

二、环境公民诉讼与相关概念辨析

(一)环境公民诉讼与告发人诉讼

环境公民诉讼制度并非私人公民执行法律的唯一类型,某些联邦法律中的告发人诉讼(qui tam)允许私人公民就违反联邦法律的行为提起诉讼。

---

〔1〕 我国有学者认为这类诉讼是指"强制执法诉讼",本书认为这一概念能够区别于"私人执法公民诉讼",故在本书中使用"强制执法公民诉讼"。参见巩固:《美国环境公民诉讼之起诉限制及其启示》,载《法商研究》2017年第5期。

〔2〕 S. Rep. No. 91 - 1196, 36 - 39 (1970).

〔3〕 See Kennecott Copper Corp. v. Costle, 572 F. 2d 1349, 1353 (9th Cir. 1978).

〔4〕 See Baughman v. Bradford Coal Co., Inc., 592 F. 2d 215, 217 (3d Cir. 1979).

1. 告发人诉讼

告发人诉讼是拉丁语短语"qui tam pro domino rege quam pro se ipso in the hac parte sequitur"的缩写,意思是"代表国王和他自己的诉讼"。[1]告发人诉讼条款允许私人个人——也就是所谓的"告发者"(relator)以政府的名义(in the government's name)对于违反联邦法律的人提起诉讼,执行联邦法律。作为回报,奖励告发者全部或部分罚款金钱,即使告发者对诉讼没有其他利益。[2]虽然整个19世纪英格兰的告发人诉讼都很常见,但私人诉讼的理由随着时间的推移而发生变化。"在诺曼征服之后的最初几个世纪,私人执法似乎很常见,因为公共和私人职能之间没有完善的概念区分"[3]。然而,到18世纪末19世纪初工业革命开始时,"私人执法的基础似乎发生了相当大的变化"[4]。虽然公共和私人职能之间概念上的区别已经形成了一些复杂性,但当时缺乏一支实质性和集中的警察部队来规范日益增长的城市问题。因此,通过采用功利性手段,19世纪的英国法律制度试图通过增加刑罚来增加犯罪成本,并通过使自诉获利而使公民参与执法过程。[5]

告发人诉讼在英美法律方面有着悠久的历史,在美国内战时期成为美国司法的一部分。在这一时期,为了解决有关大规模国防合同欺诈,林肯总统引入私人来阻止向美国政府出售一批有缺陷的供应品。为了实现这个目的,林肯总统督促国会通过美国第一部告发人诉讼的法规,即《虚假申报法》(False Claims Act,FCA),又名林肯法案,该法律的告发人诉讼条款已经成为典型。该法律规定总检察长拥有对违反该法案的人采取民

---

〔1〕 See Evan Caminker, *The Constitutionality of Qui Tam Actions*, 99 Yale Law Journal 341 (1989). Vermont Agency of Natural Resources v. United States ex rel. Stevens, 120 S. Ct. 1858, 1860 n. 1 (2000).

〔2〕 See United States ex rel. Marcus v. Hess, 317 U. S. 537, 541 (1943).

〔3〕 See Boyer & Meidinger, *Privatizing Regulatory Enforcement: A Preliminary Assessment of Citizen Suits Under Federal Environmental Laws*, 34 Buffalo Law Review 833 (1985).

〔4〕 See Boyer & Meidinger, *Privatizing Regulatory Enforcement: A Preliminary Assessment of Citizen Suits Under Federal Environmental Laws*, 34 Buffalo Law Review 833 (1985).

〔5〕 See Boyer & Meidinger, *Privatizing Regulatory Enforcement: A Preliminary Assessment of Citizen Suits under Federal Environmental Laws*, 34 Buffalo Law Review 833 (1985).

事执法行动的主要权力,[1]但也允许私人"以政府的名义……对违法者和美国政府提起民事诉讼"[2]。针对欺诈美国政府的人,与此不相关的个人若持有相关证据,可以提起告发人诉讼,该类诉讼的潜在原告一般是内部知情者。

告发人诉讼的原告必须提供起诉书的副本和联邦政府的重要证据,"政府可以在收到申诉和重要证据、信息后的60日内选择干预并采取行动"[3]。告发人一旦提起诉讼,只有在法院和检察总长书面同意撤回和提供同意理由时才可以撤诉。政府和法院都可以限制告发人参与诉讼,如果这种参与会"妨碍或不适当地延迟政府对案件的起诉"[4]或"出于骚扰的目的或会给被告造成不适当的负担或不必要的费用"[5]。但是,如果诉讼成功,则告发人将获得被评估罚金或和解金额的15% ~25%,外加诉讼费用、开支和律师费用。[6]如果联邦政府选择不在初审期间进行干预,则必须通知法院,而告发人"有权采取行动"[7]。尽管如此,政府可以要求所有诉状和证词的副本,并且可以在诉讼"表现良好"(showing of good cause)[8]之后介入。这种诉讼中成功的告发人将获得25% ~30%的罚金或和解金奖励,外加诉讼费用、成本和律师费用。[9]但是,如果被告胜诉,法院只能在告发人的主张"显然是无意义的,明显无理缠扰的,或者主要是出于骚扰目的"(clearly frivolous, clearly vexatious, or brought primarily for purposes of harassment)的情况下,判决原告支付被告的诉讼费用和律师费用。[10]

---

[1] See 31 U. S. C. § 3730(a).

[2] 31 U. S. C. § 3730(b)(1).

[3] 31 U. S. C. § 3730(b)(2).

[4] 31 U. S. C. § 3730(c)(2)(C).

[5] 31 U. S. C. § 3730(c)(2)(D).

[6] See 31 U. S. C. § 3730(d)(1).

[7] 31 U. S. C. § 3730(b)(4)(B),(c)(3).

[8] See 31 U. S. C. § 3730(c)(3).

[9] See 31 U. S. C. § 3730(d)(2).

[10] See 31 U. S. C. § 3730(d)(4).

2. 环境公民诉讼与告发人诉讼的关系

在20世纪的前半部分,"美国对告发人诉讼的司法态度喜忧参半"[1]。一些法院关注的是19世纪告发人诉讼的受欢迎程度降低,而另一些法院则认为它们作为"对于公共机构执法不力的补充"发挥着有限作用。但是,20世纪中期的普遍看法是:"随着公共机构变得更加有效,对告发人诉讼的需求减少了。立法机构和法院在回应这种减少的需求时,逐渐对告发人诉讼进行了无数的程序和理论限制。"[2]其实,在1970年国会审议CAA时,关切的公民和环保主义者试图在1899年《河流和港口法》(Rivers and Harbors Act of 1899)中纳入告发人诉讼。在国会就CAA法案进行辩论期间,非营利性环保组织试图通过根据1899年《河流和港口法》起诉工业水污染源来证明私人执法的传统,该法要求任何向美国水域倾倒垃圾的人必须获得联邦政府的许可。[3]环保组织注意到,《河流和港口法》授权向任何"提供可能导致定罪的信息"(giving information which shall lead to conviction)的人支付任何罚款金额的一半。环保组织在20世纪60年代末提起了一系列诉讼,辩称该罚款条款暗含着授权个人提起告发人诉讼。个人公民和环保团体不再依赖行政程序来执法,而是在法庭上提起诉讼。[4]然而,法院认为个别公民不能提起执法案件,经常驳回这些诉讼。

虽然联邦法院并未接受环境保护主义者的论点,即在《河流与港口法》中默认适用告发人诉讼,但是20世纪70年代初的政治氛围(国会中的民主党多数人对共和党政府的执法意图不信任)促进了国会对鼓励公民参与执行联邦环境法律的强烈兴趣。这种兴趣最终导致了一项新的法定机制的通过,即在1970年CAA中确立公民诉讼。由于法院禁止公民使用告发人诉讼来纠正《河流和港口法》的违法行为,国会试图在联邦环

---

[1] Note, *The History and Development of Qui Tam*, 1972 Washington University Law Quarterly 81 (1972).

[2] Note, *The History and Development of Qui Tam*, 1972 Washington University Law Quarterly 81 (1972).

[3] See Rivers and Harbors Act of 1899, § 13, 33 U. S. C. § 407 (1994).

[4] See H. R. REP. NO. 911, 92d Cong., 2d Sess., 132 (1972).

境法律中赋予公民对排污者起诉的权利。为了减少公民在根据《联邦民事诉讼规则》[1]的集体诉讼要求诉诸法院时遇到的困难，参议院在联邦环境法规中确立了公民诉讼条款，授权任何公民或公民组织依据自身意愿起诉。[2]

鉴于告发人诉讼的先例，立法者不认为公民诉讼是与过去告发人诉讼的彻底决裂。正如尼克松政府所承认的那样，公民诉讼建立在“现行法律的发展趋势”(trend of existing law)之上。[3]但是，公民诉讼与告发人诉讼属于两种类型的诉讼，联邦最高法院已经明确地将环境公民诉讼与告发人诉讼进行比较。[4]

首先，是否有经济奖励。告发人诉讼要求联邦政府奖励罚款或和解金——告发人直接分享这些经济利益，而环境公民诉讼原告则不得分享罚款。例如，FCA 允许任何人对联邦承包商的欺诈行为提起诉讼，并可在胜诉后从法院判令被告支付的罚款中分得一部分。[5]根据统计，在联邦所有的反欺诈政府行为中，有超过 70% 是由举报人发起的，政府在 1987 年至 2013 年根据 FCA 挽回了 389 亿美元。[6]例如，马士基航运集团通过各种方式虚报夸大集装箱运输费用，向美国政府索取不合理的过多滞留费和交付延误费，一名前业内人士根据 FCA 向法院提出诉讼。最终，马士基航运集团向美国政府赔偿 3190 万美元，而该告发人则从马士基航

[1] See FED. R. Civ. P. 23.

[2] See S. Rep. No. 414, 92d Cong., 1st Sess.

[3] See 1 Environmental Policy Div., Library of Congress, 93d Cong., A Legislative History of the Clear Air Amendments of 1970, at 214 (Comm. Print 1974).

[4] See Steel Co. v. Citizens for a Better Env't, 523 U. S. 83, 129 (1998) (Stevens, J., concurring); Lujan v. Defenders of Wildlife, 504 U. S. 555, 572 – 73 (1992).

[5] See 31 U. S. C. § 3729 – 33.

[6] See *Fraud Statistics – Overview*, US Department of Justice (Dec. 26, 2013), https://www.justice.gov/sites/default/files/civil/legacy/2013/12/26/C – FRAUDS_FCA_Statistics.pdf.

运集团的赔偿金中获得 360 万美元。[1]但是,环境公民诉讼原告应该是利他主义者(altruists),而不是赏金猎人(bounty hunters)。公民诉讼中可资利用的救济手段并不多,法院有权对环境公民诉讼作出包括禁令、罚款等救济措施,没有损害赔偿的救济。而且,罚款不是支付给公民原告,而是直接缴纳给美国财政部。虽然那些挺身而出保护公共利益的公民可以获得律师费用和诉讼费用的补偿,但他们无权获得经济奖励。

其次,诉讼资格要求不同。环境公民诉讼条款允许公民"以自己的名义"(on his own behalf)[2]起诉。在告发人诉讼中,告发者纯粹是"以政府的名义"(in the name of the Government)[3]起诉,通常与违法行为没有任何个人关系。虽然环境公民诉讼条款经常看起来允许任何公民诉讼可以针对任何违法者提起诉讼,但联邦最高法院已经基于《美利坚合众国宪法》(以下简称《宪法》)第 3 条要求所有公民原告符合诉讼资格要求——具体和特殊的伤害、因果关系和可救济性。诉讼资格要求确保每个公民原告都亲自感受到违法行为的影响,公民不能仅仅为了确保遵守法律而提起诉讼。

最后,是否受到政府的严格控制。环境公民诉讼原告对政府的独立程度远远超过告发人诉讼的原告,他们几乎与政府平起平坐。在环境公民诉讼中,正是由于没有私人经济奖励,公民诉讼原告通常只会在意公共利益,利他主义的公民不寻求也无法寻求经济奖励赏金,因此政府的严格控制是不必要的。而且公民诉讼原告可能会警告政府执法不力,并刺激(prod)政府采取原本不会进行的执法活动,甚至有权对政府自身不履行非自由裁量职责提起诉讼。相比之下,在告发人诉讼中,作为赏金猎人的

---

[1] See US Department of Justice Press Release:*Maersk Line to Pay Us $31.9 Million to Resolve False Claims Allegations for Inflated Shipping Costs to Military in Afghanistan and Iraq*. US Department of Justice (Jan. 3,2012),https://www. justice. gov/opa/pr/maersk – line – pay – us – 319 – million – resolve – false – claims – allegations – inflated – shipping – costs.

[2] Clean Air Act,42 U. S. C. § 7604(a);Friends of the Earth,Inc. v. Laidlaw Envtl. Servs. (TOC),Inc. ,120 S. Ct. 693,705 – 06 (2000) (regarding the Clean Water Act);Steel Co. v. Citizens for a Better Env't,523 U. S. 83,106 – 07 (1998) (regarding EPCRA).

[3] 31 U. S. C. § 3730(b)(1).

告发者受到政府的严密监督和控制。政府甚至可以限制告发人参与诉讼,如果这种参与会“妨碍或不适当地延迟政府对案件的起诉”[1]。

(二)环境公民诉讼与政府执法

有学者指出,环境公民诉讼的本质就是私人执法(private enforcement)。[2]私人执法是相对于政府执法(government enforcement)或公共执法(public enforcement)而言的。“私人执法”一词只指为公共目的的私人实施法律,而不包括非法行为的个人受害者为私人权利实施法律。这种用法与许多法律和经济学文献中的用法不同,后者将所有非政府执法称为“私人”,而无论执法人员是受害者还是私人检察总长。[3]根据美国法律,EPA是负责联邦环境监管的主管部门,其职责和权限主要依据CAA、CWA、《安全饮水法》等环境法律。

1. 政府执法

为了实现环境法规的目标,国会为行政机构提供了各种执法机制。当排污者违反环境法律时,行政机构可以选择使用行政措施、民事司法措施或者刑事措施等执法措施。

(1)行政措施

行政措施是行政机构实施的非经由司法程序的一种执法行动。对于违法者,行政机构采取的行政措施通常分为非正式措施和正式措施两种,二者适用的对象及具体手段不同。非正式措施适用的主要对象是轻微违法行为的违法者,手段包括发布通知和警告信,旨在使违法者在收到通知和警告信后纠正违法行为。具体来说,行政机构得知违法行为后,应当发布违法通知(Notice of Violation,NOV),通知违法行为所在地州及具体的

---

[1] 31 U.S.C. §3730(c)(2)(C).

[2] Barton H. Thompson, Jr., *The Continuing Innovation of Citizen Enforcement*, 2000 University of Illinois Law Review 185 (2000).

[3] See Becker & Stigler, *Law Enforcement, Malfeasance, and the Compensation of Enforcers*, 3 Journal of Legal Studies 1 (1974); Landes & Posner, *The Private Enforcement of Law*, 4 Journal of Legal Studies 1 (1975); Polinsky, *Private Versus Public Enforcement of Fines*, 9 Journal of Legal Studies 105 (1980).

执法职责,行政机构可酌情发布行政命令或决定罚款。[1]如果行政机构发布执行令(compliance order),该命令将送达给违法者,并且该命令的副本将立即发送到违法行为所在地州。[2]该行政命令规定了违法行为及守法要求,但在违法者与行政机构见面之前不生效。[3]违法者可以选择遵守该命令、质疑(从而推迟其效力),或者与行政机构达成协议。事实上,绝大多数此类行政案件都是通过谈判解决的。在这一点上,违法者和EPA通常会协商达成合理的遵守进度表(reasonable time schedule for achieving compliance)。[4]一旦确定,该进度表不受司法审查,[5]但行政机构有权通过延长进度表的期限来奖励违法者善意守法的努力。[6]

当违法者的违法行为较为严重时,不适宜使用非正式措施,此时行政机构就会采取正式行政措施,即依法对违法者发布行政命令并要求其执行该行政命令。根据违法行为的严重程度,行政机构可以作出民事罚款的决定。[7]民事罚款分为两类:第一类罚款金额不超过25,000美元,当行政机构实施此类罚款时,必须以书面形式通知违法者,并允许违法者申请听证和提出证据;[8]第二类罚款金额不得超过125,000美元,在实施这类罚款时,行政机构必须按照APA的规定提供通知和正式听证会。[9]第一类罚款和第二类罚款的经济后果是不同的,在决定采用哪一类罚款时,行政机构可以考虑违法行为的程度和严重性、违法者的责任和支付能力以及从违法行为中所获得的经济利益。[10]除了这些因素之外,行政机构还会考虑所采用的罚款类别所带来的行政负担。违法者和受影响的公民将有多种机会影响这一行政进程。

---

〔1〕 See Clean Air Act,42 U.S.C. § 7413(a)(1)(A)-(C).

〔2〕 See 33 U.S.C. § 1319(a)(4)-(5);42 U.S.C. § 7413(a)(4).

〔3〕 See 33 U.S.C. § 1319(a)(4);42 U.S.C. § 7413(a)(4).

〔4〕 See 33 U.S.C. § 1319(a)(5)(A).

〔5〕 See Tenn. Valley Auth. v. Whitman,336 F.3d 1236,1248-60 (11th Cir.2003).

〔6〕 See Clean Water Act,33 U.S.C. § 1319(a)(5)(B).

〔7〕 See 33 U.S.C. § 1319(g)(1)(B).

〔8〕 See 33 U.S.C. § 1319(g)(2)(A).

〔9〕 See 33 U.S.C. § 1319(g)(2)(B).

〔10〕 See 33 U.S.C. § 1319(g)(3).

(2)民事司法措施

行政措施经常适用但是惩戒效果有限,当其无力纠正违法行为时,行政机构可采取必要的民事司法措施,将违法者告上法庭,迫使违法者遵守法律。[1]民事司法措施是针对违法者未能遵守法律或者规章要求、未能遵守行政命令等情形而被提起的正式司法诉讼。如果EPA局长决定启动民事诉讼程序,则将案件转交给DOJ,由DOJ具体提起诉讼。DOJ具备法学专业知识、掌握丰富的诉讼技能,由其起诉更有可能取得有力的司法效果。民事诉讼的威慑力为EPA提供了更多的砝码,因为法院有权提供行政执法以外的救济,包括发布临时性禁令或永久性禁令,评估民事罚款和判处支付给美国财政部的费用。[2]违反法院命令可能导致罚款和监禁。

(3)刑事措施

行政机构可以采用的最为严厉的执法措施是刑事措施,适用对象是违法行为严重的违法者,惩罚手段从一定数额的罚款到判刑不等。

2. 公民诉讼与政府执法之间的关系

虽然公民诉讼似乎是执行法规的新方式,但公共和私人执法的概念至少可以追溯至1388年理查德二世和英国议会颁布的一项旨在应对严重公共健康风险的水污染法规。正如该法规中所描述的那样,垃圾被投放入沟渠,河流和其他水域之中……空气非常腐败和易于感染,许多疾病包括无法忍受的疾病每天都会发生。对此,该法规确立了双重执法制度:公职人员或其他“哀伤”(feel themselves grieved)或“抱怨”(complain)的人均可以采取执法行动。[3]

尽管国会希望通过公民诉讼制度扩展公民在环境法律实施中的作用,但公民诉讼的适用范围和救济手段有限,尚不能涵盖环境监督管理的所有范围,更不能替代政府执法。首先,公民诉讼面临着《宪法》第3条诉讼资格要求的限制。当事人必须证明他们已经遭受了实际的、迫在眉睫的、持

---

[1] See 42 U. S. C. § 7413(a)(1).

[2] See 33 U. S. C. § 1319(b).

[3] See Sunstein, *Reviewing Agency Inaction After Heckler v. Chaney*, 52 University of Chicago Law Review 653 (1985).

续的伤害,这些伤害可以追溯至被诉的行为,并且可以通过有利的判决予以救济。[1]满足这些要求,特别是那些对事实上、可救济的伤害,在环境诉讼中尤其困难。其次,公民诉讼的适用范围受限。公民诉讼是针对违反环境法律的行为提起的,但"违法行为"不是任何"违法性"行为,而是局限于环境公民诉讼条款所明确限定的特定违法行为,适用范围狭窄。例如,根据《资源保护和恢复法》的规定,公民诉讼条款规定针对"涉嫌违反"的人提起诉讼,而政府执法行动的对象包括正在进行的和过去的违法行为。[2]此外,公民诉讼往往不能达到政府执法行为所能够达到的程度。公民诉讼的诉讼类型只包括私人执法诉讼和强制执法公民诉讼,常用的救济手段主要为禁令和罚款,不包括刑事措施,刑事诉讼必须由政府提起。

可见,国会虽然在环境法律中确立了由EPA、州以及公民构成的执法框架,希望通过公民诉讼制度来填补行政机构在不履行环境职责时的空白,但也反映了国会所设想的执法顺序,即"如果联邦、州和地方机构未能履行其执法责任,公众有权根据公民诉讼条款寻求强有力的执法行动"[3]。

(三)环境公民诉讼与集体诉讼

源于美国的集体诉讼的逻辑在于"将大量同类或者有关联的个别案件合并为一个案件,在'两造诉讼'的结构中审理,而审理结果适用于所有个别案件"[4]。集体诉讼属于群体性诉讼、共同诉讼,其针对的问题主要表现为:存在共同或共通性的事实问题、法律问题、诉讼请求等,并且与所涉事宜相关的人数众多。当然,早在国会颁布环境公民诉讼规定之前,普通法就允许公众就环境问题提起集体诉讼。虽然原告通过集体诉讼来解决严重的经济、身体伤害案件通常很成功,但是该类诉讼很难解决环境污染问题。具体来说,集体诉讼旨在为能够证明特定被告对特定伤害负

---

[1] See Lujan v. Defs. of Wildlife, 504 U. S. 555, 560 – 61 (1992).

[2] See 42 U. S. C. § 6972.

[3] S. Rep. No. 92 – 414, at 64, reprinted in 1972 U. S. C. C. A. N. 3668, 3730.

[4] 吴泽勇:《群体性纠纷解决机制的建构原理》,载《法学家》2010年第5期。

有责任的原告提供救济。然而,在关于环境污染的争议中,这种证明往往是困难的,因为许多污染物对公共健康和环境的影响存在很大的不确定性。即使原告能够证明某种特定化学品是有害的,通常也很难将环境中污染物浓度过高的原因归结为特定设施的排放。而且,集体诉讼的诉讼费用使其不适合解决许多污染问题。例如,排污设施对河流的非法污染——特别是与其他来源的污染相结合——可能损害垂钓或游泳的利益。但是,集体诉讼获取的损害赔偿金可能不足以支付原告的诉讼费用。尽管如此,此类事件的累积影响对于广大公众和后代的福利具有重要意义。

为了给普通公民提起诉讼的真正机会——一个不富裕并且没有遭受可能导致巨额损害赔偿的案件类型——法律必须为该公民提供支付律师费用的方法。因此,在环境法律中,国会作了相关规定——公民诉讼条款。首先,与集体诉讼的逻辑不同,除可以形成群体性诉讼外,环境公民诉讼还可以是一对一的两造诉讼。其次,从性质来看,环境公民诉讼本质上属于公益诉讼,以保护公益为设置目的,尽管公民诉讼要求原告证明其已经遭受了实际的、迫在眉睫的、持续的伤害,从而满足《宪法》第3条所规定的诉讼主体资格要求,但其并不等同于私法层面以保护个人民事权益为指归的侵权诉讼。公民诉讼不仅提供直接执法,而且还会向EPA和各州“施加重要压力”,要求它们有效执行环境标准。[1]集体诉讼是为了维护包括诉讼代表人在内的集体成员的民事权益。最后,从诉讼裁判效力来看,集体诉讼的裁判对集体所有成员具有效力,“集体诉讼判决不仅约束直接参加诉讼的集体成员,也约束那些没有参加诉讼或在未来就同一事件起诉或应诉的主体”。[2]环境公民诉讼的裁判效力不具有延伸性,只对于起诉者有效。

---

[1] See 1 Environmental Policy Div. , Library of Congress, 93d Cong. , A Legislative History of the Clear Air Amendments of 1970, at 127 (statement of Senator Muskie) (Senate consideration of the Clean Air Act) (Comm. Print 1974).

[2] 参见胡敏飞:《中美环境侵权群体诉讼之比较》,载《中国地质大学学报(社会科学版)》2006年第3期。

（四）环境公民诉讼与私人检察总长

上文分析表明，公民诉讼既不是告发人诉讼，也不是政府执法，那么，公民执法的权利（right）属于谁——是他们自己的？公众的？还是两者兼有？对于这一问题，应当将此类诉讼的当事人视为“私人检察总长”（private attorney general），即国会赋予公民一种混合行动的理由，以维护混合的公共权利和私人权利。公民声称自己有不受污染物排放危害的权利，但他们的执法权力（power）与政府类似。

1. 私人检察总长的渊源

检察总长（Attorney General of the United States）是美国的DOJ部长，也是联邦政府的首席法律官员，其职责主要是为美国总统以及联邦各政府部门首长提供法律咨询意见，并且在联邦法院审理的特大案件中代表联邦政府出庭。环境公民诉讼制度使普通公民得以执行环境法律，具有类似于检察总长的职权，因而提起此类诉讼的公民原告也被视为私人检察总长。“私人检察总长”一词并不是由法律明文规定的，而是在司法判决中创设并在司法实践中逐渐充实的，具有鲜明的判例法色彩。美国学者关于私人检察总长的内涵、外延一直没有清晰、单一或稳定的法律界定。

“私人检察总长”首次在司法判决中使用，是在1943年联邦上诉法院审理的Associated Industries of New York State，Inc. v. Harold L. Ickes（纽约州工业联合会诉伊克斯）案件。该案原告纽约州工业联合会代表大量使用煤炭的消费者，被告为美国内政部部长伊克斯，原告认为国家煤炭委员会规定的煤炭价格过高，不服一审判决，遂请求联邦第二上诉法院审查。在审理过程中，被告主张原告纽约州工业联合会没有诉讼资格，因为原告起诉事由为公共利益遭受损失，而被告的行为并没有对原告的权利产生直接侵犯，即使被告的行为不符合法律规定，原告并不因此而获得诉讼资格。法院首先必须明确，《烟煤法》规定煤炭消费者顾问（Coal Consumers Counsel）作为一个独立的官员有权质疑国家煤炭委员会的决定，当该官员拒绝就国家煤炭委员会定价行为提起诉讼时，作为消费者的原告是否可以基于保护公共利益而享有起诉资格。第二巡回上诉法院法官杰罗姆·弗兰克针对被告的主张，创造性地提出“私人检察总长”一词。

弗兰克法官在该案判决中指出了适用该词的推演进路："宪法不禁止国会授权任何人，无论是官员或非官员提起这类争端的诉讼，即使这个诉讼的唯一目的是维护公众利益，而不是诉讼当事人的私人利益。得到这样授权的人可以说是私人检察总长。"[1]在本案中，弗兰克法官认为原告属于国会制定的《烟煤法》授权的私人检察总长，在出现行政机构违法时，为了防止公共利益遭受损失而享有起诉资格。

由于与案件相关的法律在判决后不久便失效，使得 Associated Industries of New York State, Inc. v. Harold L. Ickes 案判决缺乏实际意义，随即被撤销。因此，该案件所确立的为了维护公众利益而得到授权的私人检察总长理论未能作为判例被广泛采用。但是弗兰克法官关于私人检察总长的推演进路，开创了私人公民为了防止公共利益遭受损失而享有起诉资格的先例，使公民能够作为私人检察总长来执行法律。

2. 私人检察总长与公民诉讼的关系

有学者统计，"私人检察总长"一词在 20 世纪 40 年代的法律文献中出现了 7 次，在 20 世纪 50 年代只出现了 11 次，而在 20 世纪 60 年代出现 70 次，并且在 20 世纪 70 年代以后，私人检察总长理论受到明显重视。[2]在 20 世纪 60 年代末，批评者指责联邦监管机构经常被受监管利益者"俘获"，使得那些未被充分代表的利益得不到重视。[3]监管机构受到无数压力和激励，推动监管朝向被监管企业所希望的方向发展，促使监管机构作出有利于被监管企业利益的决定。[4]在这种背景下，私权利主体主张通过诉讼来确保涉及公共利益的联邦法律得到执行、维护公众利益，并受到越来越多的关注。为了适应私人检察总长理论在司法判决及理论界被广泛适用的趋势，美国立法作了相应的调整，如 1970 年制定的 CAA 及其

[1] Associated Industries of New York State, Inc. v. Hardd L. Ickes, 134 F. 2d 694 (2nd Cir., 1943).

[2] See William B. Rubenstein, *On what a "Private Attorney General" Is and why It Matters*, 57 Vanderbilt Law Review 2135 (2004).

[3] See Jeremy A. Rabkin, *The Secret Life of the Private Attorney General*, 61 Law and Contemporary Problems 184 (1998).

[4] See Matthew D. Zinn, *Policing Environmental Regulatory Enforcement: Cooperation, Capture, and Citizen Suits*, 21 Stanford Environmental Law Journal 81 (2002).

他环境单行法均规定了公民诉讼制度。

公民诉讼是私人检察总长理论在立法上的直接体现,开拓并发展了该理论在美国联邦法律中的适用领域。环境公民诉讼制度使普通公民得以执行环境法律,具有类似于总检察长的职权,因而提起此类诉讼的公民原告也被视为私人总检察长。环境法律中公民诉讼条款被学者精辟地概括为“私人检察总长理论的直系血亲”[1]。尽管私人检察总长的法律内涵及其基本特征对公民诉讼起到了基础性作用和决定性的影响,但是,在实践中,私人检察总长理论的内涵与外延要远远大于公民诉讼,公民诉讼仅是私人检察总长理论法律化转型的表现形式之一。[2]

本章小结

作为推动环境法发展的引擎,公民诉讼制度可以追溯至20世纪70年代,该制度的诞生带有鲜明的时代烙印,管制俘获理论盛行、环保运动爆发等为其提供了契机。组织良好、经济信息资源丰富的被监管企业具有很大的优势,这些优势以及行政机构的惰性只能通过公民诉讼立法来抵销:以违反环境法律的排污者为被告、针对其违法行为的诉讼,和以环境监管者即行政机构为被告、针对其不履行非自由裁量职责的诉讼,以确保环境法律得以执行。正如联邦最高法院所认为的那样,“没有比立法机构承诺表达其意愿的言辞更能说明法规目的的证据了”[3]。国会制定公民诉讼条款时至少具有两项目的。首先,公民诉讼将刺激行政机构更好地执法;其次,如果政府机构由于缺乏资源而显得不愿或无法采取适当的执法行动,公民可以直接提起诉讼,即公民诉讼将作为一种直接执法手

[1] Edward A. Hartnett, *The Standing of the United States: How Criminal Prosecutions Show That Standing Doctrine Is Looking for Answers in All the Wrong Places*, 97 Michigan Law Review 2239 (1999).

[2] 参见张辉:《美国公民诉讼之“私人检察总长理论”解析》,载《环球法律评论》2014年第1期。

[3] United States v. American Trucking Ass'ns, 310 U.S. 534, 543 (1940).

段。正因为秉持“刺激和补充政府执法行动”的使命，公民诉讼的实质是在政府不能或不愿进行环境执法时，由私人代替政府执行法律。

公民诉讼不是私人侵权救济，因为公民只能获得禁令或/和要求违法者向美国财政部支付罚款的救济，而不能获得自身伤害的赔偿。公民诉讼也不是告发人诉讼，因为公民并没有获得罚金的份额。公民诉讼更不是政府执法，因为它的执法措施与行政执法不可同日而语。对此，应当将公民诉讼的当事人视为私人检察总长，以维护公共利益。因此，公益诉讼是杠杆，司法审查是阿基米德支点，二者结合以确保制定的法律得以实施。

第二章

环境公民诉讼的诉讼资格

诉讼资格是接近正义的第一步，[1]是决定“一方是否在可审理的争议中具有足够的利害关系以获得司法解决”[2]。数十年来，学者们一直在争论诉讼资格的起源，[3]并基本达成共识，即现代诉讼资格问题始于联邦最高法院于1923年在Frothingham v. Mellon案件[4]及1924年在Chicago Junction案件[5]中的决定。在美国，诉讼资格问题属于公法领域的事务，其诞生可被理解为是“20世纪二三十年代国家和法院围绕正在出现的管制国之合宪性所展开激烈斗争的一部分”[6]。在大多数类型的诉讼中，法院不需要关注诉讼资格问题，例如，法院很容易确定车祸的受害者或违反合同的当事人是否有诉诸司法的资格。然而，在环境公民诉讼中，所谓的环境损害与原告之间的联系可能并不那么清楚，需要具

---

〔1〕 参见中华人民共和国最高人民法院行政审判庭编：《行政执法与行政审判》总第20集，法律出版社2007年版。

〔2〕 Sierra Club v. Morton, 405 U. S. 727, 731 (1972).

〔3〕 See Daniel E. Ho & Erica L. Ross, *Did Liberal Justices Invent the Standing Doctrine? An Empirical Study of the Evolution of Standing*, 1921 - 2006, 62 Stanford Law Review 591 (2010).

〔4〕 See 262 U. S. 447, 485 - 86 (1923).

〔5〕 See 264 U. S. at 267 - 68; Louis L. Jaffe, *Standing to Secure Judicial Review: Private Actions*, 75 Harvard Law Review 255 (1961).

〔6〕 Cass R. Sunstein, *What's Standing after Lujan? Of Citizen Suits Injuries and Article Ⅲ*, 92 Michigan Law Review 179 (1992).

体研究。美国作为判例法国家,环境公民诉讼的诉讼资格难以就个别法条之一斑而知全豹,除了受环境法律公民诉讼条款的规定外,还要受到宪法和司法判例的制约。环境公民诉讼制度自确立以来,诉讼资格问题在司法实践中持续演变,随之而来的理论争议也尚未停歇。本章之目的即在结合法律规定与司法塑造,对环境公民诉讼的诉讼资格进行动态探讨。

第一节 诉讼资格的立法规定

一、原告资格的宪法限定

联邦最高法院在 Warth v. Seldin 案中指出,对诉讼资格的审查"既涉及宪法对联邦法院管辖权的限制,也涉及对司法运行的审慎限制"〔1〕。宪法所加诸的诉讼资格限制,来自《宪法》第 3 条。《宪法》第 3 条授权联邦法院只审理"案件"(cases)和"争议"(controversies),〔2〕该条并没有提到诉讼资格(standing)。联邦最高法院则发展了诉讼资格的概念,以确保其和其他联邦法院遵守这一限制。〔3〕诉讼资格被法院视为宪法最低要求和不可克减的最低标准。

诉讼资格提供了过滤机制,使不适当的事项不受司法审查,避免把指向抽象公益的政治问题带入法院。可能假设对联邦法院的权力有某种一般性的理解,在制宪会议上,制宪者詹姆斯·麦迪逊只提到了法庭仅有限地处理"司法性质"(judiciary nature)问题。〔4〕联邦最高法院首席大法官约翰·杰伊拒绝回答国务卿托马斯·杰斐逊提出的有关条约合法性的问题,因为这些问题是"司法程序以外的"(extrajudicially)。〔5〕此外,在1792 年,联邦最高法院拒绝在退伍军人伤残裁定中发挥行政作用,因为这

〔1〕 Warth v. Seldin, 422 U. S. 490 (1975).

〔2〕 See U. S. Const., art. Ⅲ, § 2, cl. 1.

〔3〕 See Flast v. Cohen, 392 U. S. 83, 94 – 97.

〔4〕 See Records of The Federal Convention of 1787, at 430 (Max Farrand ed., 1911).

〔5〕 See Letter from John Jay to George Washington (Aug. 8, 1793), in the Correspondence and Public Papers of John Jay 488 – 89 (Henry P. Johnston ed., 1891).

些裁定“既不具有司法效力,也不应通过司法来执行”[1]。这些有限的例子仅用于支持可追溯到 Osborn v. Bank of the United States 的声明,即法律诉讼必须“采取司法权力能够对其采取行动的形式”[2]。“案件”(cases)必须为具体的事实申请,不受政治部门的直接监督或修改。[3]

因此,原告必须提出一个存在于他和被告之间的宪法意义下之案件或争议,方才具有诉讼资格;更进一步说,原告必须主张在争议结果中具有确切的个人利害关系,才能使法院正当化行使介入权力。

二、环境法律的规定

针对诉讼资格,虽然各个联邦环境法律公民诉讼条款的措辞并不完全相同,但大体可以分为以下两种类型。

(一)任何人

最早规定公民诉讼条款的联邦环境法律——CAA 规定“任何人”(any person)均可提起公民诉讼。[4]这一立法模式在后续的其他立法中被复制,如《深水港法》[5]《能源政策与节约法》[6]《综合环境应对、补偿与责任法》[7]《噪音管制法》[8]ESA[9]《安全饮水法》[10]《海洋保护、研究与保护区法》[11]《毒性物质管制法》[12]《资源保护与再生法》[13]等环境法律均规定任何人(any person)或公民(citizen)均可提起

[1] Hayburn's Case, 2 U. S. (2 Dall.) 408, 410 n. 2 (1792).

[2] Osborn v. Bank of the United States, 22 U. S. (9 Wheat.) 738 (1824).

[3] See Osborn v. Bank of the United States, 22 U. S. (9 Wheat.) 738, 819 (1824).

[4] See 42 U. S. C. § 7604(a).

[5] See 33 U. S. C. § 1515(a).

[6] See 42 U. S. C. § 6305(a).

[7] See 42 U. S. C. § 9659(a).

[8] See 42 U. S. C. § 4911(a).

[9] See 16 U. S. C. § 1540(g)(1).

[10] See 42 U. S. C. § 300j-8(a).

[11] See 33 U. S. C. § 1415(g)(1).

[12] See 15 U. S. C. § 2619(a).

[13] See 42 U. S. C. § 6972(a).

公民诉讼。

(二)"遭受不利影响者"

相较于CAA对公民诉讼资格不做任何限制,两年后制定的CWA公民诉讼条款将提起公民诉讼的原告限于"任何其利益遭受不利影响或有遭受不利影响之可能者"(a person or persons having an interest which is or may be adversely affected)〔1〕。这一规定受到当时联邦最高法院在Sierra Club v. Morton案件判决〔2〕的影响。在制定CWA时,参议院立法提案允许任何人起诉,众议院则主张仅那些因违法而受到直接影响者方可提起诉讼。最终,立法委员会采取了联邦最高法院在Sierra Club v. Morton案件判决的主张,即"遭受不利影响或有遭受不利影响之可能者"具备公民诉讼的原告资格。

采用这一原告限定模式或类似表述的环境法律包括《船舶污染防治法》〔3〕《海洋热能保护法》〔4〕《外大陆棚土地法》〔5〕《露天采矿管制与恢复法》〔6〕等。另外,《发电厂与工业燃料使用法》则是将公民诉讼原告规定为"任何受害人"(any aggrieved person)〔7〕。

第二节　诉讼资格的司法塑造

是否公民诉讼中的"公民"一词,意味着任何无个别利害关系的公民均可提起诉讼?答案是否定的。环境法律所赋予的法律权利实际上是公共权利,这些权利在法律上被宣布为属于每个人。然而,区域、感知等差

---

〔1〕 33 U.S.C.A. § 1365(g).

〔2〕 See Sierra Club v. Morton, 405 U.S. 727 (1972). 本章第二节将对本案进行具体介绍。

〔3〕 See 33 U.S.C. § 1910(a).

〔4〕 See 42 U.S.C. § 9124(a).

〔5〕 See 43 U.S.C. § 1349(a)(1).

〔6〕 See 30 U.S.C. § 1270(a).

〔7〕 See 42 U.S.C. § 8435(a).

异使得环境损害与退化不是对每个人都产生均等的影响。环境公民诉讼案件不是关于环境起诉人类,不是主张纯粹的环境公益,而是人类起诉人类。环境法律看似规定任何人均适格的公民诉讼条款,但并不理所当然地能够使任何人启动与获得司法裁决。

在对美国法的理解上,对法院见解的研究不可或缺,若仅着重于对实定法条文的分析,将忽略掉一个重要的方面:基于美国宪法上“案件或争议”概念所衍生的司法界限,法院实际上限缩了得以提起诉讼的资格,使得单从实定法条款观察将无法完满理解公民诉讼条款下的当事人适格。环境公民诉讼给现代联邦法学留下了难以磨灭的印记,翻开宪法、环境法或者行政法课本,便能发现其中诸多法条是通过公民诉讼案例来讲授的,公民诉讼的诉讼资格研究也离不开对这些典型案例的分析。在司法实践中,法院对诉讼资格的界定时宽时窄,不同时期采用的标准并不一致,诉讼资格的司法塑造并非静止不变,需要动态考察。

一、20世纪七八十年代:宽松的诉讼资格

第二次世界大战结束之后,美国经济实力突飞猛进。但与此同时,人们也面临着生存环境的严重恶化,如水污染、空气污染和化学污染等。为了回应公众对生态环境问题的持续高度关注,国会在20世纪70年代将综合性的环境法律列为立法的优先事项,以提倡生态环境保护理念的环境运动和环保组织也蓬勃兴起,并热衷于推行环境公益诉讼以促进环境保护。20世纪七八十年代中的十年由此被称为“环境十年”(environmental decade)。尽管联邦最高法院直到20世纪80年代末才确定环境公民诉讼案件,但对20世纪70年代和80年代初根据APA的司法审查条款提起的环境诉讼案件很宽容。[1]总体来说,在20世纪70年代和80年代浓厚的权利运动及环境保护的氛围下,联邦法院对环境诉讼案件是在司法

---

〔1〕 See Ann E. Carlson, *Standing for the Environment*, 45 UCLA Law Review 931, 933 (1998).

支持的背景下作出决定的，以便扩大进入法院、执行公法的机会。[1] Sierra Club v. Morton 案件[2]（以下简称塞拉俱乐部案）既是这一时期的经典判例，也是研究环境公民诉讼诉讼资格问题不容忽视的案例之一。

（一）基本案情介绍

塞拉俱乐部案起因于迪斯尼公司通过招投标获得美国林业服务部的授权——开发矿石王国山谷的滑雪项目，这个项目需要新建一条高速公路以及供电线路，需要经由内政部（Department of the Interior）批准。作为环保组织的塞拉俱乐部（Sierra Club）认为这个案件是涉及对生态自然资源利用的公共利益诉讼，因此其并未主张迪斯尼公司对矿石王国山谷开发滑雪项目的行动会对塞拉俱乐部或其成员的活动产生影响，然而它声称内政部批准该开发行动会对矿石王国山谷地区的生态环境以及美学价值产生不利的改变。塞拉俱乐部坚称自己"对环境事宜经年累月的关注和努力足以授予其作为公共利益代表的诉讼资格"（longstanding concern with and expertise in [environmental] matters were sufficient to give it standing as a "representative of the public"）。[3]塞拉俱乐部据此依据 APA 的规定，以内政部部长莫顿作为被告，对内政部许可迪斯尼公司在矿石王国山谷开发娱乐项目的行为提起诉讼，请求法院判决内政部的许可行为无效。

在本案中，塞拉俱乐部坚持主张其是代表公众提起诉讼，极力论证对自然"本身"——峡谷及树木——的损害，而不是塞拉俱乐部自身或其成员的利益受到该开发行为的侵害。联邦地区法院认可塞拉俱乐部的诉讼资格，但是上诉法院对此予以否定。本案恰逢美国现代环境运动的鼎盛期，引起了广泛关注。联邦最高法院发布调卷令，并最终以 4:3 的微弱多数确认了联邦上诉法院的判决，也就是说塞拉俱乐部没有诉讼资格。

---

[1] See Charles D. Kelso & R. Randall Kelso, *Standing to Sue: Transformations in Supreme Court Methodology, Doctrine and Results*, 28 University of Toledo Law Review 93 (1996).

[2] See Sierra Club v. Morton, 405 U.S. 727 (1972).

[3] See Sierra Club v. Morton, 405 U.S. 727, 736 (1972).

（二）此案诉讼资格的争议

尽管在塞拉俱乐部案中联邦最高法院不认可塞拉俱乐部的诉讼资格，但此案关于诉讼资格的认定产生了有意义的突破。本案的争议焦点在于是否任何人均能基于“公共利益的代表”而对环境公共利益问题或者“涉及利用自然资源的公共行为”起诉？联邦最高法院的大法官们在这个问题上产生了分歧。

1. 多数意见——否定诉讼资格

在该案中，塞拉俱乐部声称自己享有“组织的诉讼资格”（organizational standing），即“对环境事宜经年累月的关注和努力足以授予其作为公共利益代表的诉讼资格”。联邦最高法院的多数法官不认同该主张，指出拟议的矿石王国山谷滑雪项目对生态环境的改变不可能对每个公民产生无差别影响，环保组织塞拉俱乐部所坚称的损害可能只对那些利用矿石王国山谷的人，以及那些认为高速公路和滑雪项目会损害该地区的美学以及休闲价值的人产生影响。塞拉俱乐部只要声称它的一些成员曾经使用过国家森林，并说明他们对国家森林的享受将因开发项目而受到妨碍，就可以获得诉讼资格。[1]因此，这些组织只需要找到住在这些地点附近的成员，并且愿意声称他们的消遣（如在荒野中徒步旅行或观察动物）和个性化的审美（aesthetics）受到了损害就足以获得诉讼资格。[2]

斯图尔特大法官撰写了多数大法官的意见书。他认为，如果原告想要请求司法审查，那么必须证明本人遭受了不利影响，也就是说受到“事实上的损害”，公民组织自身的利益或者其成员的利益并不能等同于“对某个问题具有某种利益”。斯图尔特大法官指出，“不管该组织在评价这个问题上是多么的适格，也不管这个利益是如何的经年累月，但是，一个问题中的一个微小利益不能足够地、自动地导致该组织在 APA 范畴内受到不利的影响或损害……这样一个与损害结果之间没有更多直接利益关系的俱乐部，不具备法律意义上的起诉资格，来挑战由议会和宪法授权的

---

〔1〕 See Sierra Club v. Morton, 405 U. S. 727, 735 (1972).

〔2〕 See Japan Whaling Ass'n v. Am. Cetacean Soc'y, 478 U. S. 221, 230 – 31 (1986).

行政官员行使的代表公民责任的政府行为”[1]。而且,斯图尔特大法官指出,如果认为塞拉俱乐部“对环境事宜经年累月的关注和努力足以授予其作为公共利益代表的起诉资格”,那么这也意味着法院没有任何客观理由不认可任何其他规模小、设立时间不长,但同样是正式的环境组织提起的诉讼。

2. 少数意见——肯定诉讼资格

布伦南大法官和布莱克门大法官并不赞同斯图尔特大法官的意见,认为在本案中塞拉俱乐部具有诉讼资格。他们指出,当法院采用传统诉讼资格观念来考虑和评估环境领域的诉讼时,往往会无计可施。既然生态环境和每个人都息息相关,那么,为公民所主张环境价值代言的、众所周知的公民组织就应当具有诉讼资格。

此外,道格拉斯大法官也主张塞拉俱乐部具有诉讼资格,希望扩大对环境诉讼当事人的诉讼资格要求。他认为联邦环境法律应当允许以自然物的名义对那些引起环境公共利益损害的行为起诉,在这类诉讼中,无生命自然物也可以作为当事人。道格拉斯大法官认为:“无生命的物体有时是诉讼的当事人。一艘船具有法律人格,这是一种对航海有用的虚构。公司……是一个‘人’,以用于审判程序……因此,应该尊重山谷、高山草甸、河流、湖泊、河口、海滩、山脊、树木、沼泽,甚至是感受到现代技术或现代生活破坏性压力的空气。”[2]他进一步指出:“例如,河流是它所维持或滋养的所有生命的象征——鱼类、水生昆虫、水蜥、水獭、渔夫、鹿、麋鹿、熊以及包括人类在内的所有其他动物。作为原告的河流代表着生命的生态单元。那些与这片水域有重要关系的人——无论是渔夫、皮划艇运动员、动物学家还是伐木工——必须能够为这条河流所代表的、正面临毁灭威胁的价值观说话……那些与即将受到伤害、污染或以其他方式被掠夺的无生命物体有这种密切关系的人是它的合法代言人。”[3]

法律经常使用“公共利益”的措辞来对联邦政府和/或州政府做出要求,但是“公共利益”的含义有许多含糊之处,以致于在处理环境问题上几

---

[1] Sierra Club v. Morton,405 U. S. 727 (1972).

[2] Sierra Club v. Morton,405 U. S. 727,742 – 743 (1972).

[3] Sierra Club v. Morton,405 U. S. 727,744 – 745 (1972).

乎没有意义;如果重新创立一个规则,公民可以以自然物的名义对掠夺、破坏环境公共利益的行为提起诉讼,那么,环境公益诉讼中关于诉讼资格的关键问题将被简单化。

(三)此案的影响

在本案中,虽然联邦最高法院认为塞拉俱乐部不具有诉讼资格,但该案件所彰显的环境伦理和法律理念对界定原告的诉讼资格具有一定的启发意义。

1.“损害”(injury)范围的扩展

传统的诉讼资格要求“损害”(injury)必须是持续的或迫在眉睫的金钱或身体上的损害,[1]由于这对公民自由和环境领域的诉讼来说是严重的障碍,法院尤其是联邦最高法院,在20世纪60年代和70年代的一系列案件判决中放松了“损害”范围,并最终导致塞拉俱乐部案这个具有里程碑意义的判决。在本案中,塞拉俱乐部认为这是一个涉及生态自然资源利用的公共利益诉讼,坚持主张其是代表公众提起诉讼,极力论证自然“本身”的损害使其具有诉讼资格。法官指出,无论本案和生态公共利益的联系是多么的紧密,塞拉俱乐部都不能以公共利益损害为理由、以公益代表的身份起诉,而是必须提供自身利益遭受“事实上的损害”而起诉。原告取得诉讼资格的损害只能是针对其本身或成员的,并不是环境主义者所声称的自然物或环境本身。

该判决认为,虽然经济损害不是诉讼资格的必要条件,但必须对原告造成“事实上的损害”(injury in fact)。传统的表示损害的方法实际上是主张经济损害,没有遭受经济损失的公民不能起诉。然而,联邦最高法院将“审美的和环境利益”(aesthetic and environmental interests)也包括在“损害”之内,环境利益不能仅仅以市场条件来衡量,扩大了“损害”的范围,这显然是一个巨大的进步,有利于后续的环境公民诉讼的展开。为此,法院意见有一段影响深远的论述:“审美的和环境方面的利益,就像优裕的经济生活一样,是我们社会生活质量的重要组成部分,很多人而不是

[1] See Sierra Club v. Morton,405 U. S. 727,738 (1972).

少数人享受特定环境利益的事实并不降低通过司法程序实施法律保护的必要性。"[1]

法院通常会肯定原告诉讼资格,可能是因为他们的指控不能被反驳,因为"审美的利益"是个人品味的问题。例如,United States v. Students Challenging Regulatory Agency Procedures 案[2]涉及华盛顿特区的一群法律学生,他们反对联邦机构提高铁路运费的命令,认为该行政命令将会阻止使用再循环货物(因为增加了运输成本)。尽管该行政命令对这些学生没有明显影响,因为他们没有通过铁路运输货物,他们仍然宣称(法院也同意)成本增加将会使再循环物品的运输更加昂贵,这将有碍于他们对再循环物品的使用,从而促使生产出更多的替代品,而替代品的生产需要进一步开发自然资源,这将损害美国的环境(包括华盛顿特区学生所在地区),从而损害他们欣赏美丽风景的"审美"利益。将这个因果链的脆弱性和不可救济性搁置不论,在本案中原告并没有遭受实际的或迫在眉睫的损害。此外,他们在未来可能遭受的任何伤害都是推测性的,因为他们还没有发现华盛顿特区的环境会因为行政机构的命令而恶化。对此,该组织想出了一种"审美"损害,以便能够进入联邦法院来起诉他们不满意的政府行为。法院认可这些学生具有诉讼资格,因为他们声称这些环境破坏有一部分可能发生在华盛顿特区,从而损害了他们个人对自然美景的享受。类似地,在塞拉俱乐部案件判决的十多年后,联邦最高法院在 Japan Whaling Ass'n v. American Cetacean Society 案[3]中指出,原告对观察和研究鲸鱼的利益毫无疑问(undoubtedly)足以满足诉讼资格的损害要求。

2. 环境组织的诉讼资格

在本案中,塞拉俱乐部试图通过不采用自己成员的利益受到损害,而以"对环境事宜经年累月的关注和努力足以授予其作为公共利益代表的起诉资格"的主张挑战传统的起诉资格规则。联邦最高法院的多数法官

---

〔1〕 Sierra Club v. Morton, 405 U. S. 727 (1972).

〔2〕 See United States v. Students Challenging Regulatory Agency Procedures, 412 U. S. 669 (1973).

〔3〕 See Japan Whaling Ass'n v. American Cetacean Society, 478 U. S. 221 (1986).

认为“不管该组织在评价这个问题上是多么的适格,也不管这个利益是如何的经年累月”,都不足以使环境组织自动地获得诉讼资格。一般来说,原告必须主张自己的合法权益,不能以第三人的合法权益为救济请求的依据。会员组织构成了一般规则的例外,会员组织可以主张其成员的权利要求,前提是其一名或多名成员必须满足维护其自身权利的要求。作为一般规则,环保组织为了获得诉讼资格,必须符合一定的条件。关于环境组织诉讼资格的问题,联邦最高法院于1977年在Hunt v. Washington State Apple Advertising Commission案〔1〕中明确,如果环境组织想要作为原告起诉,那么必须证明该组织成员的利益受到损害,否则环境组织不具有诉讼资格。

一方面,如果成员使用荒野地区进行娱乐,或者噪声和空气污染会损害成员的健康或利益,环境团体的诉讼资格可能获得认可。另一方面,一些法院认为,如果环保团体的利益过于抽象或太遥远,环保团体就没有诉讼资格。〔2〕实践中,环境组织的诉讼资格之所以似乎比单个公民更容易获得,是因为环境组织作为经常关切环境保护的组织更能证明自己受到损害。例如,一个拥有众多会员的登山组织往往比单个公民更容易证明自己在登山方面的利益,因而在环境违法行为影响其登山观光时提起诉讼。

二、20世纪90年代:诉讼资格收紧

随着美国环境运动在20世纪90年代趋于平稳以及环境法制的逐渐健全,关于环境保护和经济发展二者间冲突的争辩屡见不鲜,甚至演变为较为激烈的社会对抗运动。在环境公民诉讼经历20世纪70年代和80年代的立法全盛期之后,司法实践中对诉讼资格的宽泛性解释并没有持续。20世纪90年代,联邦最高法院通过Gwaltney of Smithfield, Ltd. v. Chesa-

---

〔1〕 See Hunt v. Washington State Apple Advertising Commission, 430 U. S. 943 (1977).

〔2〕 See Broadened Horizons Riverkeepers v. U. S. Army Corps of Engineers, 8 F. Supp. 2d 730 (E. D. Tenn. 1998).

peake Bay Foundation[1]、Lujan v. Defenders of Wildlife[2](以下简称卢坚案)、Steel Co. v. Citizens for a Better Environment[3]等一系列案件对原告的诉讼资格予以严格认定,这被认为是法院于20世纪70年代宽松解读公民诉讼条款以来首次对诉讼资格进行的重大限制,批评人士指责法院煽动了一场"反弹"(backlash)。[4]其中,卢坚案[5]最为典型,该案件被认为是"对环保主义的严重打击"(severe blow to environmental activism),[6]标志着一种倾向的开端,这个倾向是法院对环境诉讼持一种不太同情的观点,伴之以更谨慎地认定诉讼资格。[7]

(一)基本案情介绍

在卢坚案中,野生动物保护者(Defenders of Wildlife)作为环保组织依据ESA的公民诉讼条款提起诉讼,该法是为濒危物种提供积极保护的法案。[8]ESA规定,"每个联邦机构应与内政部长协商并在内政部长的协助下,确保由该机构授权、资助或执行的任何行动……不太可能危及任何濒危物种的继续生存……"[9]长期以来,人们一直不确定该条款是否适用于美国政府在国外的行动。1978年,有关行政机构同意ESA可以在美国以外适用。但在1983年,内政部开始改变立场,并最终于1986年颁布一项重要的新规定,宣布ESA仅适用于美国境内或公海上的行动。如

---

[1] See Gwaltney of Smithfield, Ltd. v. Chesapeake Bay Foundation, 484 U. S. 49 (1987).

[2] See Lujan v. Defenders of Wildlife, 504 U. S. 555 (1992).

[3] See Steel Co. v. Citizens for a Better Environment, 523 U. S. 83 (1998).

[4] See Randall S. Abate & Michael J. Myers, *Broadening the Scope of Environmental Standing: Procedural and Informational Injury – in – Fact After Lujan v. Defenders of Wildlife*, 12 Ucla Journal of Environmental Law and Policy 345 (1994).

[5] See Lujan v. Defenders of Wildlife, 504 U. S. 555 (1992).

[6] See Harold Feld, *Saving the Citizen Suit: The Effect of Lujan v. Defenders of Wildlife and the Role of Citizen Suits in Environmental Enforcement*, 19 Columbia Journal of Environmental Law 141 (1994).

[7] 参见[美]罗杰·W.芬德利、[美]丹尼尔·A.法伯:《环境法概要》,杨广俊等译,中国社会科学出版社1997年版,第4~6页。

[8] See 504 U. S. at 557 – 58.

[9] 16 U. S. C. § 1536(a)(2).

果美国行政机构资助的外国项目危及濒危物种生存,由于 ESA 不适用于美国政府在国外的行动,行政机构就不需要与内政部长协商。因此,ESA 不能阻止美国纳税人的钱用于那些有可能在美国境外危及濒危物种的项目。

环保组织野生动物保护者认为,由于内政部的规定使美国政府的境外行为豁免适用 ESA,这会导致美国政府所资助的境外活动对濒危物种栖息地造成破坏。原告声称该政策将允许联邦政府继续资助在埃及和斯里兰卡威胁濒危物种的海外项目,这种情况,对原告打算出国欣赏濒危动物的两位成员构成损害。为了确立诉讼资格,野生动物保护者的两名成员声称他们受到了实际伤害。其中一名成员在一份宣誓书中说,她曾在 1986 年去过埃及,并参观了濒临灭绝的尼罗河鳄鱼的栖息地,并且她“打算再次这样做,并希望直接观察鳄鱼”。另一名成员声称她于 1981 年前往斯里兰卡并观察了亚洲象和豹子等濒危物种的栖息地,并且她打算返回斯里兰卡去观察这些物种,但没有确定返回日期。[1]

原告野生动物保护者要求将 ESA 的适用范围解释为适用于在美国境外和公海上发生的政府行动。联邦第八巡回上诉法院依赖 ESA 的公民诉讼条款,即任何人以自己的身份对违反了本章规定的任何人,包括美国和任何其他政府机构提起民事诉讼,[2]认定原告具有诉讼资格。但在联邦最高法院,包括斯卡利亚大法官在内的多数法官认为原告缺乏诉讼资格,推翻了第八巡回上诉法院的判决。[3]

(二)此案诉讼资格的争议

1. 多数意见——否定诉讼资格

在本案中,由斯卡利亚大法官撰写多数法官意见,他将诉讼资格提升至宪法层面,认为《宪法》第 3 条的“案件和争议”(cases and controversies)不仅仅是“对政府普遍的不满——声称只会损害他和每个公民对正确适用宪法和法律的利益,并寻求不直接和切实使他受益的救济”,该项要求

---

〔1〕 See Lujan v. Defenders of Wildlife, 504 U. S. 555 (1992).

〔2〕 See 16 U. S. C. § 1540(g)(1).

〔3〕 See Lujan v. Defenders of Wildlife, 504 U. S. 555, 578 (1992).

更是防止法院篡夺行政部门或立法部门权力的关键限制。为了支持这一论点,法院援引了20世纪20年代和30年代的一些案例,这些案例驳回了公民以宪法为由对政府行为提起的诉讼,1970年以后的若干案例也表明《宪法》第3条实际上要求的是特别损害。[1]法院强调,维护公共利益(包括政府遵守宪法和法律的公共利益)是国会和行政长官的职责。如果国会将行政机构执行无差别的公共利益变为在法庭上的"个人权利"……将使行政长官最重要的宪法职责,即忠实地执行法律,从总统手中转移到法院。因此,诉讼资格提供了过滤机制,使不适当的事项不受司法审查。在本案中,斯卡利亚大法官关于公民诉讼资格的认定有以下几个观点。

首先,"事实上的损害"需要符合两个条件:具体(concrete)和特定的(particularized);实际或迫切的(actual or imminent)而不是推测或假设的(conjectural or hypothetical)。法院认同塞拉俱乐部案件将环境和审美损害视为事实上的损害,但在本案中原告所谓的观察濒危物种的利益没有满足实际或迫切的要求。[2]"事实上的损害"使原告必须实际使用被诉行为产生直接影响区域,不能粗略表明"在邻近地区",需要是与人人均受影响的公共利益有明显区别的个体损害,即"个体性损害使原告与普遍性世界相区别开来"。因此,如果诉讼主张的损害"只是对于整个社会的利益",而不是"能够单独为通过法院干预执行法律提供足够理由的个体损害",法官可以将之视为"一般性抱怨",不予受理。用斯卡利亚大法官的话来说,即"除非原告能表明他比我们其他人受到更多损害",否则原告不具有诉讼资格。

"实际或迫切"要求遭受损害"很有可能",如果原告仅有重新造访受影响区域的模糊意图,而缺乏具体的计划和行动,不能证明损害的"实际或迫切"。据此,法院肯定"使用或观察一种动物的欲望,即使是纯粹美学目的的,也无疑是当事人适格认定上受肯定的利益",然而原告必须通过具体的事实来表明,不仅保育类物种事实上受到海外活动的威胁,而且原告会因此受到"直接"的影响。原告虽然提出两位成员的宣誓书,表示他们过去曾造访特定国家、观赏特定动物并有意再次造访,但法院认为过去

---

〔1〕 See 112 S. Ct. at 2143 – 2144.

〔2〕 See Lujan v. Defenders of Wildlife, 504 U. S. 555, 564 (1992).

的造访无法证明任何事，而对于再次造访意图之宣称，在欠缺任何具体计划之描述或甚至具体指明何时的情况下，无法构成所要求的“实际或迫切的”损害。联邦最高法院认为，不能用“国会授予所有人一项抽象、自我完足、非工具性的‘权利’去促使行政部门遵行法律要求的程序”来认定已满足实际损害的要求。法院指出，如果“原告只是提出对政府一般会出现的抱怨——主张的只是对他与每个公民在适当执行宪法与法律上之利益的伤害，而寻求的救济并不会给予他比起一般大众更直接与具体的利益”，那么《宪法》第3条所要求的案件或争议仍属欠缺。

其次，损害与被指控的行为必须有因果关系(causal connection)，使损害可以公平地追溯(fairly traceable)至被告的行为，而非第三方行为。这种因果关系可以是直接的也可以是间接的，只要被指控的损害可以追溯至被告的行为。这一要求限制了公民诉讼原告可能的动机范围，要求原告的具体的、特殊的利益与被诉行为之间有密切的关系。

最后，损害必须“可能”(likely)通过法院的有利判决来证明是可救济的(redressed)。在本案中法院认为即使是有利的判决也可能无法带来原告要求的救济，因为需要咨询可能对濒危物种有潜在不利影响的开发项目的行政机构不是当事方，而且该项目主要由其他国家提供资金，美国资金仅占总预算的一小部分，从而降低了美国资金撤出会影响项目的确定性。斯卡利亚法官认为，任何不是诉讼当事人的联邦官员都可能无视法院的命令，从而使法院作出的任何命令都无济于事，原告并不必然从支持性判决中获得救济。根据斯卡利亚法官的说法，这种可能性使法院的任何补救都是推测性的，而不是明确的，并因此摧毁了原告的诉讼资格。

2. 少数意见——肯定诉讼资格

布莱克门大法官不赞同斯卡利亚法官关于诉讼资格认定的标准。他认为斯卡利亚法官要求环境原告在诉状中证明事实问题，这并不能阻止环保组织的诉讼资格，只会增加诉状的形式主义。正如布莱克门大法官所指出的那样，原告可以通过简单地购买到拟议的濒危物种栖息地的新机票来表明自己的诉讼资格。[1]关于“损害必须‘可能’(likely)通过法

---

〔1〕 See Lujan v. Defenders of Wildlife, 504 U. S. 555 (1992)(Blackmun, J., dissenting).

院的有利判决来证明是可救济的”这点，斯蒂文斯大法官在异议意见中指出，如果这一论点是合乎逻辑的，那么法院不能做出任何针对行政机构的命令，因为法院永远不能保证行政机构遵守法院的命令。[1]

(三)此案件的影响

环境诉讼通常涉及诸多利益，如生存、经济发展与美好环境之间的价值选择，环境保护对于社会生活的多重影响逐渐显现。在这种复杂的价值选择中，法院成为衡量各方利益冲突的主战场。司法开始对环境公益诉讼的态度有了较大的转折，代表人物就是坚守宪法原旨主义的保守派联邦最高法院的斯卡利亚大法官。

1. 诉讼资格三要件认定的收紧

斯卡利亚大法官通过设计诸如严格的原告起诉资格规则等司法限制，主张在美国联邦宪法解释的框架之内，以司法的力量来实现对环境公益诉讼的严格限制，目的就是遏制环境公民诉讼的作用，抑制其有效发挥与实施。通过严格限制诉讼资格三要件认定标准来收紧原告资格，而且强调“事实上的损害”符合具体性、实际性、迫切性，对损害与被指控的行为必须有因果关系以及可救济性的认定也趋于严苛。卢坚案是联邦最高法院第一次在国会已经通过环境法律公民诉讼条款明晰原告资格的情况下否定原告的诉讼资格。卢坚案的判决梳理了之前的判例，系统性总结了由事实上的损害、因果关系和可救济性三要件构成的诉讼资格要求，并且重申诉讼资格为不可缩减的宪法最低要求。三要件诉讼资格本身并没有新意，但该判决对诉讼资格的推演使三要件认定更为明晰、严苛。在认定标准上，卢坚案使此前被模糊的诉讼资格认定变成了严格的要求，“事实上的损害”本身就发展成为单独的复杂规则体系。公民原告必须至少“确认它所寻求的损害，并将损害与有权提起诉讼的人联系起来”，而不仅仅是国会授予的诉讼资格。[2]在该案之后，某些下级法院依据可救济性标准驳回了一些环境诉讼案件，甚至商业利益集团对环保政策提出的诉

---

〔1〕 See Lujan v. Defenders of Wildlife, 504 U. S. 555 (1992) (Stevens, J., dissenting).

〔2〕 See Cass R. Sunstein, *What's Standing after Lujan? Of Citizen Suits, Injuries and Article* Ⅲ, 91 Michigan Law Review 163 (1992).

讼。[1]这种被驳回起诉的风险使得环境律师积极寻找证据证明法院的支持性判决实际上可以减轻损害,以便满足诉讼资格。

2. 国会授予诉讼资格的权力

在本案中,斯卡利亚大法官指出,法院不应裁定公共利益,因为维护公共利益是国会和行政长官的职能,公民诉讼使得法院干预行政部门执行法律的宪法权力和义务。而且由“最不民主的部门”——司法部门来决定“什么对人民来说是有利的”是危险的,因为“当法院,被认为为了所有人民的利益,要求行政部门坚持政治过程本身所不能强制执行的政策时,他们(尽管出发点良好)可能是在执行自己阶层的政治偏见”[2]。

斯卡利亚大法官指出国会无法通过法规赋予诉讼资格,这引发了广泛性批评。与法院审理对立法机关的挑战所引起的问题相反,在公民诉讼中,法院是根据立法机关的授权审理案件。[3]审理此类案件可以获得更民主的结果,因为公民的诉讼资格得到了民选国会的授权。评论人士警告说,卢坚案前所未有的主张是危险的,因为这可能会延伸至所有依赖国会授予诉讼资格的案件。[4]著名法学教授桑斯坦(Cass R. Sunstein)通过对比历史上的诉讼资格模式和现代的诉讼资格模式,追溯了国会授予诉讼资格的权力,并指出,法院历来将诉讼资格作为授予原告起诉权利的法律渊源要求。[5]由于国会明确可以通过界定侵犯权利的构成内容来制

---

[1] See e. g. , Burton v. Central Interstate Low – Level Radioactive Waste Compact Comm'n, 23 F. 3d 208 (8th Cir. 1994); Region 8 Forest Serv. Timber Purchasers Council v. Alcock, 993 F. 2d 800, 808 (11th Cir. 1994); Wyoming v. Lujan, 969 F. 2d 877, 882 (10th Cir. 1992).

[2] Antonin Scalia, *The Doctrine of Standing as an Essential Element of the Separation of Powers*, 17 Suffolk University Law Review 881 (1983).

[3] See Cass Sunstein, *What's Standing after Lujan? Of Citizen Suits, Injuries and Article* Ⅲ, 91 Michigan Law Review 163 (1992).

[4] See Harold Feld, *Saving the Citizen Suit: The Effect of Lujan v. Defenders of Wildlife and the Role of Citizen Suits in Environmental Enforcement*, 19 Columbia Journal of Environmental Law 141 (1994); Cass R. Sunstein, *What's Standing after Lujan? Of Citizen Suits, Injuries and Article* Ⅲ, 91 Michigan Law Review 163 (1992).

[5] See Cass R. Sunstein, *What's Standing after Lujan? Of Citizen Suits, Injuries and Article* Ⅲ, 91 Michigan Law Review 163 (1992).

定诉讼理由,因此国会有权授予诉讼资格。

三、21 世纪初:诉讼资格松动

进入 21 世纪以来,气候变化问题成为一个全球化的普遍议题以及美国国内对于小布什政府所采取的诸多环境政策不满情绪弥漫,在这样的时代背景下,司法开始在环境公益诉讼领域放松限制。在 21 世纪初,联邦最高法院在 Friends of the Earth v. Laidlaw Environmental Services (TOC), Inc. 案[1](以下简称地球之友案)的判决,标志着长达 10 年的对环境公民诉讼诉讼资格严格解读的趋势发生了重大转型,这个具有里程碑意义的司法决定被视为"环境的胜利"[2],鼓励潜在公民诉讼案件的提起。

(一)基本案情介绍

环保组织地球之友(Friends of the Earth)及其他原告呈请人于 1992 年针对 Laidlaw Environmental Services (TOC), Inc.(以下简称莱德劳公司)提起公民诉讼,诉称莱德劳公司"一贯未能达到 CWA 的 NPDES 许可证所要求的每天汞排放量平均限制在 1.3 ppb(十亿分之一)"。为了证明原告具有诉讼资格,原告地球之友提交了当地居民成员的宣誓书。例如,地球之友成员肯尼斯·李·柯蒂斯(Kenneth Lee Curtis)在宣誓书中声称他居住在距离莱德劳公司半英里的地方;他偶尔开车经过排污河流,河水看上去、闻起来都被污染了;他喜欢在离莱德劳公司下游 3 英里到 15 英里的河边钓鱼、露营、游泳和野餐,就像他十几岁时那样,但现在他不会这样做,因为他担心河水被莱德劳公司排放物污染了。这些宣誓书指出,虽然没有任何科学证据表明莱德劳公司的污水排放可能会影响水质,但莱德劳公司持续地、大面积地向河流非法排放污染物导致当地居民不能放心地使用河水,并影响了他们的娱乐、审美和经济利益。正是由于这种担忧,原告主张他们使用河流的次数比莱德劳公司没有违反 NPDES 许可证之前

---

[1] See Friends of the Earth v. Laidlaw Environmental Services (TOC), Inc., 528 U. S. 167 (2000).

[2] A Win for the Environment, Wash. Post, Jan. 16, 2000, at B6.

要少。

联邦地区法院的事实调查结果表明，莱德劳公司几年来违反 NPDES 许可证限额要求近 500 次，虽然没有证据显示莱德劳公司的违法排放使河流的水质超过了休闲、游泳所需质量，许可证违法行为并没有造成任何健康风险或环境损害，但是地区法院认可地球之友的诉讼资格，并对被告莱德劳公司判处超过 40 万元美元的民事罚款。此案上诉至联邦第四巡回上诉法院，该法院认为，由于莱德劳公司在联邦地区法院作出判决之前已经符合许可证的要求，该案件诉由消失，应当驳回原告起诉。此案最终由联邦最高法院审理，事实上，联邦最高法院对此案的调卷令不是基于诉讼资格争议而发出的，联邦第四巡回上诉法院根本没有处理诉讼资格问题，但是联邦最高法院的大部分法官显然更乐于就诉讼资格进行裁决。在这一点上，他们违反了通常遵守的原则，伸手裁决了一个事实上没有向他们提请的问题，这也说明联邦最高法院对公民诉讼资格问题的关切。

（二）此案诉讼资格的焦点

在地球之友案中，根据地区法院的事实认定，被告的违法排放汞染物行为未造成健康风险或环境损害，被告据此主张原告不可能因污染物排放而受到损害，原告之成员并无任何实际损害。在联邦最高法院，由金斯伯格大法官主导的 7∶2 的表决意见认为，这种对损害的解释将建立一个更严格的诉讼资格标准。在本案中，多位原告成员证述，他们居住在排污河流附近，莱德劳公司违法排污行为虽然在水质方面没有任何可测量的环境“损害”，但被告反复违反 NPDES 许可证的行为使他们“担忧”（concern）河流污染，若不是这种“担忧”，他们会在河流附近从事垂钓、露营等活动。莱德劳公司的违法排污行为以及原告成员对这些排污行为的合理担忧直接影响了原告的娱乐、审美和经济利益。

联邦最高法院重申塞拉俱乐部案中对于诉讼资格的宽松认定，即存在审美和娱乐损害就足以满足诉讼资格。法院认为原告对莱德劳公司污水排放可能造成损害的“担忧” 符合“事实上损害”，这种损害可追溯至被告的行为。原告的成员因被告违法排污行为而受到的损害，即使在对水质没有明显影响的情况下，也可以通过司法裁判予以救济，因为有利的裁决将使原告感觉更好。因此，法院以原告休闲性使用河流受到影响为由认同其诉讼资格,即使"本公民诉讼中涉及的许可证违法行为并未造成任何健康风险或环境损害"(permit violations at issue in this citizen suit did not result in any health risk or environmental harm),因为证明《宪法》第3条要求的原告资格要表明的不是对环境的损害,而是对原告的损害。[1]

此外,在本案中,斯卡利亚大法官在异议意见中一如既往地阐明了其对严格执行诉讼资格要求的偏好,[2]他主张原告必须提供环境造成实际损害的证据。斯卡利亚大法官还辩称,原告未能满足可救济性要求,因为对被告未来不法行为的威慑是一种普遍利益,而非针对原告特定的补救。

(三)此案件的意义

地球之友案件被认为反转了过去由斯卡利亚大法官主笔的法院意见对诉讼资格采取较严格认定的趋势,在推动环境公民诉讼发展方面迈出了重要一步。即使原告在过去并未实际上使用受影响区域,在最近的未来也不会这么做,但只要主张与证明:(1)他因为对被告违法的污染排放行为合理的担忧与恐惧,而未对受影响区域进行休闲性使用;(2)如果被告违法的污染排放行为停止,他便会开始于受影响区域从事休闲性使用,亦符合诉讼资格的要求。这是一个相当宽松的标准,因为此处的损害并非以环境质量上任何可测量的改变为依据。

第三节 诉讼资格的宪法防御

环境公民诉讼的公民原告起诉要想获得法院受理,还须受到多种宪法防御的影响,包括权力分立、诉由消失等原则。因此,公民诉讼案件可能由于宪法防御而被驳回。

---

[1] See Friends of the Earth v. Laidlaw Environmental Services (TOC), Inc., 528 U. S. 167 (2000).

[2] See Friends of the Earth v. Laidlaw Environmental Services (TOC), Inc., 528 U. S. 167 (2000).

一、诉讼资格与权力分立原则

在20世纪90年代，由斯卡利亚大法官撰写的联邦最高法院的多数判决均削弱了环境公民诉讼条款的可行性。例如，在卢坚案中，斯卡利亚大法官指出公民诉讼违反宪法，干涉了行政部门"确保法律得到忠实执行"的职责。斯卡利亚大法官否定公民诉讼资格的基础是《宪法》第2条的措辞。然而，他指出，诉讼资格的核心是《宪法》第3条关于案件或争议的规定的必要和不变的部分。〔1〕评论人士常常将斯卡利亚大法官的观点追溯至其在1983年撰写的一篇法律评论文章，该文章是在他担任大法官之前几年撰写的。〔2〕斯卡利亚认为，诉讼资格对宪法中的三权分立原则发挥着重要作用，将法院的功能限制在保护个人和少数人免受多数人束缚的传统非民主角色，并将法院排除在民主的角色之外，即其他两个分支机构(立法机关、行政机关)应该服务于多数人的利益。司法部门作为最不民主的部门，应该避免干预行政和立法部门。"允许国会把对于公共官员守法的无差别的公共利益转化为一种可在法庭上辩护的个人权利，将允许国会把行政首脑最重要的宪法职责——切实使法律得到忠实执行——从总统转移到法院手中。"〔3〕根据斯卡利亚大法官的说法，法院的存在仅仅是为了纠正独特的、个性化的，"非多数"(nonmajoritarian)的损害。多数的损害并非需要法院解决的问题，是政治部门关注的问题，宪法中的权力分立概念隐含地"限制了国会将普遍利益转化为合法权利的权力"〔4〕。

因此，当个人作为法律要求或禁止的对象而提起诉讼时，他通常需要满足诉讼资格。"具体损害"(concrete injury)是诉讼资格必不可少的先

---

〔1〕 See Lujan v. Defenders of Wildlife, 112 S. Ct. 2130, 2136 (1992).

〔2〕 See Antonin Scalia, *The Doctrine of Standing as an Essential Element of the Separation of Powers*, 17 Suffolk University Law Review 881 (1983).

〔3〕 Antonin Scalia, *The Doctrine of Standing as an Essential Element of the Separation of Powers*, 17 Suffolk University Law Review 881 (1983).

〔4〕 Antonin Scalia, *The Doctrine of Standing as an Essential Element of the Separation of Powers*, 17 Suffolk University Law Review 881 (1983).

决条件，只有这样才能将原告与其他社会契约受益人区别开来，从而使原告有权获得某种特殊保护。[1]法院利用诉讼资格理论防止法院成为通过政治程序更好地解决普遍不满的辩论场所，以免法院试图将其不民主的观点强加于社会。他公开批评联邦司法机关长期以来对环境诉讼的热衷(long love affair with environmental litigation)，法院在宪法上有限的作用由于公民对影响环境的政府行为的例行挑战而被作为争议进入政治论坛(controverted into political forums)。

在公民诉讼中，这种对诉讼资格原则的观点必然会区别两类原告，即作为法律对象的原告和寻求执行法律的原告。在这种诉讼资格原则下，原告基本上分为两类。[2]第一类原告包括"法律要求或禁止的对象"，例如制造商。按照斯卡利亚法官的理论，这类原告将永远具有诉讼资格。第二类原告包括当事人，如环保团体，他们希望政府机构对其他人施加要求或禁止。根据斯卡利亚法官的模式，代表这类原告的诉讼资格应该难以确立。对斯卡利亚来说，对政府非强制执法行为为基础的少数利益集团提出的法律诉讼主张的是多数人利益(majoritarian interest)，法院不应该处理这类问题，而应通过民选的立法或行政部门处理，因为法院的这种行动将超过《宪法》第3条的限制。只有当原告能够证明政府的不作为对他们造成了特殊或明显的损害时，第二类原告才能获得诉讼资格。

从上文讨论的联邦最高法院典型案件中可以明显看出，斯卡利亚大法官已经将新诉讼资格理论运用到司法实践中，并极大地限制了公民原告提起公民诉讼的资格。评论人士指出，斯卡利亚大法官的新诉讼资格理论对环保人士的影响是灾难性的。如果适用该理论，环境监管的对象——木材公司、矿业公司、制造商——应该被例行公事地赋予诉讼资格；然而，普通公民和环境组织——那些最常抱怨由于监管不足和政府不作为导致环境损害的人——将被否定诉讼资格、被法院拒之门外。

斯卡利亚大法官支持并在具体案件中采纳诉讼资格的观点，问题是，

---

[1] See Antonin Scalia, *The Doctrine of Standing as an Essential Element of the Separation of Powers*, 17 Suffolk University Law Review 881 (1983).

[2] See Antonin Scalia, *The Doctrine of Standing as an Essential Element of the Separation of Powers*, 17 Suffolk University Law Review 881 (1983).

当环境执法的一个要素——公民诉讼——受到严格限制时，由 EPA、州和公民组成的三方环境执法体系如何维持其可行性。对此，桑斯坦教授建议国会给予“现金奖励”(cash bounty)来回应公民诉讼原告资格，[1]这是最简单的策略。为了实现环境法规和 FCA 的目标，国会将公民执法条款均写入这两部法案。FCA 的告发人诉讼条款旨在鼓励私人执法，并协助美国司法部起诉那些欺骗美国政府的人。同样地，CWA 等环境法规的公民诉讼条款被视为是政府执法的补充，即公民可以通过公民诉讼迫使政府执行 CWA 或直接起诉污染者。对此，国会可以借鉴 FCA 的告发人诉讼。为了实现这一目标，国会只需要通过一条简短的法规，即每个规定公民诉讼条款的法规为每位胜利的原告提供 500 美元的奖励，从而使原告获得诉讼资格。奖励实际上满足了损害的要求，并创造了足以规避《宪法》第 2 条和第 3 条考虑因素，“应该鼓励国会采取这样的措施”[2]。通过这种奖励制度将完全克服斯卡利亚大法官对公民诉讼资格的顾虑，并确保公民诉讼的持续可行性。[3]

对此，有学者并不认同，没有什么理由说明为什么成功诉讼获得 500 美元奖励的可能性可以直接追溯至被告的行为，[4]提起诉讼的成本收回只是潜在诉讼的附带产物。更根本的原因是这种联系太过迂回、偶然、间接，以至于无法满足诉讼资格。判例法也不支持这一主张，例如在 Diamond v. Charles 案中，法院裁定获得律师费用不构成足够的利益，并不能满足利益受到事实上损害，不符合诉讼资格要求。[5]

---

[1] See Cass R. Sunstein, *What's Standing after Lujan? Of Citizen Suits, Injuries and Article Ⅲ*, 91 Michigan Law Review 163 (1992).

[2] Cass R. Sunstein, *What's Standing after Lujan? Of Citizen Suits, Injuries and Article Ⅲ*, 91 Michigan Law Review 163 (1992).

[3] See Michael J. Wray, *Still Standing? Citizen Suits, Justice Scalia's New Theory of Standing and the Decision in Steel Company v. Citizens for a Better Environment*, 8 South Carolina Environmental Law Journal 207 (2000).

[4] See Harold Feld, *Saving the Citizen Suit: The Effect of Lujan v. Defenders of Wildlife and the Role of Citizen Suits in Environmental Enforcement*, 19 Columbia Journal of Environmental 141 (1994).

[5] See Diamond v. Charles, 476 U. S. 54 (1986).

二、诉由消失原则

一旦原告证明自己具有诉讼资格,法院对案件的可诉性调查就不会结束。争议要求不仅与诉讼资格密切相关,而且联邦最高法院指出:"根据《宪法》第3条,联邦法院只能裁决实际的、正在进行的案件或争议。"[1]因此,一个案件若想保持可诉性,原告不仅必须在诉讼开始时满足诉讼资格要求,而且必须在整个诉讼期间满足这些要求。争议必须在审查的所有阶段都存在,而不仅仅是在提出申诉时。诉由消失(mootness doctrine)被认为是《宪法》第3条的隐性要求,其意义在于使原告与诉讼之间自始至终都存在需要法律予以保护的利益关系。联邦最高法院将诉由消失描述为"在诉讼开始时必须存在的、必要的个人利益(诉讼资格)必须贯穿其存在期间"[2]。诉由消失便意味着原告如果在诉讼之前或者诉讼过程中对案件失去了可寻求司法救济的利益关系,法院将不予审理,因为已不存在宪法要求的案件或争议。因此,如果可诉争议的诉由消失,法院对该诉讼失去管辖权,诉讼必须予以驳回。[3]

诉由消失原则对于公民诉讼资格至关重要。在 Steel Co. v. Citizens for a Better Environment 案中,联邦最高法院确立了公民原告必须满足的某些要求,才能符合基本的诉讼资格。[4]根据所寻求的救济类型,证明诉由消失的难度会发生变化。当一个排污设施成功消除了设施再次发生违法行为的可能性时,法院可能会发现禁令救济变得毫无意义。[5]事实上,再次发生的可能性是否已经消除是关键性问题,该问题主要取决于实际事实和守法行为的彻底性。例如,在 Alt. States Legal Found. , Inc. v. Tyson Foods, Inc. 案[6]中,因为在诉讼开始后安装的污水处理系统"预计将

---

[1] Lewis v. Continental Bank Corp. ,494 U. S. 472,477 (1990).

[2] Arizonans for Official English v. Arizona,520 U. S. 43 (1997).

[3] See Boston and Maine Corp. v. Brotherhood of Maintenance of Way Employees,94 F. 3d 15,20 (1 st Cir. 1996).

[4] See Steel Co. v. Citizens for a Better Environment,118 S. Ct. at 1017 – 20.

[5] See Headwaters, Inc. v. Bureau of Land Mgmt. ,Medford Dist. ,893 F. 2d 1012,1015 (9th Cir. 1990).

[6] See Alt. States Legal Found. ,Inc. v. Tyson Foods, Inc. ,897 F. 2d 1128 (11th Cir. 1990).

在未来运作,所谓的涉嫌违法行为无法合理地预期会再次发生”。在 Save Our Bays & Beaches v. City & County of Honolulu 案〔1〕中,污染消除设施尚未完全发挥功能,无法证明可以解决过去所有的违法问题,因此不能向法院保证今后守法的可能性。

诉由消失原则“保护被告不受诉讼的影响……仅仅基于完全没有与任何当前或未来的不法行为相关的违法行为,同时它还保护原告免受被告试图通过可预见的‘忏悔和改革’来逃避制裁”〔2〕。导致诉由消失的可能情形主要有两种:一是被告改变相关情势使得继续违法的可能不复存在,或使原告的诉求没法实现。例如,对环境行政机构规章提起诉讼的案件可能由于该规章被行政机构撤销或者修改而使得诉由消失。又如,针对排污者违法排污行为的诉讼可能因为排污者取得排污许可或排污达标而导致诉由消失。被告主动纠正违法行为也可以导致诉由消失。例如,在 Atlantic States Legal Foundation v. Eastman Kodak Company 案〔3〕中,联邦第二巡回上诉法院在州政府与排污者达成和解协议后,认定公民诉讼的诉由消失。二是原告相关情势的改变使得其缺乏与诉讼的利益关系。如果原告在起诉时适格,但后续事件使其丧失了在诉讼中的利益,也有可能造成诉由消失。例如,以生活环境遭受不利影响为理由提起诉讼的居民搬离了受影响区域,或者受到损害的财产不再归属于原告等。

诉由消失是一个司法管辖权问题,可以在诉讼程序中随时提出。如果法院认为案件诉由消失,法院可以驳回诉讼,但通常被告负有证明案件诉由消失的责任。在上文提及的地球之友案中,法院重申了被告有责任证明诉由消失。〔4〕在这一案件中,初审法院发现被告在审判前基本上遵守了法律,并在此基础上拒绝了原告禁令救济。联邦最高法院驳回了被

---

〔1〕 See Save our Bays & Beaches v. City & County of Honolulu, 904 F. Supp. 1098, 1121 (D. Haw. 1994).

〔2〕 Gwaltney of Smithfield, Ltd. v. Chesapeake bay Found., Inc., 484 U. S. 49, 66 - 67 (1987).

〔3〕 See Atlantic States Legal Foundation v. Eastman Kodak Company, 933 F. 2d 124 (2d Cir. 1991).

〔4〕 See Friends of the Earth v. Laidlaw Environmental Services (TOC), Inc., 528 U. S. 167 (2000).

告关于案件诉由消失的抗辩,被告辩称,在初审法院作出裁决之后,被告关闭了违规设施,排除了进一步违法的可能性。联邦最高法院认为,鉴于被告仍然保留着排污许可证,不能排除其未来违法行为的可能性。斯蒂文斯大法官指出,如果被告当前的守法行为导致案件诉由消失,这对公民诉讼来说是危险的,更确切地说,这与司法终局理念相违背。

本章小结

美国环境公民诉讼条款下诉讼资格的面貌,系由立法与司法共同形塑而成的。普通公众可能对遵守联邦环境法规有着无差别的利益,但是诉讼资格要求确保特定公民只能寻求纠正违反环境法规的具体的、实际的、特别的损害行为。但这些要求并不明确,法院在实践中主要从宪法及相关法律的角度来认定原告是否具有诉讼资格,但认定过程同样较为模糊,因而只能是宽泛的尺度,并非是具体的实际规则。哥伦比亚大学法学教授皮尔斯(Richard Pierce)认为,"对行政机构行为的司法审查可以通过将行政行为限制在法定界限内来加强人民与行政机构之间的委托代理关系"〔1〕。法院对诉讼资格的限制越多,越不利于民主责任制国家的建设;相反地,宽松的诉讼资格政策将允许人们通过使用公民诉讼等机制使行政机构更负责任。虽然美国联邦最高法院放宽了传统的诉讼资格要求,但它仍然拒绝接受纯粹的公共诉讼或公民诉讼的概念,人类可以获得诉讼资格,但树木不能。因此,环境公民诉讼案件不是关于环境起诉人类,而是人类起诉人类。

即使常被认为是对卢坚案之反驳的地球之友案,判决也并未脱离卢坚案诉讼资格的基本框架和规则,只是认定标准有所放宽。宽松的诉讼资格是否会增强或破坏环境保护是一个悬而未决的问题。〔2〕如今,事实

---

〔1〕 Richard J. Pierce, Jr. , *The Role of the Judiciary in Implementing an Agency Theory of Government*, 64 New York University Law Review 1239 (1989).

〔2〕 See Jonathan H. Adler, *Stand or Deliver: Citizen Suits, Standing, and Environmental Protection*, 12 Duke Environmental Law and Policy Forum 39 (2001).

上的损害、因果关系和可救济性三要件以及具体判断标准已经成为认定诉讼资格的基本规则，尽管其具体认定标准仍然松紧不一，留待法院结合先例具体认定。然而，判例法的作用也受制于自身形式。先例主要适用于类似案件，但是环境诉讼案件通常品类繁多，差别巨大。正如卢坚案将 Students Challenging Regulatory Agency Procedures（SCRAP）v. United States 案〔1〕所确立的“事实上的损害”标准推翻，后来诉讼案件由于具体情形不一致而导致拒绝甚至推翻先例的情况屡见不鲜，特别是在条件各异的不同环境领域之间尤为如此。司法方法被证明是笨拙的，即使来自同一法院，也会产生不一致，不可预测的结果。〔2〕实际上，司法实践中的许多公民诉讼案件均是依据 CWA 提起的，其是否同等适用于濒危物种保护、空气、海洋生态、固体废弃物等其他领域，仍然具有不确定性，而法院掌握着最终的决定权。立法语言的模糊性难以消除，法院在具体案件中需要结合立法背景来适用法律。许多评论人士认为，国会可以而且也许应该解决这个问题。〔3〕国会需要向法院提供关于公民诉讼资格的指导，这一点在美国联邦最高法院的意见中得到提及，并引起了学术文章的关注。〔4〕可以预想，将来公民诉讼的实践仍然充满不确定性，并且诉讼资格的认定将呈现宽严不一的波动性。

---

〔1〕 See United States v. Students Challenging Regulatory Agency Procedures (SCRAP), 412 U. S. 669, 685 (1973).

〔2〕 See e. g., Robert J. Pushaw, Jr., *Limiting Article Ⅲ Standing to Accidental Plaintiffs: Lessons from Environmental and Animal Law Cases*, 45 Georgia Law Review 1 (2010).

〔3〕 See Sean Connelly, *Congressional Authority to Expand the Class of Persons with Standing to Seek Judicial Review of Agency Rulemaking*, 39 Administrative Law Review 139 (1987); James Dumont, *Beyond Standing: Proposals for Congressional Response to Supreme Court Standing Decisions*, 13 Vermont Law Review 675 (1989).

〔4〕 See Summers v. Earth Island Inst., 555 U. S. 488, 501 (2009); Massachusetts v. EPA, 549 U. S. 497, 516 – 17 (2007).

第三章 环境公民诉讼的限制

公民诉讼确立了私人原告的公认角色，使其得以监督和保障环境法律的有效实施。国会希望通过公民诉讼制度扩展公民在环境法律实施中的作用，即一方面促使行政机构更积极地执行反污染标准，另一方面在行政机构无所作为时提供一种替代执行法律的机制。[1]公民诉讼条款使得私人公民和行政机关共同作为执法主体，国会担心对公民广泛授权将引发大量的公民诉讼，“行政机关的运作可能受到干扰，其时间和资源消耗在回应这些诉讼上”[2]，而且也不能针对违法者的同一违法行为采取多重、连续的执法行动。为了避免可能导致的执法重复和冲突，国会授予公民有权提起诉讼的同时又对公民诉讼进行了限制，包括通知、勤勉执法阻却和介入，它们共同构成环境公民诉讼制度的重要内容。

第一节 通知（Notice）

一、通知的设定

环境法律公民诉讼条款通常规定，公民原告在提起公民诉讼之前，需要满足起诉之前的通知（notice），在诉前通知发出后的一定期限内不得起诉

〔1〕 See Baughman v. Bradford Coal Co., Inc., 592 F. 2d 215, 217 (3d Cir. 1979).

〔2〕 116 Cong. Rec. 32,925 (1970) (remarks of Senator Hruska).

(delay)。以CWA为例,该法明确规定在原告发送指控违法的通知给EPA、违法行为所在州和被指控违法者60日之前,不得起诉。[1]公民诉讼条款规定60日诉前通知的环境法律还有:《有毒物质控制法》[2]ESA[3]《安全饮用水法》[4]《噪音控制法》[5]等。事实上,国会每次在环境法规中纳入公民诉讼条款时,都会要求潜在原告向潜在被告以及相关的州和EPA发出诉讼前通知。

与大多数法律规则一样,环境公民诉讼通知之后的等待期限也有例外。例如,在CAA中,60日等待期有四个例外,一个是延长了等待期,即如果公民试图以行政机关不合理的迟延为由提起诉讼,则公民在必须提起诉讼前180日发出通知。[6]另外三个则完全取消了等待期,即如果存在以下情况之一,(1)违反有害污染物排放标准、限制的规定,[7](2)违反有害空气污染物标准,[8](3)违反EPA要求某人或州遵守州实施计划(SIP)的命令,[9]公民可立即提起诉讼。《露天采矿控制和恢复法》允许发出通知后立即提起诉讼,如果该违法行为导致"对原告的健康或安全造成迫在眉睫的威胁或立即影响原告的合法利益"[10]。但是,即使是在立即提起诉讼的情况下,公民仍必须发出通知。

通知的设定,从某种程度上说是对环境公民诉讼条款立法反对者的回应,这些反对者担心公民会向法院提起诉讼而干扰行政部门的适当执法。[11]例如,CAA立法草案的公民诉讼条款最初版本只要求提前30日通知,直到该草案提交至立法委员会时,通知期间延长至60日,以平息反

---

[1] See 33 U.S.C. § 1365(b)(1)(A),(2).

[2] See 15 U.S.C. § 2619(b)(1)(A),(2).

[3] See 16 U.S.C. § 1540(g)(2)(A)(i),(2)(B).

[4] See 42 U.S.C. § 300j-8(b)(1)(A),(2).

[5] See 42 U.S.C. § 4911(b)(1)(A),(2).

[6] See 42 U.S.C. § 7604(a).

[7] See 42 U.S.C. § 7604(b) [referencing 42 U.S.C. § 7412(i)(3)(A)].

[8] See 42 U.S.C. § 7604(b) [referencing 42 U.S.C. § 7412(f)(4)].

[9] See 42 U.S.C. § 7604(b) (1994) [referencing 42 U.S.C. § 7413(a)].

[10] 30 U.S.C. § 1270(b) (2).

[11] See Senator Hruska's remarks in the Senate debates on September 21,1970.

对者的担忧。[1]该条款的起草人曾表示,他设想公民将有助于"发现违法行为并将其提请执法机构注意"[2],然后由行政机构接管执法过程。通知规则的设定允许政府利用公众的警惕性,实际上使政府机构将大量的事实调查和初步的法律工作外包(farm out)给公民活动家。[3]通知程序的设置目的是使联邦或州行政机构及时了解违法行为,给予其执法的优先机会,另一方面也为违法者主动纠正违法行为提供了机会,避免不必要的诉讼。

二、通知期限的性质

毫无疑问,公民诉讼的通知规定具有促使行政机构履行职责的监督作用。通过允许公民监督行政机构的执法行动,立法者将行政机构被受监管企业俘获的风险降到最低。然而,关于公民诉讼 60 日通知是获得司法管辖权要求还是程序性固定要求,巡回上诉法院在这个问题上产生分歧。这个问题通常涉及通知期限问题,即公民诉讼的原告在发出通知后是否必须等待满 60 日才能提起诉讼,如果他们没有这样做,法院该怎么办?对于没有严格遵守法律条文的原告而言,法院视角的差异可能至关重要。如果法院认为通知是程序性要求,即使没有等待 60 日通常也被认为足以满足通知要求;如果法院认为通知是管辖权要求,那么就要求原告必须遵守 60 日期限,也就是说,在原告提起诉讼的 60 日前必须发出通知,否则法院不予审理。

(一)联邦巡回上诉法院的分歧

虽然通知要求可以严格执行,但有些巡回上诉法院并没有这样做。一般来说,由于通知期限不足而驳回公民诉讼是过度形式主义的(exces-

---

〔1〕 See H. R. Rep. No. 1783, 91st Cong., 2d Sess. 55 – 56, Reprinted in NRDC v. Train, 510 F. 2d at 726 – 27, 5 ELR at 20063.

〔2〕 See Senate Debate on S. 4358, Sept. 21, 1970.

〔3〕 See Will Reisinger, Trent A. Dougherty, Nolan Moser, *Environmental Enforcement and the Limits of Cooperative Federalism: Will Courts Allow Citizen Suits to Pick Up the Slack?*, 20 Duke Environmental Law and Policy Forum 1 (2010).

sively formalistic),[1]法院偏向于灵活而现实(flexibly and realistically)解释通知期限要求,以便促进公民参与(facilitate citizen involvement)。[2]例如,即使原告没有严格遵守60日的通知期限,第二巡回上诉法院也允许其提前提起环境公民诉讼。在Natural Resources Defense Council, Inc. v. Callaway案[3]中,原告环保组织诉请法院禁止美国海军在长岛湾区域倾倒高浓度污染的疏浚土壤,第二巡回上诉法院推翻了地区法院的裁定,即原告在发出通知后不足60日就起诉使得地区法院缺乏管辖权。第二巡回上诉法院认为60日通知期限要求的目的"是给行政机构调查和对涉嫌违法行为采取措施的时间",这个目的由于原告向EPA和其他机构发出通知而得到满足,而且"原告在起诉之前已经得知(行政机构)并未采取执法行动"。

同样地,第三巡回上诉法院对60日的通知期限采取务实态度,认为只要行政机构有60日的行动时间,公民诉讼就可以继续进行。因此,在Susquehanna Valley Alliance v. Three Mile Island Nuclear Reactor案[4]中,当公民向EPA和美国核管理委员会(他们打算起诉三里岛核电设施,以防止放电核废料污染的水流入河中)发出通知之后的两天即提起诉讼,第三巡回上诉法院允许公民诉讼继续进行。该法院解释说,"在地区法院采取行动的时候,从诉状的表面看来,美国核管理委员会已经收到关于被指控违法行为的通知,并审议了60多天"。第三巡回上诉法院认为,对通知期限的严格解读而驳回诉讼和重新起诉是过度形式主义的。在该案件之后的一年,第三巡回上诉法院在Pymatuning Water Shed Citizens for a Hygienic Env't v. Eaton案[5]中明确指出,60日通知期限要求是程序性的。在此案中,虽然原告在提起公民诉讼之前未能发出任何通知,但第三

---

〔1〕 See Susquehanna Valley Alliance v. Three Mile Island, 619 F. 2d 231, 243 (3d Cir. 1980).

〔2〕 See Friends of the Earth v. Carey, 535 F. 2d 165, 175 (2d Cir. 1976).

〔3〕 See Natural Resources Defense Council, Inc. v. Callaway, 524 F. 2d 79, 83 (2d Cir. 1975).

〔4〕 See Susquehanna Valley Alliance v. Three Mile Island Nuclear Reactor, 619 F. 2d 231, 243 - 44 (3rd Cir. 1980).

〔5〕 See Pymatuning Water Shed Citizens for a Hygienic Env't v. Eaton, 644 F. 2d 995, 996 (3rd Cir. 1981).

巡回上诉法院维持了地区法院纠正这一缺陷，即在原告提出适当的通知并且过了60日之后继续审理此案。

但是，也有法院认为必须严格遵守60日通知期限的要求。例如，第七巡回上诉法院在City of Highland Park v. Train案中指出，CAA的公民诉讼条款明确规定在原告向行政长官发出此类诉讼通知后的60日内，不得提起任何诉讼，如果原告没有试图遵守通知条款，那么他们无法正式启动诉讼。[1]

（二）联邦最高法院的观点

当联邦最高法院审理Hallstrom v. Tillamook County案[2]（以下简称Hallstrom案）时，关于“60日通知”的分歧成为讨论国会规定这一期限的目的。在这个案件中，原告Hallstrom居住在俄勒冈州提拉木克县经营的垃圾填埋场附近，原告认为该县违反了法律规定，于是在1981年4月向提拉木克县发出了书面通知，表示打算提起诉讼。一年多后，原告提起诉讼，被告提拉木克县主张原告并没有向俄勒冈州环境质量管理局或EPA发出通知，因此应当驳回诉讼。1983年3月2日，在被告主张驳回诉讼的第二天，原告就向俄勒冈州环境质量管理局和EPA发出通知，此时原告尚未满足60日通知期限要求，是否必须等待60日才能向法院提起诉讼。最终，联邦最高法院在此案中明确指出通知期限要求是强制性的，并且不遵守通知期限提起的案件应予以驳回。

在该案中，地区法院主张诉前通知程序不符合环境法律保护环境的立法目的，不利于公民原告提起诉讼。具体来说，60日的诉前通知期限只会为违法者增加60日的违法行为期限，这将导致环境污染更为严重。联邦最高法院对这个观点予以回应：“这是平衡各方利益的结果，公民诉讼这种特殊的诉讼机制使得利益权衡不可避免，也不得不使立法者考虑行政成本等资源配置问题，力图在对权力行使造成最小妨碍与以最低成本达到诉讼目的之间保持合理平衡。”[3]

---

〔1〕 See City of Highland Park v. Train, 519 F. 2d 681, 693 (7th Cir. 1975).

〔2〕 See Hallstrom v. Tillamook County, 493 U. S. 20 (1989).

〔3〕 Hallstrom v. Tillamook County, 493 U. S. 20 (1989).

通过援引 CAA 的立法历史，联邦最高法院指出国会意图在鼓励公民执法和减小联邦法院诉讼压力之间取得平衡。[1]法院根据国会的妥协解释了通知要求的目的：“要求公民遵守通知和延迟要求在两方面符合国会的目标。首先，通知允许行政机构负责执行环境法规，从而避免了公民诉讼。在许多情况下，行政机构可以采取行政行为要求违法者守法，从而消除了任何诉诸法院的需要。其次，通知给了被指控的违法者‘一个机会，使自己完全遵守法律，从而同样使公民诉讼变得不必要’。如果公民可以在不涉及联邦或州执法机构的情况下立即提起诉讼，这项政策将会受挫。对通知要求的严格解释应与立法意图相一致。”[2]

联邦最高法院清晰地表明诉前通知对于公民原告来说是强制性义务，原告必须严格遵守，通知不符合要求将导致案件被驳回，地区法院不能抛开法律的这一规定而自由裁量。因此，原告 Hallstrom 依据《资源保护和恢复法》的公民诉讼条款提起诉讼时，不能满足 60 日通知期限要求，那么该诉讼必须被驳回。虽然本案是对《资源保护和恢复法》通知期限的解释，但该案件作为一个实际问题几乎涵盖了所有类型的环境法规。正如联邦最高法院在本案中指出的那样，大多数环境公民诉讼规定都是在 CAA 之后制定的，因此可以进行类似的解释。[3]联邦最高法院在该案中的观点已经类比适用于 ESA[4]、CWA[5]、《安全饮用水法》[6]等其他环境法规公民诉讼案件。

三、通知内容的认定

正如联邦最高法院在 Hallstrom 案中指出的那样，环境公民诉讼条款将 60 日通知期限作为起诉的强制性条件。但是，除了这个要求以及原告

---

〔1〕 See 58 USLW at 4009.

〔2〕 Hallstrom v. Tillamook County, 493 U. S. 20, 29 (1989).

〔3〕 See Hallstrom v. Tillamook County, 493 U. S. 20, 22 – 23 & n. 1 (1989).

〔4〕 See American Rivers v. National Marine Fisheries Serv., 126 F. 3d 1118, 1124 – 25 (9th Cir. 1997).

〔5〕 See Public Interest Research Group of N. J., Inc. v. Hercules, Inc., 50 F. 3d 1239, 1246 (3rd Cir. 1995).

〔6〕 See ACORN v. Edwards, 842 F. Supp. 227, 232 (E. D. La. 1993).

发出通知的更隐晦的要求之外,公民诉讼条款对通知内容或送达并没有具体要求。公民诉讼条款通常规定,诉前通知方式由 EPA 另行制定规章加以规定。例如,根据 CAA 的措辞,通知必须"按照局长制定的规章规定的方式"(in such manner as the Administrator shall prescribe by regulation)[1]发出。因此,联邦行政机构,通常是 EPA,有责任阐明通知的内容构成。

(一)EPA 关于通知内容的规定

在 EPA 的案例中,这些通知细节包括程序性要求和实质性要求,EPA 已经制定了一项规章。[2]例如,EPA 要求公民通过挂号信或个人服务向相应当事人发出通知,也要求明确通知人员的详细信息以及通知中应包含的信息。以违法者为被告的通知和以行政机构为被告的诉前通知要求内容并不相同。具体来说,当公民对于 CAA 中 EPA 未能履行或违反非自由裁量职责提起诉讼前,通知应当"确定该法律要求采取行动或设定此类职责的规定"(shall identify the provisions of the Act which requires such act or creates such duty),"以合理特殊性来描述"(describe with reasonable specificity)行政机构采取或不采取的行动,并应注明发出通知人的全名和地址。[3]当公民起诉违反标准、限制或命令的违法者时:应包括"充分信息"(sufficient information),以便接收方能够确定被诉违反的具体标准、限制或命令,被指控的涉嫌违法行为,对被控违法行为负责的人,被控违法行为的地点、日期,以及发出通知人的全名和地址。[4]

这些通知要求几乎适用于 CWA、《安全饮用水法》《噪音污染控制法》以及《固体废物处置法案》等环境法律。[5]当 EPA 要求提供的信息超出 CAA 规定的范围时,最常见的两项规定是要求公民或公民团体确认

---

[1] 42 U.S.C. § 7604(b)(2).

[2] See 58 Fed. Reg. 7,870,7,871(1993).

[3] See 40 C.F.R. § 54.3(a) (1997).

[4] See 40 C.F.R. § 54.3(b) (1997).

[5] See 40 C.F.R. § 135.3 (1997) (Clean Water Act);40 C.F.R. § 135.12 (1997) (Safe Drinking Water Act);40 C.F.R. § 210.3 (1997) (Noise Pollution Control Act); 40 C.F.R. § 254.3 (1997) (Solid Waste Disposal Act/RCRA).

其律师及其电话号码以及姓名和地址。

(二)通知内容的司法认定

如上文所述,环境法规要求通知应“按照局长制定的规章规定的方式”发出〔1〕。鉴于联邦最高法院在 Hallstrom 案中对公民诉讼通知要求的严格解释,该案件之后的几个案件明确表示,遵守规章的通知要求是提起环境公民诉讼的强制性先决条件。〔2〕然而,法院对通知内容的认定存在分歧,采取了两种方法:一些法院强调环境法规的“充分信息”(sufficient information)措辞,对通知内容的认定标准要比联邦最高法院在 Hallstrom 案中对 60 日通知期限解释更为宽松;其他法院则将联邦最高法院对通知期限的严格解释态度适用于对通知内容的认定,要求原告的通知提供相当精确的信息。

1. 宽松解释

有些法院认为,通知内容不能像法定的 60 日通知期限那样被严格解释。在 Public Interest Research Group of New Jersey, Inc. v. Hercules, Inc. 案〔3〕中,第三巡回上诉法院提供了采用这种观点的最明确意见。第三巡回上诉法院明确拒绝将联邦最高法院在审理 Hallstrom 案中的严格解释适用于对通知内容的要求,并指出“联邦最高法院对 Hallstrom 案的关注是通知期限,而不是其内容”。〔4〕联邦最高法院在 Hallstrom 案中没有认为必须要参考规章,相反,联邦最高法院采用所谓的全面充分(overall sufficiency)方法,强调“我们必须考虑原告的通知书是否符合国会的目的:为收件人提供了有效又及时的通知”。据此,第三条巡回上诉法院得出结论,“通知的内容必须足以使收到通知的人确定公民指控的依据”。但是,

---

〔1〕 See e. g. , Clean Air Act, 42 U. S. C. § 7604(b).

〔2〕 See e. g. , Save Our Health Org. v. Recomp of Minn. Inc. , 37 F. 3d 1334, 1337 – 38 (8th Cir. 1994); Sierra Club v. Tri – State Generation & Transmission Ass'n, 173 F. R. D. 275, 282 (D. Colo. 1997).

〔3〕 Public Interest Research Group of New Jersey, Inc. v. Hercules, Inc. , 50 F. 3d 1239 (3rd Cir. 1995).

〔4〕 See Public Interest Research Group of New Jersey, Inc. v. Hercules, Inc. , 50 F. 3d at 1249.

“公民没有被要求列出每个涉嫌违法行为的每个具体方面或细节,公民也不需要描述违法行为的每一个后果”〔1〕。

2. 严格解释

相比之下,依据联邦最高法院在 Hallstrom 案中的严格解释态度,第九巡回上诉法院和几个地区法院对通知内容要求提出了更高的特殊性标准。例如,在 Washington Trout v. McCain Foods, Inc. 案〔2〕中,第九巡回上诉法院认为通知要求应该被严格解释,严格遵守通知规定以及法定的60日通知期限,法院没有自由裁量权。〔3〕对通知内容的严格解读通常会导致法院根据要求判断通知的充分性。例如,在一个公认的极端案例中,法院通过审查 CWA 规定的每一项要求,确定了公民没有根据 CWA 发出适当的通知。〔4〕法院指出:(1)就个人和公司被告而言,服务并非以挂号信或个人服务进行;(2)向市镇办事员提供的通知并非以挂号信或个人服务对被指控负责违法行为的机构负责人发出;(3)通过普通邮件向当地卫生官员提供的通知不足,特别是因为没有证据或指控该卫生部门对所指控的违法行为负责;(4)本案大多数被告从未在通知书或信件中署名;(5)通知中未包含发出通知人的全名,地址和电话号码的,也不符合要求。

然而,CWA 并不要求公民原告“列出每一项涉嫌违法行为的每一个具体方面或细节”,或“描述每一个违法行为的后果”。〔5〕因此,第九巡回上诉法院曾两次指出,声称继续非法排放污染物的通知不必列出排放污染物的每个日期。〔6〕

四、通知的评价

环境公民诉讼通知要求的目的在于在公民诉讼提起之前,为执法机

〔1〕 Public Interest Research Group of New Jersey, Inc. v. Hercules, Inc. ,50 F. 3d at 1248.

〔2〕 See 45 F. 3d 1351 (9th Cir. 1995).

〔3〕 See 45 F. 3d 1351, at 1354 – 55 (9th Cir. 1995).

〔4〕 See Bettis v. Town of Ontario, N. Y. ,800 F. Supp. 1113, 1118 (W. D. N. Y. 1992).

〔5〕 See Pub. Interest Research Grp. of N. J. , Inc. v. Hercules, Inc. ,50 F. 3d 1239, 1248 (3d Cir. 1995).

〔6〕 See Waterkeepers N. Cal. v. AG Indus. Mfg. , Inc. ,375 F. 3d 913 (9th Cir. 2004); S. F. BayKeeper, Inc. v. Tosco Corp. ,309 F. 3d 1153, 1158 (9th Cir. 2002).

构提供履行执法职责的最后一次机会。但是60日的通知期限过于短暂，在实践中，通知既不能阻止公民诉讼诉诸法院，也未留有足够的时间使行政机构履行执法职责，并没有实现该立法目的。如果行政机构希望在收到公民诉讼通知后发挥执法作用，那么一个实际问题是，只有在最特殊的情况下，它才能在60日内提起司法诉讼。EPA调查案件所需的时间、为案件转介所做的准备，并通过其官僚机构转介给DOJ几乎总是需要60日以上的时间。对于行政机构来说，60日的期限太短了，甚至无法完成例行的案件移交，更不用说解决复杂的政策问题了。1983年，EPA与DOJ达成了一份《谅解备忘录》，允许将某些执法案件直接转送给司法部的土地和自然资源司，在EPA将案件提交给DOJ后，DOJ有60日的时间提起案件。[1]假设DOJ拒绝提起诉讼，EPA律师可能需要经过90日方可提起诉讼。因此，除非当通知到达时行政机构即提起诉讼，否则如果原告组织打算尽快提起诉讼，那么行政机构不太可能赢得与法院受理公民诉讼速度的竞争。[2]对此，有学者指出60日通知期限应当延长，如果现行通知期限的简短是行政机构逾期的重要因素，那么该期限应该延长至90日。[3]

但是，通知要求是有价值的，尽管国会可能错误地判断了通知期限的实际性。通知要求通常通过提供一段潜伏期来避免不必要的诉讼，在此期间，公民和潜在被告可以商讨案件问题。例如，公民可以提议召开预审会议，讨论解决办法，潜在被告可以指明围绕指控的违法行为的减轻情节。统计显示，这一潜伏期消除了许多不必要的诉讼。[4]

---

〔1〕 See Corkin, *A State's Eye View of Pollution Control*, 1 Harvard Environmental Law Review 333 – 44(1976).

〔2〕 See Barry Boyer & Errol Meidinger, *Privatizing Regulatory Enforcement: A Preliminary Assessment of Citizen Suits under Federal Environmental Laws*, 34 Buffalo Law Review 837 (1985).

〔3〕 See David G. Samuels, *Precluding Preclusion: A Proposal for A New Way of Addressing Citizen Suit Overfiling*, 26 Tulane Environmental Law Journa 259 (2013).

〔4〕 See A. Fadil, *Citizen Suits Against Polluters: An Analysis of Their Use and Non – use, and Some Suggestions for Change* 20 (May 1984) (unpublished manuscript).

第二节 勤勉执法阻却(Diligent Prosecution Bar)

一、勤勉执法阻却的立法规定

公民诉讼通过起诉前的通知,向执法机构报告重大违法行为,向EPA和各州施加重要压力,要求其有效执行环境标准。[1]为了缓解公民诉讼权的过度扩张,规避私人执法权和行政权的矛盾冲突,几乎所有环境法律公民诉讼条款均设置了勤勉执法阻却(diligent prosecution bar),要求在行政机构已经开始或正在努力勤勉地对违法者执法的情况下,公民诉讼的提起将会受到限制。例如,CWA规定:"如果EPA局长或州政府在联邦或州的法院已经开始或正在勤勉地进行一项旨在要求违法者遵守有关排污标准、限制或命令的民事或刑事诉讼……则不得依据该法公民诉讼条款提起公民诉讼。"[2]国会意图通过勤勉执法阻却的设定确保违法者"不会同时遭受多重诉讼(及因此可能导致的法院判决的冲突)和重复执行相同的法定标准"[3],使被告因同样的违法行为受到两次惩罚,这违背了美国司法的基本原则——一事不再理原则(res judicata)。该原则是指"由具有管辖权的法院对案情作出的最终判决对于当事人及利害关系人的权利具有决定性意义,并且对于涉案人基于相同诉求、需求或理由的后续诉讼是绝对禁止的"[4]。

勤勉执法阻却的设定与公民诉讼的多重角色分不开,国会在制定公民诉讼条款时并非基于单独目标,而是意图至少达到两项目的。首先,公民诉讼将刺激行政机构更好地执法。通过起诉前的通知要求,公民向执

---

[1] See 1 Environmental Policy Div. ,Library of Congress,93d Cong. ,A Legislative History of the Clear Air Amendments of 1970,at 127 (statement of Senator Muskie) (Senate consideration of the Clean Air Act) (Comm. Print 1974).

[2] 33 U. S. C. A. § 1365.

[3] Friends of the Earth, Inc. v. Laidlaw Envtl. Serves. (TOC), Inc. ,890 F. Supp. 470,485 (D. S. C. 1995).

[4] Black's Law Dictionary,1305 (6th ed. 1990).

法机构报告重大违法行为，不断提醒行政机构履行法律职责。其次，如果政府机构由于缺乏资源而显得不愿或无法采取适当的执法行动，公民可以直接提起诉讼，即公民诉讼将作为一种直接执法手段。勤勉执法阻却的认定往往成为法院审理的重点——当行政机构已经采取执法活动时，在何种情况下法院允许公民诉讼继续进行。

二、勤勉执法阻却的司法认定

国会在法规中没有严格界定勤勉执法，或许是认为法院在对行政机构执法活动的认定上比国会更有经验。[1]勤勉执法阻却的立法表述简明，需要结合具体案件予以分析。

（一）法院能否推定执法勤勉

虽然法院应当对行政机构的执法活动保持尊重，但不应该盲目推定行政机构的执法是勤勉的。如果没有更多证明勤勉的证据，那么仅推定本身不应该成为行政机构勤勉认定的真正决定因素。[2]查看公民诉讼条款的立法历史，可以发现立法者从未默认由法院推定行政机构执法行为属于勤勉的："如果公民主张行政机构执法努力不充分，公民可能选择起诉。在这种情况下，法院将会在行政机构执法行为的背景下考量公民诉求，并据此决定行政机构执法行为是否可以暂停、合并或驳回公民诉讼。如果法院认定该执法行为不充分，即使行政机构执法行为还在进行，法院仍然有权审理公民诉讼。"[3]

当然，出于审判工作的需要，法官时常对行政机构的执法活动保有尊重，但是对于法律问题，法院仍然拥有最终决定权。对此，有学者认为，法

---

〔1〕 See Jeffrey G. Miller, *Theme and Variations in Statutory Preclusions Against Successive Environmental Enforcement Actions by EPA and Citizens, Part One: Statutory Bars in Citizen Suit Provisions*, 28 Harvard Environmental Law Review 401 (2004).

〔2〕 See David M. Loring, *The Bar to Citizen Suits: The Preclusive Effect of A Settlement between the Government and Violator on Citizen Suits Following Friends of Milwaukee's Rivers v. Milwaukee Metropolitan Sewerage District*, 2005 Wisconsin Law Review 1345 (2005).

〔3〕 S. Rep. No. 92 – 414, at 80(1971), reprinted in 1972 U. S. C. C. A. N. 3668, 3746.

院的宪法职责是独立判断法律问题，盲目尊重行政机构将会违反这一宪法职责，导致偏向于支持行政机构，忽略了公民的正当性法律程序。[1]如果法官对行政机构对于违法者采取的执法活动机械性尊重，推定行政执法活动为勤勉的，便会放弃法院的独立判断，致使有利偏向违法排污者以及对公民诉讼原告的偏见。[2]因而，如果没有其他证据证明行政机构勤勉执法，那么只靠推定本身不应该作为认定勤勉执法的真正决定因素，[3]法院还需要综合考量行政机构的其他执法努力。对于原告来说，为了推翻法院对勤勉执法的推定，原告承担着证明责任，提供"具有说服力的证据，用以证明行政机构的执法行为是迟延的、共谋的，或者是恶意的"[4]。

（二）何为勤勉执法

不论行政机构执行环境法规的活动是提起诉讼还是采取行政行为，法院都要审查行政机构在执法过程中是否足够勤勉。按照《布莱克法律词典》的解释，"勤勉"是指"小心周到、坚持勤奋、不断努力"。[5]法院虽然经常抱怨缺乏"勤勉执法"认定的指导，[6]但当面对这个问题时，法院通常从以下方面认定行政机构的执法活动是否勤勉，是否足以限制公民诉讼的提起。

1. 执法速度的及时性

法院主张勤勉执法的标志之一是行政机构实施法律之行动是迅速的。效率是行政执法活动中的重要因素，行政执法的及时性要求行政机

---

〔1〕 See Philip Hamburger, *Chevron Bias*, 84 George Washington Law Review 1184 (2016).

〔2〕 See Rachel L. Ryan, *Adequate Agency Action? How Procedural Trends In Environmental Citizen Suit Litigation Prompt a Reconsideration of Deference and Presumptions of Diligence*, 44 Ecology Law Quarterly 445 (2017).

〔3〕 See David M. Loring, *The Bar to Citizen Suits: the Preclusive Effect of a Settlement Between the Government and Violator on Citizen Suits Following Friends of Milwaukee's Rivers v. Milwaukee Metropolitan Sewerage District*, 2005 Wisconsin Law Review 1345 (2005).

〔4〕 Group Against Smog and Pollution v. Shenango Inc., 810 F. 3d 116, 117 3rd Cir. 2016).

〔5〕 See Black's Law Dictionary (10th ed. 2014).

〔6〕 典型案例如 Gardeski v. Colonial Sand & Stone Co., 501 F. Supp. 1159, 1164 (S. D. N. Y. 1980)。

构对违法行为做出迅速、直接的反应，以防止违法行为扩散和恶化。如果行政机构对违法行为拖延执法，不仅会造成行政资源的浪费，同时也会对社会公共利益产生消极影响。虽然行政机构的执法行为不受公民诉讼诉前通知期限约束，但行政机构在公民诉讼提起之后的执法行为，不构成勤勉执法，不能阻止公民诉讼继续进行。在 Friends of Milwaukee Rivers v. Milwaukee Metropolitan Sewerage District 案[1]中，原告环保组织在将被控违法行为以及起诉意向向行政机构及环境污染者发出通知并到期后，向法院提起公民诉讼，声称被告环境污染者违反了 CWA 关于排污许可证的规定。在原告起诉之后，行政机构也针对同一被告的同一违法行为提起诉讼，并迅速与被告达成了施加强制性和持续性义务的协议。被告据此主张行政机构的执法行为导致法院对公民诉讼缺乏管辖权，公民诉讼应当予以驳回。法院审查后认为被告的主张不成立，因为公民诉讼是在行政机构采取执法行为之前提起，行政机构不及时的执法行为并不构成勤勉执法，不能阻止公民诉讼的继续进行。

2. 执法内容的相当性

虽然能够阻止公民诉讼的执法活动包含了各种可能的执法形式和救济措施，如罚款、禁止令、和解协议等，但其内容应与违法行为的违法性相当，否则不能阻止公民诉讼。司法实践中，法院在涉及罚款的执法行为认定上存在分歧。有的法院提出，作为一种威慑手段，对违法者的罚款必须多于违法者因违法行为获得的经济利益，如果行政机构执法行为中所确定的罚款数额不足以阻止违法者或其他人未来的违法行为，那么允许后继公民诉讼的提起。因此，在地球之友案[2]中，联邦地区法院认为行政机构对违法者施加的 10 万美元罚款（违法者因违法而获利 100 多万美元）远低于通常执法中处以的罚款数额，而且未对违法者从违法行为中获得的经济利益进行评估、追回。据此，联邦地区法院认为行政机构的执法内容与违法行为不相当，不符合勤勉执法的要求。但是，也有法院认为，

---

〔1〕 See Friends of Milwaukee Rivers v. Milwaukee Metropolitan Sewerage District, 556 F. 3d, 603, 605 (7th Cir. 2009).

〔2〕 See Friends of the Earth, Inc. v. Laidlaw Envtl. Servs. (TOC), Inc., 528 U. S. 167, 173 (2000).

即使行政机构没有对违法者的违法行为处以罚款，也能阻止公民诉讼。在 North & South Rivers Watershed Assn. Inc. v. Town of Scituate 案[1]中，原告环境团体主张能够阻止公民诉讼的只能是行政机构实施的以金钱制裁为表现形式的罚款。但法院拒绝该主张，认为只要行政机构有权力处以罚款，即使行政机构决定不采取罚款措施，而是采取其他执法措施，那么行政机构也履行了职责，则公民诉讼就没有提起的必要了。

3. 执法努力的充分性

虽然对勤勉执法的认定没有一个具体的、确定的标准，但值得注意的是，法院对勤勉执法的认定依赖于行政机构的执法努力，而非公民的指控。在 Ellis v. Gallatin Steel Co. 案[2]中，联邦第六巡回上诉法院认为，当行政机构未能采取执法行动，而不是行政机构未能达到公民认为的那种勤勉程度时，公民诉讼是适当的。勤勉执法认定关注的是行政机构执法活动是否完全不能令人满意，而非是否采用原告公民偏好的另一种救济措施，因此，仅仅主张行政机构的执法措施与公民所意欲寻求的救济措施不同，不足以说明执法不勤勉。此外，行政机构必须严格执法，努力使执法行为得到遵守，而非敷衍了事。国会虽然未对勤勉执法进行界定，但是将其与“遵守”(compliance)相联系来阐明其含义。在 Atl. States Legal Found., Inc. v. Eastman Kodak Co. 案[3]中，联邦第二巡回上诉法院指出，如果行政机构的执法行为未能得到遵守，那么公民诉讼的提起是有意义的。但是，如果行政执法活动虽然要求违法者遵守法律规定，但又允许无限期拖延或设定不必要的临时限制时，法院不应该认定为勤勉执法。[4]只有行政机构努力执行环境法规，坚决维护法律的权威性和严肃性，充分制裁违法行为，才能更好地维护社会公共利益。

---

[1] See North& South Rivers Watershed Assn. Inc. v. Town of Scituate, 949 F. 2d 552, 553 (1st Cir. 1991).

[2] See Ellis v. Gallatin Steel Co., 390 F. 3d 461, 464 (6th Cir. 2004).

[3] See Atl. States Legal Found., Inc. v. Eastman Kodak Co., 933 F. 2d 124, 128 (2d Cir. 1991).

[4] See Arkansas Wildlife Fed'n v. ICI Americas, Inc., 29 F. 3d 376, 380 (8th Cir. 1994), cert. denied, 115 S. Ct. 1094 (1995).

4. 执法过程的参与性

行政机构在执法过程中如果没有给予公众参与的机会，则不能阻止公民诉讼的提起。公众参与在行政法中的价值已受到立法及司法的关注和肯定，以公众参与为基本特征的行政程序构成了美国行政法的基本框架。公众参与可以防止行政专权和武断，最大限度地限制行政主体公权力的滥用，增加行政过程的公开性和透明度，确保行政机构执法活动的质量，在公权力与私权利之间找到最佳平衡点。在 Sierra Club v. SCM Corp. 案中，联邦地区法院裁定，在提起公民诉讼之前，因行政执法程序而导致的排污者与州政府之间的和解并不能阻止公民诉讼。这一决定的主要依据是公民团体"缺乏参与行政机构执法程序（和解协议）的机会"[1]。与此类似，在 Proffitt v. Rohm & Haas 案[2]中，上诉法院裁定，排污许可证中规定的暂缓执行的内容并不能排除公民诉讼，部分原因是由于公民团体没有收到排污许可证变更的通知，也没有机会使其意见被行政机构听取。国会意图使公民积极推动环境法规的实施，对此，行政机构需要为公民提供参与行政执法活动的机会。法院将公民是否参与行政机构执法活动作为认定勤勉执法的重要考量因素，[3]是国会强调公众参与环境执法意图的体现，在行政机构与公民之间架构起沟通与合作、引导与接受的桥梁。

（三）勤勉执法阻却认定的典型案例

在勤勉执法阻却的判断中，法院在行政机构对被监管者的执法过程中寻找管制俘获的证据。法院综合考虑行政机构施加的处罚的严厉程度；允许或不允许公众介入执法行动；为抢占诉讼而串通一气以及其他关

[1] Sierra Club v. SCM Corp. ,572 F. Supp. 828 (W. D. N. Y. 1983).

[2] See Proffitt v. Rohm & Haas,850 F. 2d 1007 (3d Cir. 1988).

[3] 典型案例如 Natural Res. Def. Council, Inc. v. Vygen Corp. ,803 F. Supp. 97,101 (N. D. Ohio 1992); Pub. Interest Research Grp. of N. J. , Inc. v. GAF Corp. ,770 F. Supp. 943, 951 (D. N. J. 1991); Atl. States Legal Found. , Inc. v. Universal Tool & Stamping Co. , 735 F. Supp. 1404, 1415 (N. D. Ind. 1990); McAbee v. City of Fort Payne, 318 F. 3d 1248, 1255 (11th Cir. 2003)。

于执法不勤勉的证据。例如,在地球之友案中,联邦地区法院对行政机构执法的程序和实质性方面进行了特别细致和彻底的审查。

地球之友案在环境公民诉讼领域占有重要位置,[1]本案经历了联邦三级法院的审判,历时七年多,除勤勉执法认定外,还涉及众多法律问题,如前文提及的诉讼资格、诉由消失等,本部分将从勤勉执法限制角度对该案件进行分析。原告地球之友就被告莱德劳公司数百次违反排污许可证规定限制的违法行为,在提起诉讼之前按照 CWA 的规定于 1992 年 4 月 10 日向莱德劳公司、EPA 和南卡罗来纳州健康和环境控制部发出起诉意向通知。由于莱德劳公司在收到通知后认识到如果行政机构提起诉讼,将会排除公民诉讼。考虑到即将面临公民诉讼,莱德劳公司便与南卡罗来纳州健康和环境控制部商讨能否提起一项对莱德劳公司的诉讼,后者认同莱德劳公司的这一请求,同意对其提起诉讼。随后,莱德劳公司的律师就为南卡罗来纳州健康和环境控制部提供了起诉书,并在被告栏里署名,甚至代替南卡罗纳州健康和环境控制部缴纳了起诉费用。1992 年 6 月 9 日,即在公民诉讼条款所要求的诉前通知 60 日期限届满前的最后一天,南卡罗来纳州健康和环境控制部对莱德劳公司提起诉讼,指控其违反排污许可证,并在执法会议刚开始的一个工作日内便与莱德劳公司达成了 10 万美元罚款及承诺守法的和解协议。这个罚款数额是协商出来的,对于莱德劳公司排污行为的严重性没有经过任何专门评估,也没有计算莱德劳公司将必要的污染控制措施推迟至 1992 年而获得的经济利益。

1992 年 6 月 12 日,地球之友对莱德劳公司提起环境公民诉讼,主张被告数百次违反健康和环境控制部颁发的排污许可证的限制。被告莱德劳公司则向法院申请驳回原告起诉,理由之一是南卡罗来纳州健康和环境控制部在公民诉讼提起之前已经对莱德劳公司执法,排除了公民诉讼。联邦地区法院对此主张进行审查,认为在南卡罗来纳州健康和环境控制部对莱德劳公司提起的诉讼中,被告为原告起草了起诉书和与原告的和解协议并缴纳了起诉费用,而且原告与被告之间的和解协议是以不同于

---

〔1〕 作者在 westlaw 检索发现,在 2000～2017 年的 17 年间,联邦法院对 Laidlaw 案例的引用超过 4600 次。截止日期为 2018 年 1 月 1 日。

以往的速度达成的,没有为公民提供参与机会;另一最具有说服力的事实便是原告对被告施加10万美元罚款(被告因违法行为获利超过100万美元)大大低于原告通常执法活动中施加的罚款,并且没有对被告在违法行为中取得的经济利益予以评估和追回。这些证据表明原被告之间串通,是自己提起了针对自己的诉讼,以阻却潜在的公民诉讼的提起。因此,联邦地区法院认为南卡罗来纳州健康和环境控制部针对莱德劳公司的诉讼是一场合谋,并没有勤勉执法,因此也就不能阻却公民诉讼的提起。

1997年1月22日,联邦地区法院对莱德劳公司作出405,800美元民事罚款的判决。1998年7月16日,第四巡回上诉法院作出撤销联邦地区法院的判决。联邦最高法院最终受理了此案,并于2000年1月12日作出判决,撤销了第四巡回上诉法院的判决。

三、勤勉执法阻却的评价

总体来看,在公民诉讼最初纳入环境法规的四十多年间,国会和法院未能对勤勉执法的认定形成统一的标准。国会意图鼓励公民参与环境执法和防止公民干预行政机关执法的不同甚至矛盾立场,必然导致国会和法院对勤勉执法认定持有谨慎态度。国会确立公民诉讼制度以防止行政机构被俘获,这一意图是模糊的;至少,公民诉讼作为一种缓解措施的原则并不是绝对的。[1]

勤勉执法阻却经过法院审查具有弹性:当法官重视公民在环境法律执行的积极作用的情况下,通常会对行政机构勤勉执法予以严格认定,使得公民诉讼可以继续进行;当法官对公民诉讼可能阻碍行政执法而警惕时,便会对行政机构执法活动更加宽容和尊重,以便阻却公民诉讼的提起。[2]在对勤勉执法阻却的设置及认定上,国会和法院的态度较为谨慎,这也表明对于行政机构以及私人公民执行环境法律的问题上,国会和法院试图达至两者的平衡,从而使"公民诉讼只是行政执法的补充(supple-

---

〔1〕 See Jonathan H. Adler, *Stand or Deliver: Citizen Suits, Standing, and Environmental Protection*, 12 Duke Environmental Law and Policy Forum 39 (2001).

〔2〕 参见崔瑜:《公益保护行政执法与公民诉讼的平衡》,载《国家检察官学院学报》2018年第6期。

ment)并不是取代(supplant)",避免"公民的角色由间接性(interstitial)变成潜在侵犯性(potentially intrusive)"。[1]

第三节 介入(Intervention)

一、行政机构的介入

所有的环境公民诉讼条款都规定了允许行政机构介入(intervention by administrator)。对于行政机构不是当事人的公民诉讼,EPA局长可以介入到公民诉讼过程中。例如,CAA第304条规定,"在依据本条提起的诉讼中,若不是当事人,EPA局长可基于其权利在诉讼程序的任何阶段参与诉讼。依据本条提起的诉讼中,若美国政府不是当事人,对该诉讼作出的判决对美国政府不具有法律效力"[2]。为了更好地保护美国利益(United States interests protected),公民原告在提起诉讼时还需要向DOJ部长和EPA局长递交起诉状副本。

实践中,EPA和州政府行政机构通常不会积极介入公民诉讼,法院通常也不会强迫他们这样做。行政机构不愿介入有几个原因,其中最紧迫的是缺乏执行资源,这使行政机构从一开始就无法对违法者采取执法行动。[3]例如,在1990年的CAA修正案中,国会增加了338项具体截止日期要求。[4]这不仅增加了EPA的责任,而且"在2012财年,通货膨胀调

〔1〕 See Gwaltney of Smithfield, Ltd. v. Chesapeake Bay Found., Inc., 484 U. S. 49, 60, 61 (1987).

〔2〕 42 U. S. C. § 9604(c).

〔3〕 See Barry Boyer & Errol Meidinger, *Privatizing Regulatory Enforcement: A Preliminary Assessment of Citizen Suits under Federal Environmental Laws*, 34 Buffalo Law Review 833 (1985).

〔4〕 See U. S. Government Accountability Office, *Clean Air Act: EPA Has Completed Most of the Actions Required by the* 1990 *Amendments*, but Many Were Completed Late (May 2005), at 3 - 4. http://www.gao.gov/assets/250/246543.pdf.

整后 EPA 的经费比 1990 财年减少了 13%”[1]。行政机构执法资源的匮乏,导致其无法充分开展执法活动,更不会介入公民诉讼。

二、公民的介入

虽然公民允许介入诉讼,但介入并不自动适用于所有案件。介入仅适用于政府提起的执法诉讼,并不适用于以政府为被告的诉讼。[2]公民诉讼的法律条款规定任何人对政府或州已经开始执法或正在勤勉执法的案件享有介入权(intervene as a matter of right),该条款是为了保证被行政机构执法所阻止的环保组织可以介入到政府的执法行为中。例如,根据 CWA 的规定,任何人都可以在联邦法院介入联邦或州的民事或刑事执法诉讼。[3]

由于介入条款缺乏具体性,产生了一系列问题。谁可以是允许介入的“任何人”(any person)?他是做出公民诉讼通知的人,还是任何对违法行为感兴趣的人?法规简单的措辞表明,任何人都可以进行干预,而不仅仅是提出公民诉讼通知的人,但简单的措辞也可能会非理性地扩大允许干预的情况。国会制定了干预措施,认识到所涉及的行政机构可能并不总是最大限度地起诉或保护所有利益,[4]法官也很清楚,政府往往倾向于经济发展,而不会为了公共利益而保护环境资源。在决定是否允许公共利益诉讼人介入时,法院通常采用宽松的方法。例如,在 Sagebrush Rebellion, Inc. v. Watt 案中,原告是由保守派开发商和农场主组成的联盟,其对前内政部长塞西尔·安德鲁斯(Cecil Andrus)在爱达荷州建立国家保护区提出质疑,该内政部长于 1980 年被詹姆斯·瓦特(James Watt)取代。由于现任内政部长詹姆斯·瓦特实行反对环保主义政策,环保组织认为他不会为前内政部长塞西尔·安德鲁斯的决定进行充分辩护,所以环保

---

[1] Jean Chemnick, *Air Office - - A Reg - Writing Powerhouse - - Strains As Mandates Grow And Funding Shrinks*, Energy & Environment Publishing, LLC (April 2, 2013), http://www.eenews.net/stories/1059978755.

[2] See Commonwealth Edison Co. v. Train, 71 F. R. D. 391(N. D. Ill. 1976).

[3] See 33 U. S. C. § 1365(b)(1)(B).

[4] See U. S. v. Ketchikan Pulp Co., 74 F. R. D. at 107, 7 ELR at 20369.

组织寻求介入诉讼。法院在批准环保组织介入时指出:“介入者提供了一个与当前诉讼当事人各方均不同的观点。塞西尔·安德鲁斯不再是内政部长,他的继任者詹姆斯·瓦特部长,曾是 Mountain States Legal Foundation 的主席,该组织在这次诉讼中代表原告。这些事实支持环保组织介入诉讼。”[1]介入者的主张可能会改变行政机构与被监管者之间的关系和现有的权力平衡,这种权力平衡在和解协议的谈判中具有重要意义。

《联邦民事诉讼规则》第 24 条也规定了介入措施,即使介入是权利,也必须遵守及时性要求和第 24(A)条的其他要求。根据该规则第 24 条规定,介入者必须具有诉讼资格而且介入必须及时。为了满足法定要求或宪法要求的诉讼资格,介入者必须证明违法行为会对他们产生不利影响。例如,在 United States v. Metropolitan St. Louis Sewer District 案[2]中,密苏里州环境联盟(Missouri Coalition for the Environment)提出的介入申请,地区法院未支持。第八巡回上诉法院发现该环保组织的 25,000 名成员可能受到被告排污行为的不利影响,因为成员“访问,穿越并经常观察受污染的水体及成员的娱乐目的”,第八巡回上诉法院据此推翻了地区法院的决定。

三、介入的司法实践

涉及公民介入政府执法行动的案件大多是根据 CWA 产生的。虽然联邦政府极少介入公民诉讼,但州和地方政府经常介入这些案件,如表 1 所示:

---

〔1〕 Sagebrush Rebellion, Inc. v. Watt, 713 F. 2d 525, 528 (9th Cir. 1983).

〔2〕 See United States v. Metro. St. Louis Sewer Dist., 883 F. 2d 54 (8th Cir. 1989).

表1　CAA 和 CWA 中介入决定当事人统计[1]

	原告(Plaintiff)	被告(Defendant)	介入者(Intervenor)
联邦政府	7	3	0
联邦和州政府	3	1	0
州/省政府	2	1	7
市政府	1	1	0
产业	0	10	2
全国性环保组织	3	0	1
当地环保组织	0	0	5
当地公民组织	0	0	3
个人	0	0	1

表1表明,在决定谁将提起诉讼以及谁介入方面,资源发挥着重要作用。资金相对充足的联邦政府、一些州政府和国家性的环境组织,通常作为原告和被告进行诉讼。地方性环境组织和公民组织经常介入诉讼,也许是因为追讨律师费用的可能性并不足以吸引地方团体以自己的名义提起公民诉讼。[2]虽然法规明确授予介入权,但是成功的介入相对较少。介入申请在某些技术领域被驳回,或者根据案情被驳回。在政府和被指控的违法者达成和解的几个案件中,法院似乎极不情愿允许任何第三方破坏该协议。[3]因此,介入在执行这些法规方面发挥的作用微不足道。

---

〔1〕 See Barry Boyer & Errol Meidinger, *Privatizing Regulatory Enforcement*: *A Preliminary Assessment of Citizen Suits Under Federal Environmental Laws*, 34 Buffalo Law Review 833 (1985).

〔2〕 See Barry Boyer & Errol Meidinger, *Privatizing Regulatory Enforcement*: *A Preliminary Assessment of Citizen Suits under Federal Environmental Laws*, 34 Buffalo Law Review 833 (1985).

〔3〕 See United States v. Ketchikan Pulp Co., 430 F. Supp. 83 (D. Alaska 1977); United States v. Hooker Chem. & Plastics, 540 F. Supp. 1067 (W. D. N. Y. 1982).

本章小结

从环境公民诉讼的限制来看,无论是起诉前通知,还是勤勉执法阻却以及介入诉讼,都体现了国会在环境公共利益保护中试图达到行政机构执法和公民诉讼之间的平衡状态。一方面,国会意欲使公民诉讼起到刺激行政机构执法的补充性作用。作为环境法律的主要执法者,行政机构一旦对违法行为勤勉执法,公民便没有提起诉讼的必要。因为公民诉讼并非是行政执法的干预、复制或者冲突,只有在行政机构不勤勉或不执法时才能继续进行。另一方面,国会又认识到公民在环境法律执行方面必不可少的作用,行政机构必须满足勤勉执法的要求,否则公民诉讼可以继续进行。因此,国会并没有对通知和勤勉执法阻却的内涵予以严格限定而使其绝对化,意图在避免不受限制的公民诉讼干扰行政机构和鼓励公民通过诉讼执行环境法律之间达至平衡。国会将实现这种平衡的责任留给法院,由法院综合案件具体情形对公民诉讼限制予以认定。

法院无法准确界定行政执法和公民诉讼之间的关系,从环境法律的立法历史来看,这种失败并不奇怪。例如,CAA 的立法历史表明,公民诉讼原告应通过服务于各种目标来加强行政机构的执法力度:寻求独立的执法行动;在行政机构缺乏执法资源时补充行政机构的资源;同时,在该行政机构因政治原因未能采取行动的情况下,通过采取行动来监督行政机构的执法努力。[1]由于多方面的立法目的,公民诉讼的司法处理已近乎混乱。联邦法院的裁决反映了对公民和政府在环境执法中各自作用的不同观点。甚至有学者认为,国会拒绝明确界定公民诉讼与行政执法之间的关系是最好状态,这赋予了私人公民与行政机构两者间持续的张力。[2]

---

〔1〕 See Jeannette L. Austin, *The Rise of Citizen – Suit Enforcement in Environmental Law: Reconciling Private and Public Attorneys General*, 81 Northwestern University Law Review 220 (1987).

〔2〕 See William H. Rodgers, Jr., *Environmental Law: Air and Water*, West Publishing Company, 1986, p. 64.

第四章

强制执法公民诉讼的司法审查

环境公民诉讼条款中最显著的特点是授权私人针对涉嫌违反空气污染标准、水污染标准或其他类似法定标准的污染者直接提起诉讼。这方面的公民诉讼类型已引起广泛的学术评论，并成为大量诉讼的主题。然而，国会还授权公民对行政机构（如 EPA、内政部）提起诉讼，这类诉讼统称为强制执法公民诉讼（“agency - forcing” citizen suits）。[1]例如，CWA、CAA 等环境法律均规定，若行政机构未履行法律所规定的不属于其自由裁量范围的职责，公民可对此提起诉讼。本章将以此类诉讼为研究对象，着重考察该类诉讼的司法审查。

第一节　强制执法公民诉讼与一般司法审查

在联邦环境法律的诉讼中，通常采用强制执法公民诉讼和一般诉讼对行政机关进行司法审查。由于私人有权启动这两种类型的诉讼，可能难以确定应根据哪一种诉讼类型处理特定案件，造成一定程度的混淆。为了避免这个问题，应当对强制执法公民诉讼与一般诉讼司法审查予以区分。

---

〔1〕 See Frank B. Cross, *Rethinking Environmental Citizen Suits*, 8 Temple Environmental Law and Technology Journal 55 (1989).

一、环境司法审查的类型

（一）强制执法公民诉讼与私人发起权

针对行政机构未依法履行非自由裁量职责的公民诉讼被称为强制执法公民诉讼，这类诉讼属于私人发起权（private rights of initiation）的形式之一。[1]私人发起权理论是指监管受益人质疑监管机构未能采取执法行动而提起诉讼。根据传统的行政法模式，被监管者可以在法庭上对行政行为提出异议，但是监管受益人对行政机构是否起诉的决定通常不受司法审查。[2]起诉裁量权（prosecutorial discretion）理论被用来解释阻止司法监督，该理论认为总检察长和检察官起诉或放弃民事或刑事诉讼的决定不受司法审查。随着现代监管机构的出现，法院对行政机构在采取执法行动方面的决定也表现出类似的尊重。然而，当法院将起诉裁量权理论扩展到行政监管领域时，他们忽略了这两种公共执法体系之间的重要差异。[3]具体来说，传统的公法补救办法——刑事起诉和禁令诉讼——经常得到私人补救措施的补充，包括私人诉讼和侵权诉讼，使公民在政府即使未起诉时也能通过自行起诉保护自己的权利。对此，有学者指出，英美法系国家兴起的起诉裁量权学说在很大程度上是由于私人诉讼的存在。[4]

20 世纪 60 年代末 70 年代初，在俘获理论主导学术界和流行的监管思想的时期，行政机构被认为过分同情被监管企业的利益，包括认为行政

---

〔1〕 See Richard B. Stewart & Cass R. Sunstein, *Public Programs and Private Rights*, 95 Harvard Law Review 1193 (1982).

〔2〕 这一结果有时是基于这样一种观念，即这些决定对于司法审查尚不“成熟”，违反了法定受益人没有法律上可认知的权利，或者代表了一种不可审查的起诉裁量权。

〔3〕 See Richard B. Stewart & Cass R. Sunstein, *Public Programs and Private Rights*, 95 Harvard Law Review 1193 (1982).

〔4〕 See Langbein, *Controlling Prosecutorial Discretion in Germany*, 41 University of Chicago Law Review 439 (1974).

机构决策中的利益经常存在严重失衡,[1]环境监管领域不适宜继续适用起诉裁量权理论。对此,国会规定了公民诉讼条款,作为私人发起权的强制执法公民诉讼即是对行政执法权进行控制的一项创新。对此,斯图尔特和桑斯坦教授声称,"作为一种填补传统选举代表制和当前官僚监管现实之间差距的手段",私人发起权是合理的。[2]EPA 和州环境监管机构在面对没有根据的投诉时,可以拒绝采取执法行动。在这种情况下,不采取执法行动的决定是完全合适的。在某些情况下,对于有依据的投诉,不采取执法行动的决定也可能是一种理性的结果。因为执法预算不是无限制的,行政机构必须对其执法工作的优先性予以考虑。这意味着如果对被投诉的违法行为执法,将阻止行政机构对其他更重大的违法行为执法。然而,还有一种情况是对违法者未采取执法行动的决定意味着行政机构完全存在过错,这一种类型的不执法决定将成为强制执法公民诉讼的对象。

联邦环境法律中第一个规定强制执法公民诉讼条款的是 1970 年制定的 CAA。CAA 的公民诉讼条款源自参议院的法案,该条款授权公民对涉嫌违反监管义务的排污者和对涉嫌违反非自由裁量权职责的行政机构提起诉讼。立法历史表明参议院对公民诉讼条款的讨论几乎完全侧重于允许公民对私人污染者提起诉讼上,对以行政机构为被告的司法审查关注较少。参议院的最初法案授权公民对新成立的 EPA 局长起诉,如果 EPA 局长没有履行"该法案确立的任何职责"(any duty established under this Act),[3]并不局限于未履行非自由裁量职责的情况。参议院的这项法案引起一些人反对,他们担心公民诉讼条款的强制执法公民诉讼部分会引发大量诉讼,从而妨碍 EPA 实施 CAA。[4]作为回应,立法委员会对

---

[1] See Barry Boyer & Errol Meidinger, *Privatizing Regulatory Enforcement: A Preliminary Assessment of Citizen Suit Under Federal Environmental Laws*, 34 Buffalo Law Review 833 (1985).

[2] See Richard B. Stewart & Cass R. Sunstein, *Public Programs and Private Rights*, 95 Harvard Law Review 1193 (1982).

[3] See Natural Res. Def. Council, Inc. v. EPA, 512 F. 2d 1351, 1355 (D. C. Cir. 1975).

[4] See Daniel P. Selmi, *Jurisdiction to Review Agency Inaction Under Federal Environmental Law*, 72 Indiana Law Journal 65 (1996).

参议院提交的公民诉讼条款进行修订,将强制执法公民诉讼的适用范围限制在 EPA 局长未能履行非自由裁量(not discretionary)行为或职责的情况,以期"限制对 EPA 局长提起公民诉讼的数量,并减少对该法复杂行政程序的干扰"。[1]

(二)一般诉讼的司法审查

按照"三权分立"的原则,法院和行政机构是相互制衡的关系,法院对行政机构的行为进行监督。一般行政诉讼的司法审查为法院提供了一个机会,即通过将某一特定案件中的行政行为与具体的法律标准进行比较,对行政行为的合法性提出质疑。法院在寻求行政行为司法审查的案件中建立了可审查性的推定,这不同于隐含的强制执法公民诉讼,因为后者必须是法律明确肯定的。APA 规定,除某些有限的例外情况外,联邦法院可以审查最终的联邦机构行动。[2]其中,将第 702 条规定的"由于行政行为而遭受法律上的损害,或者因行政行为在相关法规范围内受到不利影响或损害的,有权对此提起司法审查"[3]作为一般诉讼理由。对行政机构不履行法定职责予以司法审查的制定法依据主要为 APA 第 706 条第 1 款,即"应当强制履行但是非法拒绝履行的或不当延误的行政行为"属于司法审查的范围。[4]

法院的司法审查是挑战任意或非法行为的一种不可或缺的机制。虽然执行实质性法规的强制执法公民诉讼可能产生附带的公共利益,但这些诉讼不能取代对行政行为的司法审查。[5]司法审查为公民参与非选举产生的官僚机构的决策过程提供了宝贵的机会。法院认识到对行政行为进行司法审查对民主进程健康运作的重要性,一般明确提出可审查的假定。监管法规下的强制执法公民诉讼与针对挑战该法规下行政诉讼的司

---

[1] See Kennecott Copper Corp. v. Costle, 572 F. 2d 1349, 1353 (9th Cir. 1978).

[2] See 5 U. S. C. § 551 – 559, 701 – 706.

[3] Administrative Procedure Act § 10(a), 5 U. S. C. § 702.

[4] See Administrative Procedure Act § 10(a), 5 U. S. C. § 706.

[5] See Cf. Miller, *Private Enforcement of Federal Pollution Control Laws Part I*, 13 Environmental Law Reports 10309 (1983).

法审查程序无关。因此，不论是否存在强制执法公民诉讼，都不足以推翻一般司法审查可得性的推定。[1]

（三）两种诉讼的区分

法规并没有明确指出一般职责是否属于公民诉讼条款所涵盖的地区法院审查的行政机构未履行非自由裁量的职责，或者是更适合由于"滥用自由裁量权或行政行为不适当延误"而需要依据 APA 予以审查。这个问题过于"抽象"[2]，有的法院认为没有必要去解决这个问题。[3]原告可以以强制执法公民诉讼和对一般诉讼进行司法审查作为诉讼理由。如果行政机构以不存在公民诉讼条款赋予的强制执法诉讼起诉权而主张驳回诉讼，法院应决定是否可以根据 APA 或相关法律对此予以司法审查。例如，根据 APA 对行政机构依据《河流与港口授权法》签发许可证的行为是否充分提起的诉讼。颁发许可证行为显然属于 APA 所规定的行政机构的最终行为，可以在以行政机构为被告的诉讼中对此行为审查。由于在司法审查理论下存在适当的补救办法，因此在此情形下不需要解决是否存在强制执法公民诉讼规定的问题。再如，NEPA 与其他联邦环境法律不同，没有对公民诉讼作出规定。公民原告迫使行政机构遵守 NEPA 的唯一方法是根据 APA 提起司法审查诉讼。除满足诉讼资格要求外，原告还须满足 APA 要求的起诉的是最终的行政行为（final agency action）。

只有在法院认为缺乏基于一般司法审查的诉讼理由，或者根据一般司法审查理论不能给予请求的救济之后，法院才能认定是否存在强制执法公民诉讼。例如，假设政府设施违反了根据 CWA 签发排污许可证的条款，而这项活动可能无法在一般诉讼中受到司法审查，因为它不属于 CWA 的司法审查条款中可审查的行为，也不是 APA 的行政机构行为（agency action）。对此，公民当事人可以根据 CWA 的公民诉讼条款提起诉讼，以制止进一步的违法行为。在这种情况下，国会在公民诉讼条款中

---

〔1〕 See William H. Timbers & David A. Wirth, *Private Rights of Action and Judicial Review in Federal Environmental Law*, 70 Cornell Law Review 403 (1985).

〔2〕 NRDC v. Train, 510 F. 2d at 714.

〔3〕 See Sierra Club v. Thomas, 828 F. 2d 783 (1987).

明确规定的强制执法公民诉讼，对于私人当事人维持对行政机构的诉讼是必要的。[1]

一般而言，法律规定可能受到行政机构行为影响的公民具有在各种情况下提起诉讼的实际能力。例如，APA[2]和类似法律[3]赋予公民对行政机构提起诉讼的权利，例如行政机构颁布法规和颁发许可证。然而，行政机构不采取行动的决定可能与行政作为决定一样会对公共健康和福利产生巨大影响。当行政机构未能采取行动而对公共健康和福利造成不利影响时，环境公民诉讼条款可以向法院提供司法审查的依据。因此，公民诉讼制度不仅仅是对政府执法的补充，它们发挥着类似于 APA 的功能，使公众能够影响非选举官僚的决策，从而增强环境决策过程的民主性。[4]

二、环境诉讼的司法管辖权

国会在环境法规中规定了对行政机构进行监督：授权对行政机构一般行为进行司法审查，以及授权公民对未履行非自由裁量职责的行政机构提起诉讼。对于被告为行政机构的诉讼来说，如果实际上存在司法审查的机会，那么私人强制执法公民诉讼的规定似乎是多余的，许多环境法规对两种类型的诉讼均作出规定。[5]为了实现这两种类型的司法审查，国会建立了二分的司法管辖权结构：地区法院对公民对行政机构提起的

---

〔1〕 See Cf. Davis v. United States, 722 F. 2d 1157 (4th Cir. 1983), cert. denied, 104 S. Ct. 2151 (1984).

〔2〕 See 5 U. S. C. § § 500 – 559, 701 – 706, ELR STAT. ADMIN. PROC.

〔3〕 E. g., 42 U. S. C. § 7607, ELR STAT. CAA § 307.

〔4〕 See Adam Babich, *Citizen Suits: The Teeth in Public Participation*, 25 Environmental Law Reports 10144 (1995).

〔5〕 E. g., Federal Insecticide, Fungicide, and Rodenticide Act § 16, 7 U. S. C. § 136n (1982); Toxic Substances Control Act § 19, 15 U. S. C. § 2618 (1982); Surface Mining Control and Reclamation Act of 1977, § 526, 30 U. S. C. § 1276; Deepwater Port Act of 1974, § 17, 33 U. S. C. § 1516; Federal Water Pollution Control Act § 509, 33 U. S. C. § 1369; Safe Drinking Water Act § 1448, 42 U. S. C. § 300j – 7; Noise Control Act of 1972, § 16, 42 U. S. C. § 4915; Resource Conservation and Recovery Act of 1976, § 7006, 42 U. S. C. § 6976; Clean Air Act § 307, 42 U. S. C. § 7607.

强制执法公民诉讼拥有管辖权,指控其未能履行法律要求的非自由裁量(nondiscretionary)职责;联邦巡回上诉法院有权审查行政机构的最终行为(final action)。

(一)二分司法管辖权的规定

通过对环境立法范例——CAA和CWA中司法管辖权规定的考察,发现这两部法律确定了二分的司法管辖权模式,即行政机关的一些行为属于联邦巡回上诉法院直接审查,而其他行为则只能在地区法院审理。例如,CAA第304条对公民诉讼进行规定:“任何人可以代表他自己提起民事诉讼——针对EPA局长,如果局长未能履行本法规定的不属于自由裁量权的任何行为或义务……地区法院具有管辖权……命令局长履行此类行为或职责。”[1]同时,国会在CAA第307条中授权上诉法院审查行政机构的最终行为。根据这些法律,地区法院对公民对EPA提起的强制执法公民诉讼具有管辖权,指控其未能履行法律要求的非自由裁量行为或职责,[2]而联邦上诉法院有权审查行政机构的最终行为。[3]

例如,在Natural Resources Defense Council,Inc. v. EPA案[4]中,环境组织对EPA提起诉讼,质疑其依据CAA通过的有关汽油的规章的理由是否充分。联邦第二上诉法院承认本案存在一个特殊的方面,即本案虽然是根据CAA第307条提出的,但是原告的起诉也类似于CAA第304条公民诉讼条款所规定的案件类别。该法院认为,CAA第304条公民诉讼规定与第307条行政程序和司法审查规定,属于两种不同种类的案件。尽管第304条的主要重点是其作为执行既定标准的工具作用,但法院已将其解读为涵盖EPA局长未能采取其他措施,例如在指定的时间内未颁

---

[1] 42 U.S.C. § 7604.

[2] See CAA § 304(a)(2),42 U.S.C. § 7604(a)(2);CWA § 505(a)(2),33 U.S.C. § 1365(a)(2).

[3] See CAA § 307(b)(1),42 U.S.C. § 7607(b)(1);CWA § 509(b)(1),42 U.S.C.A. § 1369(b)(1).

[4] See Natural Resources Defense Council,Inc. v. EPA,512 F.2d 1351(1975).

布实施计划或标准。[1]当然,第307条规定了对EPA局长最终行为的司法审查,该条规定使上诉法院在其管辖范围内具有专属管辖权。

二分的司法管辖权规定的确定主要是由于地区法院和上诉法院的职能不同。[2]直接在上诉法院进行司法审查只有在行政机构具有法院审查基础的行政记录时才是适当的,因为此时不需要由上诉法院进行事实调查。例如,在Sierra Club v. Thomas案[3]中,联邦第二上诉法院指出,国会根据CAA第304条规定了地区法院的审查,以便允许公民对明确的污染者违法行为或EPA局长的违法行为进行执法,法院唯一必要的司法角色是明确的,即确定违法行为是否发生。地区法院比上诉法院更适合做出事实判断,这无疑是国会决定地区法院对这类诉讼具有管辖权的原因。除担心上诉法院在决定诉讼案情时无法找到事实外,司法救济措施也是决定管辖权的考虑因素。例如,如果原告成功地起诉行政机构未能制定行政条例,原告可以要求法院命令行政机构在合理的时间内制定条例。当事人经常会对法院确定的合理执行时间表(timetable)提出异议,而上诉法院认为它不适合裁判这类事实纠纷。

(二)司法管辖权的区分

然而,法定语言的不确定性,导致人们对二分司法管辖权如何运作存在困惑。以一个明显的问题为例,地区法院和上诉法院都对非自由裁量行为拥有管辖权,地区法院可以对强制执法公民诉讼起诉的行政机关未履行非自由裁量职责拥有管辖权,而上诉法院对行政机关推迟履行任何非自由裁量职责的最终行为具有管辖权。在这种情况下,地区法院对非自由裁量行为的管辖权可能与上诉法院对最终行为的管辖权存在重叠。例如,在Sierra Club v. Gorsuch案[4]中,原告要求审查EPA在规章制定结束时的决定,该决定拒绝将露天矿列入受空气污染排放法规限制的空

---

[1] See Riverside v. Ruckelshaus, 4 BNA Env. Rep. Cas. 1728 (C. D. Calif. 1972).

[2] See Daniel P. Selmi, *Jurisdiction to Review Agency Inaction under Federal Environmental Law*, 72 Indiana Law Journal 65 (1996).

[3] See Sierra Club v. Thomas, 828 F. 2d 783(1987).

[4] See Sierra Club v. Gorsuch, 715 F. 2d 653 (D. C. Cir. 1983).

气污染源清单。EPA辩称该局尚未就这个问题做出最后决定,并宣布将在未来几个月进一步考虑这个问题。原告认为EPA推迟制定规章的决定属于不履行非自由裁量职责,据此提起诉讼。如果行政机构决定在这种情况下不做出行政行为,那么该行政决定是否可视为自由裁量的事项,是由上诉法院作为最终行为进行审查,还是只能在地区法院审查的非自由裁量行为。

在解释二分司法管辖权规定时,法院必须考虑某一特定解释是否能使当事人轻易地确定他们应向哪一法院提出诉讼。有趣的是,很少有法院明确承认对诉讼当事人需要确定性管辖权的任何关切。在解释CAA第307条中"最终行为"的Harrison v. PPG Industries案〔1〕中,联邦最高法院确实注意到由于审查行政机构行为的司法管辖权的不确定性,原告分别向地区法院和上诉法院提起诉讼。在NRDC v. EPA案中,哥伦比亚特区上诉法院也指出司法审查需要"明确和可行的指导方针"。〔2〕然而,大多数法院都把重点放在与司法资源有关的政策上,这些政策更直接地牵涉到法院。法院对寻求审查的诉讼当事人的影响不够重视,对二分司法管辖权规定的混淆日益增多,这与国会确定二分司法管辖权结构的初衷不符。实际上,国会希望CAA和CWA中的二分管辖权条款能够促进司法审查,而不是创造混乱的司法管辖权。〔3〕

行政机构经常采取一系列连续行动来解决某一问题,因此,确定行政机构的行动是正在进行的还是最终的,这点存在困难。例如,当EPA最初确定CAA的"防止严重恶化"条款适用于拟议的空气污染源时,法院认为这一决定为司法审查的最终行动。〔4〕然而,这一决定只是启动了漫长的行政程序,后来才会最终导致对污染源施加具体的监管限制。当对EPA的监管决定进行司法审查时,法院不愿意断定这一初步决定是受司

〔1〕 See Harrison v. PPG Industries, 446 U. S. 578, 584 (1980).

〔2〕 See NRDC v. EPA, 512 F. 2d 1351, 1357 (D. C. Cir. 1975).

〔3〕 See Maine v. Thomas, 874 F. 2d 883, 884 – 85 (1st Cir. 1989).

〔4〕 See Wisconsin Elec. Power Co. v. Reilly, 893 F. 2d 901 (7th Cir. 1990).

法审查的最终决定,[1]法院担心此类决定将使其陷入介入行政机构执法过程的困境。[2]

第二节 强制执法公民诉讼的审查

一、不履职的司法审查

与司法机关审查行政机构直接履行职责的行为不同,行政机构不履行法定职责的决定可能获得较高程度的司法尊让。在行政机构不履行法定职责的典型案例——Heckler v. Chaney 案[3]中,联邦最高法院列举了支持行政机构不履行决定不受司法审查的几个因素。首先,"行政机构不执行的决定通常涉及许多因素的复杂平衡,这些因素在其专门知识范围内是独特的。因此,该机构不仅要评估是否发生违法行为,而且还要考量行政机构的执法资源是否最好用于此违法行为或其他行为,行政机构是否可能在执法行动中取得成功,特定执法行动是否最符合行政机构的整体政策,以及事实上该机构是否有足够的资源来采取执法行动。一个机构通常不能对它所负责执行的法规的每一项技术违法行为采取行动。行政机构在处理适当排列其优先次序所涉及的许多变量方面比法院有更多的优势"[4]。其次,与行政机构直接履行职责的积极行为不同,行政机构不执法的决定往往不会对个人自由及财产造成影响,因而不会对司法所保护的领域造成侵害。并且,行政机构直接履行职责的积极行为提供了司法审查的焦点,而行政机构不作为并没有这样的审查焦点。最后,行政机构不执法决定类似于检察官不起诉决定,均可以推定为不受司法审查。法院认为,鉴于尊重检察机关自由裁量权的传统,在没有明确的国会意图为执法优先事项制定具有约束力的指导方针的情况下,行政机构放

---

[1] See Southern Ohio Coal Co. v. Office of Surface Mining, Reclamation and Enforcement, 20 F. 3d 1418 (6th Cir. 1994).

[2] See West Penn Power Co. v. Train, 522 F. 2d 302 (3d Cir. 1975).

[3] See Heckler v. Chaney, 470 U. S. 821 (1985).

[4] Heckler v. Chaney, 470 U. S. at 831 – 32.

弃执法的决定应被推定属于不受司法审查的行政机构自由裁量权。

对于司法不得审查行政机构不履行法定职责行为的原因主要涉及“资源分配”(allocation of resources),即法院不能对行政机构分配行政资源决定范围之内的事务予以司法审查。近年来,国会越来越多地规定了行政机构行动的具体截止日期,却没有为行政机构分配足够的资源来执行这些任务。[1]环境法规规定的行政机构应采取的行动,比以前的环境法规要详细得多。[2]批评人士认为,这种对行政活动的微观管理会适得其反,[3]因为行政机构需要更多的裁量权来确立监管优先事项,并根据这些优先事项分配资源。[4]按照这种说法,对行政机构不作为的司法审查将是有限的,以便法院最低限度地干预行政机构的决定。如果坚持“资源分配”免于司法审查,便意味着行政机构所有不履行法定职责的行为均无法受到司法审查。

随着研究的深入,司法审查行政机构不履行法定职责的行为也存在一定的弹性。有学者主张,对于“资源分配”的司法审查红线,法院可以在不同情况下予以软化处理,并且总结出司法审查的三项原则。[5]第一,如果行政机构的进程离实现目标越近,那么关于资源分配的决策便受到较低的司法尊让,法院对行政机构资源分配决策的审查强度就越高。换句话说,明确目标的行政过程将会受到较少的司法尊让。第二,如果行政机构资源分配决策将会广泛适用时,该决策所涉及的利益和合法性目的的联系越紧密,此时司法尊让程度就越低。第三,当国会的意图越为清晰

---

〔1〕 See Sidney A. Shapiro & Robert L. Glicksman, *Congress, the Supreme Court, and the Quiet Revolution in Administrative Law*, 1988 Duke Law Journal 819 (1988).

〔2〕 See Craig N. Oren, *Detail and Delegation: A Study in Statutory Specificity*, 15 Columbia Journal of Environmental Law 143 (1990).

〔3〕 See Sidney A. Shapiro, *Political Oversight and the Deterioration of Regulatory Policy*, 46 Administrative Law Review 1 (1994).

〔4〕 See John P. Dwyer, *The Pathology of Symbolic Legislation*, 17 Ecology Law Quarterly 233 (1990).

〔5〕 See Eric Biber, *The Importance of Resource Allocation in Administrative Law*, 60 Administrative Law Review 1 (2008).

时,行政机构关于资源分配的自由裁量权越受到限制,司法尊让便越小。[1]

二、非自由裁量职责的认定

公民诉讼条款中限制了强制执法公民诉讼的范围,即仅适用于行政机关未能履行非自由裁量职责的情况。尽管存在这些限制,这些规定的适用范围仍可能是巨大的。例如,仅《固体废物处置法》就向 EPA 施加了多达 200 项的非自由裁量权职责。[2]公民诉讼范围取决于自由裁量职责和非自由裁量职责之间的区分,但法院有时很难从单独的相关法定语言确定行政机构是否必须采取行动,或者行动决定是否属于自由裁量权的任务。[3]法院一般不会认定 EPA 未能履行非自由裁量职责,除非国会限定了具体职责或提供了确定的履职日期或可确定的期限。

(一)确定的职责

1. 法院对行政机构职责的认定

管制俘获理论影响了国会立法,为了规避行政机构被受监管者所俘获,国会通过颁布更详细的法规为行政机构履行职责留下较小的裁量空间。事实上,在 20 世纪 70 年代早期有一项决定性的举措,旨在制定更详细的监管法规,以限制行政机构的自由裁量权。[4]管制俘获理论和环境价值的特殊地位相结合,使司法对行政机构行为的审查 EPA 具有独特的早期特征。在 EPA 成立的最初几年里,在关于法院在审查行政机构决策中的适当作用的激烈辩论中,法官倾向于强调必须确保行政决策符合国会意图。在此期间,法院在很大程度上将国会视为“三权分立”中最负责

---

〔1〕 See Eric Biber, *The Importance of Resource Allocation In Administrative Law*, 60 Administrative Law Review 1 (2008).

〔2〕 See William H. Rodgers, Jr., *Environmental Law: Hazardous Wastes and Substances*, West Publishing Company, 1992, p. 18.

〔3〕 See Eileen Gauna, *Federal Environmental Citizen Provisions: Obstacles and Incentives on the Road to Environmental Justice*, 22 Ecology Law Quarterly 1 (1995) s.

〔4〕 See Sidney A. Shapiro & Robert L. Glicksman, *Congress, the Supreme Court, and the Quiet Revolution in Administrative Law*, 1988 Duke Law Journal 819 (1988).

任的分支。行政机构的决定是由未经选举产生的官员做出的,其合法性取决于是否符合国会制定的标准(如果有的话)。但行政机构决策者被认为容易受到特殊利益集团的控制,因而容易破坏立法计划。因此,在界定司法职能的限度时,法院强调它们有义务审查违反立法意图的行政决定。行政机构和法院共同构成了"促进公共利益的'伙伴关系'",作为这一伙伴关系的一员,法院的责任是对 EPA 进行"监督"。〔1〕

依据 APA 第 701 条的规定,如果行政机构的决定存在以下两种情形,便免于司法审查:第一,制定法已经明确规定排除司法审查;第二,行政机构的行为属于依法自由裁量范围的事项。当制定法对于特定案件使用概括性措辞时,便意味着此时没有法律可以适用,属于行政机构自由裁量决定。因此,司法审查法定裁量例外本质上属于是否有法律可以适用。对于这一问题的回答,主要分为两个层面:首先,制定法是否对行政机构行使权力作出了具体规定。其次,对行政机构提起诉讼的原告是否提供了具体的法律适用依据,用以证明行政机构行为违法。为了体现此阶段环境保护的特殊地位,当环境公民诉讼当事人对行政机构提出质疑时,法院通常会认为环境法律赋予了行政机构可适用的法律,严格要求行政机构履行保护环境的职责。"环境价值的降低与行政部门的恢复相结合,共同改变了对 EPA 行动的司法审查的看法和性质。由于行政诉讼的性质正在发生变化,因此严格遵守这一要求尤为重要……法院越来越多地被要求审查涉及生命、健康和自由等基本个人利益的行政行为。"〔2〕

2. 典型案例

或许最引人注目的强制执法公民诉讼案例是 Sierra Club v. Ruckelshaus 案〔3〕。从本案来看,法院对 1970 年 CAA 使用的概括性语言,即 EPA 有"保护和提高国家空气资源的质量"(protect and enhance the quality of the Nation's air resources)的职责进行严格解释,法院认为 CAA 赋予了可适用的法律,严格要求行政机构履行保护环境的职责。

---

〔1〕 See EDF v. EPA, 465 F2d at 540 – 41 (DC Cir. 1972). See also Appalachian Power Co. v EPA, 477 F2d 495, 505n37 (4th Cir. 1973).

〔2〕 EDF v. Ruckelshaus, 439 F2d at 597.

〔3〕 See Sierra Club v. Ruckelshaus, 344 F. Supp. 253 (D. D. C. 1972).

在本案中,EPA 拒绝要求州实施计划保护现有清洁空气区域免于严重恶化,因为 EPA 认为它缺乏能力。EPA 甚至颁布一项规定,允许各州提交州实施计划,只要该计划足以防止这些环境污染水平超过国家二级环境空气质量标准即可。环保组织塞拉俱乐部认为这将导致清洁空气区域退化,据此根据 CAA 第 304 条起诉 EPA 局长 Ruckelshaus,指控其未能履行 CAA 规定的非自由裁量的职责,也就是说,EPA 局长必须不断提高空气质量,不能止步于使州空气质量标准不违反国家空气质量标准。EPA 对法院的管辖权提出质疑,认为应该在塞拉俱乐部等待 EPA 批准这些计划之后,法院才有权审理。对此,法院裁定指出,根据公民诉讼条款法院拥有管辖权,该条款授权"任何人以自己的名义提起公民诉讼……如果 EPA 局长未能履行本法规定的任何非自由裁量的职责"[1]。鉴于这一明确的司法管辖权,EPA 主张原告应等待州实施计划批准之后再对此提起诉讼,这在法院看来是站不住脚的。[2]

法院认为,EPA 拒绝保护清洁空气区域并颁布相反的规定违反了 CAA。法院依据该法第 101(b)条对 CAA 目的的规定,即 EPA 负有"保护和提高国家空气资源的质量"的职责,指出,"从表面上看,这种语言似乎宣布国会有意提高国家空气的质量、防止空气质量恶化,无论目前某些地区的空气质量如何纯净"。基于立法目的和立法历史,法院裁定 EPA 允许空气质量恶化的清洁空气达到二级空气质量标准所要求的水平违反了法定政策,因此无效。法院据此发布了原告诉求的禁令救济,要求 EPA "根据该法案履行其法定职责"(carry out its statutory duties under the Act)。[3]根据法院的命令,EPA 于 1973 年审查并否决了所有州的州实施计划,因为"没有任何一个州实施计划包含了明确可执行的规则",以防止或尽量减少空气质量恶化。[4]

1974 年,在法院发布禁令的两年半之后,EPA 发布了预防空气严重

---

〔1〕 42 U.S.C. § 7604.

〔2〕 See Sierra Club v. Ruckelshaus, 344 F. Supp. 254 – 255 (D.D.C. 1972).

〔3〕 See Sierra Club v. Ruckelshaus, 344 F. Supp. 257 (D.D.C. 1972).

〔4〕 See *Approval and Promulgation of Implementation Plans: Prevention of Significant Air Quality Deterioration*, 38 Federal Register 18986 (1973).

恶化的规定。[1]该规定在序言中重申,EPA 是为了响应法院的禁令而采取行动的。序言也指出,尼克松/福特政府已起草一项 CAA 修正案,该修正案将会消除防止空气质量严重恶化的要求。EPA 决定不支持悬而未决的修正案,并表示其正在发布最终的预防空气严重恶化项目的规定,"因为(法院)已经裁定当前的 CAA 要求 EPA 局长防止空气严重恶化的职责,即使国会可能在未来提供指导或立法上的变化,当前也必须满足该项职责"[2]。

(二)确定的最后期限

1. 最后期限的设定

最后期限是国会对日益严重的行政拖延问题的回应,国会试图加快监管行动的步伐并确定行政机构执法的优先事项。虽然最后期限通常是罕见的,但它们的使用频率在各行政机构和法律之间存有很大的差异。例如,根据一项各行政机构间的调查发现,在 1987 年至 2003 年,在关于明确行政机构履行职责的日期要求中,EPA 几乎占到 1/3。[3]国会在环境法规中越来越多地制定法定的履职期限,要求行政机构在一定日期之前采取具体的监管行动,如颁布监管条例。履职期限有许多是由在 20 世纪 70 年代通过的联邦环境法律来确定的。在 1970 年至 1983 年,国会在各种环境法规中规定了大约 600 个最后期限,并在 1984 年的《危险和固体废物法》中又增加了大约 60 个。正如 OMB 在 1985 年指出的那样,"EPA 最近的一项调查发现,该机构面临着超过 300 个单独的法定监管行动期限"[4]。

为了理解环境法规中最后期限的普遍存在,有必要首先了解这些法

---

[1] See *Approval and Promulgation of Implementation Plans: Prevention of Significant Air Quality Deterioration*, 39 Federal Register 42510 (1974).

[2] *Approval and Promulgation of Implementation Plans: Prevention of Significant Air Quality Deterioration*, 39 Federal Register 42510 (1974).

[3] See Jacob E. Gersen & Anne Joseph O' Connell, *Deadlines in Administrative Law*, 156 University of Pennsylvania Law Review 923 (2008).

[4] OMB, Regulatory Program of the United States Government, April 1, 1985—March 31, 1986xiii (1985).

律制定通过时的背景。现代环境监管在20世纪70年代早期和中期形成,这是公众和学者对于监管效力高度怀疑的时期。在1970年国会制定CAA之际,管制俘获理论对立法发挥着不容忽视的作用。当时,在学术界和广大公众观念中,被监管者(企业)已成为监管机构的主导者。对此,人们提出两种解决监管机构被俘获的方法:(1)通过法定手段加强国会对行政机构的控制,例如制定更详细的指示和履行职责的截止日期。与之前对行政机构授权法规相比,20世纪70年代的环境法律更详细,包含更精确的指示和履地职责的截止日期。(2)通过授权公民对行政机构未满足最后期限的行为提起公民诉讼等举措,赋予公众更多的参与监管程序的权利。当然,这两种解决方法之间存在重叠。行政机构未满足最后期限要求可能会导致公民提起诉讼迫使其履行职责。

行政延迟(delay)是"行政机构未能及时采取行动或启动之后未立即采取进一步行动"。[1]不当拖延是影响规则制定、裁决和执行监管程序的严重问题。1985年,环境与能源研究所(Environmental and Energy Study Institute)与环境法研究所(Environmental Law Institute,ELI)在联合开展的环境行政机构履职期限的研究中发现,国会为环境行政机构施加了许多不切实际的最后期限,因为环境行政机构需要更多的时间来履行执法任务,因此国会规定的期限无法满足。具有讽刺意味的是,行政机构未能按时完成任务,导致国会设定更多、更严格的最后期限。立法程序的性质有助于解释为什么国会制定了大量不可能实现的最后期限。国会对资源的限制和执法项目之间的困难权衡和优先冲突相对不敏感,在制订新的监管计划以解决问题时,国会倾向于设定绝对目标,并将这些目标与绝对的最后期限挂钩。

行政机构的职责太重也导致行政机构无法满足最后期限。行政机构负担着太多职责,这些职责涉及众多参与者并且技术复杂,有时甚至是科学、经济方面的专业问题。例如,20世纪70年代,新的法定监管要求的快速增长表现为联邦公报膨胀(Federal Register inflation),联邦公报从20世纪40年代到1970年每年平均发布10,000~20,000页,而自1970年以来

[1] See George Bermann, *Administrative Delay and Its Control*, 30 American Journal of Comparative Law 473 (1982).

每年平均发布50,000～90,000页。[1]从1993年到2013年,EPA对于三个核心清洁空气计划颁布了98%(200个中的196个)非自由裁量责任,其超出了法定截止日期,平均延迟了2072天。[2]同时,外界行为也可能导致行政延迟,利益集中、组织良好的被监管企业相比于利益分散的、无组织的公共利益群体,通常是数量有限、可确定的,而且目标利益一致。在行政领域,采取协调一致、持续行动的被监管企业也能够雇用有效的律师和专家以支持他们的观点、为他们作证。企业可能会试图使行政程序复杂化或重复申请,这也导致行政机构无法满足最后期限。总之,行政机构无法满足最后期限是由各种因素所导致的。面对不可避免的资源和时间限制,行政机构往往无法满足最后期限。

2. 最后期限的认定

"强制性最后期限是容易的案件",法院很容易要求EPA和其他受影响的行政机构发布法规或报告,或采取其他行动。[3]例如,在Sierra Club v. Thomas案中,法院指出:"为了明确一项非自由裁量职责,我们认为及时性义务必须'明确规定'所有具体行动在某一日期——某一最后期限之前采取。在这种情况下,法院唯一要回答的问题是行政机构是否未能遵守该最后期限。"[4]即使法规中没有明确规定非自由裁量职责的最后期限,如果可以通过参考某些其他固定日期或事件来轻易确定(readily ascertainable by reference to some other fixed date or event),也可能产生非自由裁量职责。[5]

但是,强制执法公民诉讼中还包括其他问题,例如法律是否明确规定了行政机构必须采取行动的强制性最后期限,法院是否愿意推断这样的截止日期等。可推断的最后期限规定了强制性义务,但第二巡回上诉法

---

[1] See OMB, Regulatory Program of the United States Government, April 1, 1985—March 31, 1986xiii (1985), 582.

[2] See William Yeatman, *Deadline Citizen Suits: An Idea Whose Time Has Expired*, 8 Appalachian Natural Resources Law Journal 51 (2014).

[3] See William H. Rodgers, Jr., Environmental Law: Air and Water § 4.5, at 72 (1986).

[4] Sierra Club v. Thomas, 828 F.2d 783, 791 (D.C. Cir. 1987).

[5] See Sierra Club v. Thomas, 828 F.2d 783, 790 (D.C. Cir. 1987).

院认为这种情况是非常罕见的。在没有一个容易确定的最后期限的情况下，几乎不可能得出这样的结论：国会对某一行政机构给予如此高度的优先权，以至于剥夺它对其工作时间的一切自由裁量权。[1]因此，对诉讼当事人的效率和公平性的考虑表明，如果从法规中不容易确定最后期限，而只是从整体法定计划中推断出来，则根据 CAA 第 307 条对不合理拖延的诉讼应属于上诉法院的管辖范围。

三、督促履行职责

(一)职责的确定

强制执法公民诉讼有助于行政机构扩大现有监管项目的范围，迫使行政机构列出需要监管的额外物质或需要保护的资源。法官担心如果他们着手审查环境纠纷的事实问题，那么他们将开始在公共决策中扮演主要角色，他们认为，这种主要角色应当由立法机关扮演。此外，法官担心他们处理那些看似是高度技术问题之事项的能力，例如，核电站辐射多少能够达致安全标准，阿拉斯加的冻土地带的脆弱程度，鱼儿对排放到河中的热水有多敏感等问题。法院从未被要求去解决这些技术问题，只是决定涉案当事人对其主张是否有效地尽到了证明责任。对行政决定实质内容的质疑通常不属于公民诉讼管辖范围，属于自由裁量决定。例如，在 Kennecott Copper Corp. v. Costle 案中，法院得出结论认为，EPA 对于 CAA 下的州实施计划修订作出某些决定属于非自由裁量职责，但 EPA 保留对该决定内容的裁量权。[2]

法院必须确保行政机构履行其监管职责，但同时必须意识到过早的司法干预会破坏行政机构的职能。一些人认为，在这种框架内对行政机构不作为进行司法审查时，法院篡夺了适当属于行政部门的权力。[3]然而，这种观点存在问题。这种对审查 EPA 行动的司法作用的批评忽视了这样一个事实，即制定法定期限和强制性职责要求的是国会，而不是法

---

[1] See Sierra Club v. Thomas, 828 F. 2d 783 (1987).

[2] See Kennecott Copper Corp. v. Costle, 572 F. 2d 1349, 1354 (9th Cir. 1978).

[3] See R. Shep Melnick, *Administrative Law and Bureaucratic Reality*, 44 Administrative Law Review 245 (1992).

院。法院不能在其中作出选择,因为它没有合法的标准来确定是否命令该机构实施某一特定的法规,而不是命令该机构执行该机构尚未实施的另一项强制性法规。法院必须平等地对待所有的任务,否则它将受到同样的批评,这种批评在过去是合法地针对 EPA 的:该机构根据政治而不是法律的理由选择了它希望执行的要求。

Natural Resources Defense Council, Inc. v. Train 案[1]即是很好的例子。在本案中,环保组织 NRDC 和其他原告根据 CAA 公民诉讼条款起诉 EPA,试图促使 EPA 根据 CAA 第 108 条标准将铅排放列为污染物。EPA 认为,CAA 的其他部分为铅污染提供了替代补救措施(如制定了汽油中铅含量标准),EPA 有权在 CAA 提供的补救措施中进行选择。因此,EPA 主张根据 CAA 第 108 条列出污染物清单属于其自由裁量职能,法院对此不得干涉。法院认为,如果接受 EPA 的观点(即使是在列出污染物的条件已经满足的情况下,EPA 仍有权决定是否列出污染物),这将"违背整个法规的结构,而且……将对 1970 年修正案颁布后的公共政策造成损害"。根据法院的观点,CAA 的结构和立法历史以及以前的司法解释"都没有留下任何解释的空间,从而使制定铅污染的空气质量标准可由 CAA 第 108 条自由裁量确定。国会试图消除行政机构拖延的机会。一旦法定条件已被满足,铅污染的列出和空气质量标准的颁布成为强制性而非自由裁量的事项"[2]。此外,EPA 认为目前将铅列为污染物的必要数据是缺乏的,EPA 对此应当谨慎行事,不应当将铅列为污染物。但是法院认为,潜在的数据缺乏并不足以支持 EPA 决定不将铅列为污染物。对此,法院命令 EPA 在 30 日内将铅列入标准污染物清单。

EPA 于 1978 年颁布了铅的最终环境空气质量标准。[3]这些标准在法庭上受到了质疑,并在 1980 年得到维持。[4]在 20 世纪 80 年代和 90

[1] See 411 F. Supp. 864 (S. D. N. Y. 1976), aff'd, 545 F. 2d 320 (2d Cir. 1976).

[2] 411 F. Supp. 864 (S. D. N. Y. 1976), aff'd, 545 F. 2d 320 (2d Cir. 1976).

[3] See National Primary and Secondary Ambient Air Quality Standards for Lead, 43 Fed. Reg. 46, 246 (Oct. 5, 1978).

[4] See Lead Indus. Ass'n v. EPA, 647 F. 2d 1130 (D. C. Cir.), cert. denied, 449 U. S. 1042 (1980).

年代,铅的排放量和环境浓度均明显下降,美国人的平均血铅水平也有所下降。一些研究将健康状况改善的主要原因归结为 CAA 要求将铅从汽油中去除,〔1〕但 Natural Resources Defense Council, Inc. v. Train 案所确定的环境空气质量标准无疑也在铅污染物减排中发挥了推动作用。

(二)履行期限的限定

行政机构未能满足法律规定的最后期限将导致大量的诉讼,并且常常导致法院作出判决确定新的最后期限,要求行政机构履行职责。然而,由法院在诉讼中为行政机构设定履行职责的期限可能会适得其反。在某一特定案件中,司法审查将集中于有限的法定解释问题,将需要仔细阅读具体法规,并且需要考虑到主要与所讨论的具体问题有关的技术资料。通常,法院不能轻易地概括这些知识,法院无法充分理解科学证据,因此它对行政机构科学选择的干涉是有问题的。此外,即使法院能够这样做,熟悉行政机构及其运转也不是一件好事,因为法院在与行政机构熟络时可能会失去中立观点。〔2〕行政机构的专业知识,再加上法院和立法机关没有时间全身心地投入到行政机构的日常规划中,使天平向行政机构倾斜,让它们成为最后期限的主要制定者。〔3〕

法院经常认识到他们的命令对行政机构带来的负担,并经常根据行政机构建议制定履职时间表。在这方面,法院往往是务实的。〔4〕在履职期限的限定上,法院通常给予行政机构基于资源和政策选择较大的司法尊重,仔细评估行政机构在最后期限时间范围内履行职责的能力。在 Natural Resources Defense Council, Inc. v. Train 案中,法院本打算命令 EPA

---

〔1〕 See Robert L. Glicksman et al., *Environmental Protection: Law and Policy*, Aspen Publishers, 2003, p. 323.

〔2〕 See Harold H. Bruff, *Coordinating Judicial Review in Administrative Law*, 39 UCLA Law Review 1193 (1992).

〔3〕 See Ogden, *Reducing Administrative Delay: Timeliness Standards, Judicial Review of Agency Procedures, Procedural Reform, and Legislative Oversight*, 4 University of Dayton Law Review 87 (1979).

〔4〕 See Richard B. Stewart & Cass R. Sunstein, *Public Programs and Private Rights*, 95 Harvard Law Review 1193 (1982).

发布废水限制准则,但也认识到该机构在法规规定的截止日期之前制定这些准则的能力存在两种类型的限制。第一,在可适用的期限内完成任务所需的预算承诺和人力需求可能“过度危及其他基本方案的实施”。第二,EPA 可能无法完成指定职责所需的信息和分析。考虑到这些因素,法院主张:“如果行政机构证明需要额外的时间以确保指导方针根植于对可用控制技术相对优点的理解时,则不能负责任地强制执行指导方针。对有希望的控制机制的技术复杂性给予有意义的考虑所需的延迟,很可能通过在较晚的日期取消对耗时的纠正措施的需要,以加速实现减少污染的目标。”[1]法院认为,如果资源或方法上的限制有可能使行动拖延到最后期限之后,行政机构将有机会要求法院延长时间。法院的任务是“将基于法案目的为根据的理由与失职行政机构的拖延工作区分开来”[2]。

如果行政机构能够说服法院其“出于善意,尽了最大的努力履行法定职责,法院可能会拒绝要求该机构在最后期限之前履行职责。衡平法院所拥有的合理裁量权并不包含强制行政机构遵守其‘不可能执行’(to do an impossibility)的命令”[3]。另一个法院也承认,因为“不可行的做法可能会损害公众利益……如果行政规章无法经受司法审查,那么设定一个不可执行的时间表以惩罚迟延的行政机构是不适当的”[4]。

(三)禁令的发布

法院对行政机构进行罚款是不被允许的,[5]因此在强制执法公民诉讼案件中,禁令是最常见的救济形式。在环境公民诉讼中,禁令是规定最早、运用最为普遍的救济手段。禁令是法院签发的要求当事人为或不为某种行为的命令,所有的法规都提供了某种形式的禁令救济,联邦法院有权发布禁令。传统上,法院在决定是否发布禁令时行使了相当大的公平裁量权。在私人诉讼中,法院通常在决定是否禁止诉讼的行为之前,权衡

---

〔1〕 Natural Resources Defense Council, Inc. v. Train, 510 F. 2d 692, 712 (D. C. Cir. 1975).

〔2〕 Natural Resources Defense Council, Inc. v. Train, 510 F. 2d 692, 712 (D. C. Cir. 1975).

〔3〕 See Natural Res. Def. Council, Inc. v. Train, 510 F. 2d 692, 713 (D. C. Cir. 1974).

〔4〕 Sierra Club v. Thomas, 658 F. Supp. 165, 172 (N. D. Cal. 1987).

〔5〕 See 42 U. S. C. § 7604(a).

各方可能受到的损害。然而,在针对违反法定义务的联邦行政机构的公民诉讼中,这种权衡可能并不合适。私人诉讼与针对联邦行政机构的公民诉讼之间存在显著差异。[1]私人诉讼只涉及一个政府部门:司法部门。针对联邦行政机构的公民诉讼要求联邦政府的一个部门(司法机构)命令另一部门(行政机构)使其行为以符合第三部门(立法机构)的意愿。在此类诉讼中,法院必须考虑各个部门在决定是否发布禁令时的宪法作用。在公民诉讼中,法院必须考虑被违反的法规背后的具体国会目的。此外,在公民诉讼中,法院必须考虑到国会邀请公民在监督联邦机构执行公共权利方面发挥的作用,以及国会在这种监督下寻求公民帮助的原因。因此,在涉及联邦行政机构违法的案件中,涉及的是由国会而不是法院创造的权利和义务。在决定是否授予禁令救济之前,法院必须考虑国会意图和宪法的权力分立原则以及案件特有的事实。

行政机构非自由裁量的职责通常要求行政机构在规定的时间内颁布法规或采取其他行动。例如,CAA 规定:"EPA 局长……在各州未能制定可接受的实施计划时,应当及时制定并公布拟议的法规,规定实施计划。"[2]涉及这些行政机构非自由裁量职责的案件时,法官在很大程度上严格适用法条,拒绝平衡权益或创造公平的例外情况,以容忍行政机构声称资源或专业知识不足以满足法定要求。[3]在 Sierra Club v. Ruckelshaus 案中,当法院认为 EPA 没有按照 CAA 的要求制定放射性核素标准的命令,法院判处没有支持 EPA 的主张。法院指出:"CAA 对 EPA 规定了强制性、非自由裁量的职责。本法院有权强制行政机构履行非自由裁量职责……法院驳回了被告的广泛解释,并要求 EPA 在 90 日内遵守该法规的明确规定。"[4]

---

〔1〕 See Michael D. Axline, *Constitutional Implications of Injunctive Relief Against Federal Agencies in Environmental Cases*, 12 Harvard Environmental Law Review 1 (1988).

〔2〕 42 U. S. C. § 7410(c)(1) (1982).

〔3〕 See J. Bonine & T. McGarity, The Law of Environmental Protection 872 (1984).

〔4〕 Sierra Club v. Ruckelshaus, 602 F. Supp. 892, 903 – 904 (N. D. Cal. 1984).

第三节　强制执法公民诉讼的评价

环境公民诉讼制度为督促行政机构勤勉履行保护环境的公共职能和监督排污者遵守环境保护法律提供了一个新的法律手段和途径。联邦环境法律的公民诉讼条款通过强制执行非自由裁量的法定职责,迫使各行政机构制订新的监管计划,转移或扩大现有监管计划的重点,并加快执法步伐。法院——政府中最不受政治影响的分支,在监管受益人的要求下,迫使顽固的行政机构履行法定职责,通过强制执法公民诉讼等私人启动权可以抵销强大的利益集团对立法和行政部门的支配。[1]

一、强制执法公民诉讼的影响

强制执法公民诉讼可以加强行政机构的责任。具体来说,强制执法公民诉讼通过促使行政机构克服政治障碍、促进公众参与等方式,督促行政机构履行职责。[2]

(一)促使行政机构克服政治障碍

强制执法公民诉讼是一种促使行政机构采取行动的手段,否则这些行动在政治上是困难或不可能实现的。正如学者指出的那样,"对于行政机构利用其自由裁量权(根据 ESA)减少物种保护的能力,最持久和有效的法律约束是公民诉讼机制……公民诉讼可以迫使政府机构……在政治力量可能使政府视而不见的情况下遵守法规的条款。"[3]起诉行政机构

---

[1] See Reuel E. Schiller, *Enlarging the Administrative Polity: Administrative Law and the Changing Definition of Pluralism*, 1945 – 1970, 53 Vanderbilt Law Review 1389 (2000).

[2] See Robert L. Glicksman & Stephen B. Chapman, *Regulatory Reform and (Breach of) the Contract with America: Improving Environmental Policy or Destroying Environmental Protection?*, 5 Kansas Journal of Law & Public Policy 9 (1996).

[3] Holly Doremus, *Adaptive Management, the Endangered Species Act, and the Institutional Challenges of New Age Environmental Protection*, 41 Washburn Law Journal 50 (2001).

履行其职责的公民发挥着重要的执法作用,这个作用是可行的,而且是必要的。因为政府检察官可能缺乏促使联邦行政机构执行法律的资源,或者可能会被行政机构和被监管者所俘获,或者可能有政治理由对某些法律或某些被告采取从轻处理的态度。因此,公民对行政机构提起诉讼有时甚至是执行法律的唯一现实手段。如果没有公民诉讼,行政机构可以违反法律而不受惩罚。虽然特别严重的违法行为可能会导致国会的调查,而且国会对行政机构预算的权力确保了某种程度的行政责任制,但是国会不能像公民诉讼那样全面监督行政机构的守法情况。

正如 EPA 官员描述的那样:“除非法院设定了最后期限,否则行政机构很难继续执行监管,通过强制执法公民诉讼而设定的最后期限可能会给 OMB 等其他行政官员施加压力,要求他们在颁布行政规定之前进行审查。”〔1〕EPA 的大量行政活动实例也证实,强制执法公民诉讼在打破官僚主义僵局、迫使行政机构做出艰难决定方面发挥着积极作用。

即使在最严格的联邦和州执法项目中,也存在重大的制度和政治障碍,难以充分执行环境法律。EPA 等行政机构为避免即将到来的、威胁的或预期的公民诉讼的发生,而采取执法行动。正如一位观察员所指出的,“即使案件本身尚未被提起,但仅仅是存在公民诉讼条款(允许第三方迫使行政机构履行职责)的事实”〔2〕,就足以促使行政机构履行职责。公民执法不受制于可能阻碍行政执法的政治压力的影响。Hudson Valley Tree 案就是一个例子。〔3〕经济不景气的纽堡市已经批准在湿地上建造一个塑料圣诞树生产厂,而且无须获得必要的许可证或环境影响报告。环境团体对此提起诉讼,以保护湿地不被破坏。在随后的谈判中,生产商邀

---

〔1〕 Barry Boyer & Errol Meidinger, *Privatizing Regulatory Enforcement: A Preliminary Assessment of Citizen Suits Under Federal Environmental Laws*, 34 Buffalo Law Review 833 (1985).

〔2〕 Donald J. Barry, *Opportunity in the Face of Danger: The Pragmatic Development of Habitat Conservation Plans*, 4 Hastings West—Northwest Journal of Environmental Law and Policy 129 (1998).

〔3〕 See David R. Hodas, *Enforcement of Environmental Law in a Triangular Federal System: Can Three Not Be a Crowd When Enforcement Authority Is Shared by the United States, The States, and Their Citizens?*, 54 Maryland Law Review 1552 (1995).

请了一名工会代表、一名市政府官员、当地国会议员的立法助理和一名联邦拨款办公室的代表。与此同时,州机构的总部办公室也向州检察官施压,要求其放弃执法。然而,该项目的支持者意识到,政治压力并不能解决他们的问题,因为公民团体不受政治压力的影响,并且准备不顾州的立场而提起诉讼。因此,行政机构及生产商达成一项保护湿地的和解方案。公民组织相信,如果没有它的存在,州政府就无法有效保护湿地。由于私人公民对公民诉讼的热情,行政机构会更加积极地履行职责,否则将会被提起强制执法公民诉讼。

而且,强制执法公民诉讼也使被监管者更加自觉地遵守环境法,减轻了行政机构面临的压力。越来越多的公司面临被公民诉讼严重制裁的风险,而不是传统的执法机构。这使被监管者采用一种新的思维方式来遵守环境法。在传统的方式下,被监管者通过与主要监管机构密切合作,来了解和实施适用于该机构的要求,并说服该机构行使其起诉裁量权。在公民诉讼的模式下,如上所述,行政机构对违法者不进行执法的决定并不能阻止公民诉讼的提起,行政机构如何行使其起诉裁量权的正式或非正式决定不能用作对抗第三方行为的辩护理由。一些州采取了制定执法统计门槛的政策。例如,华盛顿州采用了 CAA 下的一项政策,该政策规定,除非被监管者的守法率低于 95%,否则不会根据持续监测数据采取强制措施。[1]这些政策通常不能作为针对公民诉讼抗辩的理由,除非它们被明确纳入规定基本要求的许可证或法规中,因为即使非常小的排污也可能导致责任。在这种模式下,行政机构的自由裁量权的作用很小。被监管者甚至可能要求行政机构采取执法行动并作出重大处罚,以避免公民诉讼。由于几个原因,对于被监管者来说,公民诉讼通常比行政机构执法更可取。首先,行政机构罚款通常低于公民诉讼中的罚款。其次,行政机构通常不会在和解或作出行政处罚的情况下寻求律师费。然而,在公民诉讼中,给予公民的律师费往往是数十万美元。因此,强制执法公民诉讼也使被监管者更加自觉遵守环境法律。

---

〔1〕 See Ross Macfarlane & Lori Terry, *Citizen Suits: Impacts on Permitting and Agency Enforcement*, 11 Natural Resources & Environment 20 (1997).

(二)加强公众参与

在2000年召开的“环境政策创新”研讨会上,斯坦福大学法学教授巴兹·汤普森宣称现代环境时代最普遍、最突出、最持久的创新是公民参与环境法实施,[1]公民参与被认为是对行政机构存在的政治束缚、制度限制以及执法资源匮乏等问题的回应。[2]立法者在很久以前就认识到,公民诉讼不仅仅是解决行政机构执法资源短缺问题的权宜之计。从根本意义来看,它们是公众参与过程的必要基石。[3]自20世纪70年代初以来,国会越来越依赖私人执法作为实现公共目标的手段。私人执法者的身影从消费者保护[4]到预防采购欺诈[5]、抑制内幕交易[6]等领域。但扩大私人执法的主要领域是环境法律。认识到执法和公众的重要性,CWA指出,“公众参与任何的发展、修订和执行……标准或污水限制……应由EPA局长和各州提供、鼓励和协助。”根据这一目的,CWA规定了广泛的公民参与权。国会试图“将公众参与的概念扩展到执法过程中”[7],作为公众参与的牙齿(teeth),它们增强了环境决策的民主性。[8]在对约瑟夫·萨克斯的《保卫环境:公民诉讼战略》(*Defender of the Environment: A Strategy for Citizen Action*)一书的介绍中,参议员乔治·麦戈文(George

---

[1] See Barton H. Thompson, Jr., *The Continuing Innovation of Citizen Enforcement*, 2000 University of Illinois Law Review 185 (2000).

[2] See David R. Hodas, *Enforcement of Environmental Law in a Triangular Federal System: Can Three Not Be a Crowd When Enforcement Authorization Is Shared by the United States, the States, and Their Citizens?*, 54 Maryland Law Review 1552 (1995).

[3] See David R. Hodas, *Enforcement of Environmental sLaw in a Triangular Federal System: Can Three Not Be a Crowd When Enforcement Authorization Is Shared by the United States, the States, and Their Citizens?*, 54 Maryland Law Review 1552 (1995).

[4] See Consumer Product Safety Act of 1972, 15 U. S. C. § 2060(a) (1988).

[5] See False Claims Act, 31 U. S. C. § 3730(b) (1988).

[6] See Insider Trading and Securities Fraud Enforcement Act of 1988, Pub. L. No. 100 – 704, § 21A(e), 102 Stat. 4677, 4679.

[7] 116 Cong. Rec. 32,903 (1970) (statement of Sen. Muskie).

[8] See Adam Babich, *Citizen Suits: The Teeth in Public Participation*, 25 Environmental Law Reports 10141 (1995).

McGovern)评论道:“人们无法有效参与影响他们生活的制度决策,标志着真正的民主社会的终结。”[1]公民诉讼通过为公众参与环境决策过程提供一个新的平台,将加强公众参与。[2]众所周知,联邦、州和地方的许多法律规定公众参与决策——公众听证会和对法规的评论只是公众参与的一些方法。然而,如果政府可以自由地忽略任何公众意见,这种参与将是一种假象。

行政机构也可能鼓励潜在的公民原告加入行政机构与排污者的执法谈判,以解决公民在该阶段的关注。从这个意义上说,公民诉讼赋予潜在的公民原告与该行政机构讨价还价的权力。通过赋予公众成员强制执法的权力,公民诉讼将有力地体现公众的参与。正如桑斯坦教授所指出的,公民诉讼机制是一种控制违法执法和不力的机制。[3]通过让政府以外的人员参与执法工作,公民诉讼条款增加了可用于执行环境法律的资源总体水平,并增加了(政府或其他机构)对违法者采取执法行动的可能性。诉讼的可能性——不一定是诉讼本身——为公民提供了参与政府决策的机会。每个公民诉讼都是对行政机构执法过程进行监督的机会。公民诉讼可以通过提供替代执法或鼓励更严格的行政执法使行政机构不被俘获。强制执法公民诉讼反映了公民参与监管程序的现有趋势以及对监管者与被监管者之间的双边模式的脱离,通过突破双边监管模式,公民执法诉讼使环境法规的目标得以实现,迫使行政机构对其本来会忽视的问题采取监管行动。

(三)强制执法公民诉讼的潜在弊端

强制执法公民诉讼的对象是以环境监管者即行政机构为被告、针对其不履行非自由裁量职责的诉讼。与行政机构直接履行职责行为的司法

---

[1] Senator George McGovern, *Introduction to Joseph L. Sax, Defending the Environment: A Strategy for Citizen Action*, Alfred A. Knopf Incorporated, 1971, p. xi.

[2] See Peter H. Lehner, *The Efficiency of Citizen Suits*, 2 Albany Law Environmental Outlook 4 (1995).

[3] Cass R. Sunstein, *What's Standing after Lujan? Of Citizen Suits, Injuries and Article* Ⅲ, 91 Michigan Law Review 163 (1992).

审查对象不同,强制执法公民诉讼的对象大多属于消极行为,例如行政机构未严格执法、未能及时制定规则、没有完成法定任务或目标等。确实,法定最后期限通常是根据环境立法提起的强制执法公民诉讼的主题,它的确有利于为行政机构确定优先事项,并减轻行政机构的政治压力。〔1〕但是,这些表面上看似没有争议的不履行职责背后通常具有复杂因素,法院不能简单否定,也难以提供有效的救济。一方面,行政决策的规则和程序经常是复杂的,有些问题即使立法者也未有明确理解以及统一认识,某些条款就是由于立法者未能达成统一意见而不得不使用模糊措辞,留待行政机构在执法中进一步探索。对此,缺乏专业知识背景的法官无法得出使各方均信服的解读。另一方面,行政机构履行行政职责依赖于执法资源,但是国会在确定行政机构目标和任务时很少提供充分的执法资源。受不同利益群体影响的拨款委员会甚至经常发出相互冲突的信号,如机构精简、预算消减等,使行政机构即使具有执法意愿但受限于客观条件而不能。由于行政机构必须在有限的国会财政拨款下运行,特定时期目标的确定和执法资源的分配对行政机构正常运行具有重要意义。

在这种情况下,即便法院予以裁决,可能也难有很好的效果。而且,公民诉讼制度提供的救济手段并不多,禁令救济是首要措施,即法院发出的要求当事人为或不为某种行为的命令。例如,CAA 规定,在公民诉讼中法院有权要求行政机构履行职责。〔2〕有学者指出,公民提起的督促行政机构履行职责的诉讼需要法院权衡公民原告起诉所带来的利益和行政机构根据法院命令履行职责所投入的资源,但"司法部门并没有足够的能力进行这样的评估。由于这个及其他原因,对行政机构资源分配的控制传统上被认为是立法或行政责任,而非司法责任"〔3〕。由于审理公民诉讼的法院不具有行政机构在执行环境法律方面的专门知识,无法合理分

---

〔1〕 See Robert L. Glicksman & Christopher H. Schroeder, *EPA and the Courts: Twenty Years of Law and Politics*, 54 Law & Contemporary Problems 249 (1991).

〔2〕 See 33 U. S. C. § 1362 (a).

〔3〕 Richard B. Stewart & Cass R. Sunstein, *Public Programs and Private Rights*, 95 Harvard Law Review 1193 (1982).

配有限的执法资源,司法判决可能会妨碍行政机构的活动或者阻碍行政机构的执法计划。甚至有学者认为,“虽然行政机构的不作为是一个严重的问题……但通过诉讼促使其履行职责很可能是一种更糟糕的补救办法”〔1〕。

持怀疑态度的人声称,如果行政机构遵守强制执法公民诉讼的法院命令成为首要任务,那么结果可能是国会的授权被取代,代议制民主受到威胁。〔2〕他们甚至认为,强制执法公民诉讼非但没有促进民主价值,反而有可能削弱民主价值。因此,强制执法公民诉讼可能使国会对行政机构的授权被司法机关所取代,权力分立原则受到威胁,甚至会破坏代议制民主的价值。

二、行政自主权与行政责任制的平衡

强制执法公民诉讼关于司法审查的规定涉及保护行政机构自主权(autonomy)与确保行政责任制(accountability)之间的平衡。通过对行政机构不履行非自由裁量职责进行审查,据此要求行政机构履行法定职责,强制执法公民诉讼无疑加强了行政机构的责任制;但是,法院颁布命令迫使行政机构采取之前拒绝采取的行动,这可能会侵犯行政自主权。那么,强制执法公民诉讼所促进的行政责任制,是否能证明对行政自主权的干扰是合理的呢?

(一)强制执法公民诉讼的价值

虽然确保行政自主权与责任制的政策目标似乎存在冲突,但是对行政自主权的尊重并非在所有情况下都是同等的。在对行政机关不履行非自由裁量职责进行司法审查的背景下,盲目地尊重行政自主权很容易导致行政责任制的缺失。反过来也是正确的,即为确保行政机构责任制而增加司法审查可能过度损害行政机构的自主权。为了使司法审查能够实现这两项政策目的,有些中间立场是必要的。

---

〔1〕 Bruce A. Ackerman & Richard B. Stewart, *Reforming Environmental Law*, 37 Stanford Law Review 1333 (1985).

〔2〕 See Rosemary O'Leary, *Environmental Change: Federal Courts and the EPA*, Temple University Press, 1993, p. 170.

公民诉讼条款起源于对管制俘获的恐惧，怀疑行政机构是否有能力实现监管目标，而强制执法公民诉讼提供了减少管制俘获的手段。国会在1970年的CAA公民诉讼条款中包含强制执法诉讼部分时作出了选择，并随后确认在其他法定背景下，牺牲行政自治来维护行政责任制，因为担心行政机构会忽略或破坏没有外部压力迫使他们遵守法定职责的目标。〔1〕而且，强制执法公民诉讼导致的对行政自治的侵犯是有限的，因为只有当行政机构没有履行非自由裁量的职责时才会发生。非自由裁量职责已经剥夺了行政机构的自主权，在这种情况下，行政机构对保持自主权的利益微乎其微，甚至根本不存在。在人们认为行政机构对其负责实施的监管计划的目标怀有敌意时，通过公民诉讼来强制履行非自由裁量责任，加强责任制特别重要。公民诉讼规定都要求行政机构履行非自由裁量的法定职责，在这方面，促进行政机构责任制的政策应胜过维护行政机构自主权的愿望。

同样地，对强制执法公民诉讼使法院侵犯立法权和行政权的担忧在很大程度上也是没有根据的。司法审查行政机构未能履行法定职责，在这种情况下，如果法院出于对行政机构自主权的尊重而无视法律规定，那么它实际上违背了行政法的基本原则，即国会通过法定授权确立的行政机构的议程。对行政机构不作为的司法审查，特别是如果它违反一项明确的法定要求，不会过分影响该行政机构享有的自治领域。法院未能审查行政机构未履行非自由裁量职责，可能构成行政部门或法院对立法特权的侵犯(未能履行立法的授权)。〔2〕法院警告说，如果强制执法禁令的请求被拒绝，司法部门可能会侵犯立法领域。〔3〕因此，当法院发布要求各行政机构遵守法定职责的禁令时，它们并没有不当地侵犯立法权领域。相反，他们是在执行国会委派给他们的任务。法院向行政机构发布禁令时，既要确保行政机构在立法机关授权范围内履行职责，又不能干扰行政机构的自由裁量权。

〔1〕 See e. g. , Natural Res. Def. Council, Inc. v. EPA, 484 F. 2d 1331, 1337 (1st Cir. 1973).

〔2〕 See Robert L. Glicksman, *The Value of Agency-forcing Citizen Suits to Enforce Nondiscretionary Duties*, 10 Widener Law Review 353 (2004).

〔3〕 See Sierra Club v. Gorsuch, 551 F. Supp. 785 (N. D. Cal. 1982).

公民诉讼强制执行非自由裁量权职责的必然结果，即对行政自主的侵犯，不应引起不必要的关注，而且法院已经认识到他们的命令对行政机构资源带来的负担，并且他们经常根据行政机构建议制定遵守时间表。对公民诉讼进行的早期具有里程碑意义的研究未能揭露强制执法公民诉讼对行政决策的质量产生的不利影响。“相反，诉讼似乎在一定程度上起到了解毒剂的作用，可以抵销人们熟悉的官僚惰性，这种惰性被总结在一句格言中：‘一切最终都将完成。’”[1]20世纪80年代的另一项研究也表明，EPA并没有牺牲监管质量以满足法定期限。[2]

（二）对强制执法公民诉讼的灵活处理

平衡行政责任制和行政自主权的最好政策不是豁免行政机构不履行非自由裁量职责的司法审查，而是通过建立审查范围，增加对行政机构在科学分析、资源分配和政策采用中的合法自主权的尊重程度。[3]

从各方面来看，管制俘获的首要条件是由管制法规赋予行政机构广泛的自由裁量权。自由裁量权允许行政机构屈服于被监管企业的利益，因为它们不受可强制执行的法律授权的约束。一旦行政机构拥有做出监管决定的自由裁量权，有诸多因素会促使该机构做出被监管利益集团青睐的决定。然而，无论联邦环境法规多么详细，它都没有对行政机构选择执法对象或选择执法工具作出有意义的限制。对于最后期限或受管制清单的每项规定，行政机构都有其他广泛的决策授权。例如，CAA指示EPA采用国家环境空气质量标准（NAAQSs），但仅受“保护公众健康的必要条件”这一宽泛禁令的约束。[4]同样地，Chevron U. S. A. Inc. v. Natural

---

[1] Barry Boyer & Errol Meidinger, *Privatizing Regulatory Enforcement: A Preliminary Assessment of Citizen Suits under Federal Environmental Laws*, 34 Buffalo Law Review 833 (1985).

[2] See Sidney A. Shapiro & Robert L. Glicksman, *Congress, the Supreme Court, and the Quiet Revolution in Administrative Law*, 1988 Duke Law Journal 819 (1988).

[3] See Thomas O. McGarity, *Some Thoughts on Deossifying the Rulemaking Process*, 41 Duke Law Journal 1385 (1992).

[4] See 42 U. S. C. § 7409 (2001).

Resources Defense Council 案[1]是依据 CAA 提起的,在本案中,联邦最高法院界定了法院有义务遵从指导法规的行政机构框架,因为国会已经暗中将决策权力下放给行政机构。法院的判决是基于国会在 CAA 中留的一个缺口——法院认为这一缺口需要应用决策判决来填补。在某些方面,这种差距在环境监管中是不可避免的:其复杂性使得国会不可能在多个领域内对监管要求作出精确的规定。

对于国会来说,环境法规存在一个不容忽视的缺陷,即它规定的期限远远超过 EPA 现有执法资源的能力。例如,在 1990 年的 CAA 修正案中,国会增加了 338 项具体截止日期要求。[2]尽管增加了 EPA 的责任,"在 2012 财政年度,通货膨胀调整后 EPA 的资金比 1990 财政年度减少了 13%"。[3]统计数据显示,1971 年至 1981 年 EPA 在主要环境法规下制定和实施执法项目的预算稳步增长,并在 1981 年度达到 13.5 亿美元。但随后 EPA 预算扭转了这一增长趋势:1982 年度预算减少 15% 至 10.86 亿美元,1983 年度预算为 10.40 亿美元,1984 年度预算为 9.49 亿美元,从 1981 年至 1984 年预算下降了 30%。[4]这个例子明确地表明 EPA 执法资源受限,难以满足立法者设定的截止日期。

国会解决有限行政资源与过多最后期限之间矛盾的最直接方法是简单地从法规中剔除最后期限,以使 EPA 的执法责任更加合理。在某些情况下,尽管法院愿意接受行政机构的资源限制,但法院仍不能有效地减轻行政机构因有义务遵守一系列法定期限而产生的负担。在这种情况下,问题不在于强制执法公民诉讼的可获得性,而是因为国会决定一次施加太多的最后期限,但为行政机构履行法定职责提供的资源不足。

---

[1] See Chevron U. S. A. Inc. v. Natural Resources Defense Council, 467 U. S. 837 (1984).

[2] See U. S. Government Accountability Office, Clean Air Act: EPA Has Completed Most of the Actions Required by the 1990 Amendments, but Many Were Completed Late (May 2005), at 3 – 4. http://www.gao.gov/assets/250/246543.pdf.

[3] Jean Chemnick, *Air Office – – A Reg – Writing Powerhouse – – Strains As Mandates Grow And Funding Shrinks*, Energy & Environment Publishing, LLC (April 2, 2013), http://www.eenews.net/stories/1059978755.

[4] See U. S. GEN. ACCT. OFFICE, Report to the Administrator, Environmental Protection Agency 19 (1983), at 3.

解决办法不应该是采取取消强制执法救济措施的形式。相反，国会应该通过立法修订，将非自由裁量的职责转变为自由裁量的职责（如果国会更关心的是恢复自主权而不是确保行政责任制），或者拨出更多的资金来资助机构的运作（如果国会认为维护行政责任制比在特定情况下保护行政自主权更重要）。[1]也有学者指出，国会可以通过剔除确定的最后期限，建立一个新的流程，使 EPA 在有或没有立法者意见的情况下确立自己的最后期限。[2]

对于法院来说，在判决公民诉讼指控行政机构未按照截止日期履行职责时，法院审议行政机构提议的时间表标准是不可能的：如果行政机构提议的时间表比可行时间长，那么法院将予以拒绝。法院采用高门槛以便遵守国会明确表达的意图，而国会的意图体现在法定期限的设定上。但是，如果法院考虑到更广泛的背景，并在其推理中纳入行政机构不可能立即满足所有最后期限的现实，那么法院将创造解释空间，为行政机构提供自行确定优先顺序的自由裁量权。行政机构被要求履行公民诉讼所规定的非自由裁量职责时，则受到更为严格的"理性规则"（rule of reason）的制约。[3]在确定行政机构的延迟是否不合理时，法院已经确定了四个考虑因素：（1）自该行政机构履行职责以来的时间长度；（2）根据法定计划延迟的合理性；（3）延迟的后果；（4）执行有争议的职责将如何影响该行政机构履行法规规定的其他职责的能力。[4]显然，这些因素对行政机构相对于其法定职责的有限资源更为敏感。[5]

---

〔1〕 See Robert L. Glicksman, *The Value of Agency - forcing Citizen Suits to Enforce Nondiscretionary Duties*, 10 Widener Law Review 353 (2004).

〔2〕 See William Yeatman, *Deadline Citizen Suits: An Idea Whose Time Has Expired*, 8 Appalachian Natural Resources Law Journal 51 (2014).

〔3〕 See Mashpee Wampanoag Tribal Council, Inc. v. Norton, 336 F. 3d 1094, 1102 (D. C. Cir. 2003).

〔4〕 See In re Int'l Chem. Workers Union, 958 F. 2d 1144, 1149 (D. C. Cir. 1992); see also, Telecommunications Research & Action Ctr. v. FCC, 750 F. 2d 70, 79 - 80 (D. C. Cir. 1984).

〔5〕 See William Yeatman, *Deadline Citizen Suits: An Idea Whose Time Has Expired*, 8 Appalachian Natural Resources Law Journal 51 (2014).

本章小结

对环境监管者即行政机构为被告、针对违反非自由裁量职责行为的公民诉讼称为强制执法公民诉讼,旨在确保行政机构忠诚于法律规定,属于“私人发起权”(private rights of initiation)的形式之一。[1]该类诉讼被证明是一种加强机构责任制,增加公民参与行政过程的机会和促使行政机构克服政治障碍进行监管的机制。公民诉讼制度不仅仅是对政府执法的补充,它们发挥着类似于 APA 的功能,使公众能够影响非选举官僚的决策,从而增强环境决策过程的民主性。[2]

强制执行公民诉讼通常涉及行政机构履行职责法定期限以及采取某些行动的非自由裁量性职责。例如,环保组织成功地要求 EPA 颁布排污标准和规则。但支持制定标准实质内容的调查结果通常涉及行政机构专业知识和自由裁量权。同样地,有时确定遵守法规或对违法行为作出裁决是非自由裁量的,但行政机构的决定本身涉及酌情判断。在某些情况下,强制执法公民诉讼无疑会对行政机构根据自身的优先事项制定议程和分配有限资源的权力产生影响。然而,这种自主性的削减是一种可接受的代价,因为它提供了一种机制,法院可以通过这种机制来监督行政机构履行职责,而且这些职责属于国会限定的、行政机构没有裁量余地的行为。强制执法公民诉讼为监督执法过程提供了机会,通过鼓励更严格的行政执法使行政机构不被俘获。除非国会取消这方面的公民诉讼诉讼,或者法院通过狭义地解释诉讼资格而降低其效用,否则几乎没有理由相信,提起强制执法公民诉讼的私人公民将不会继续帮助国会要求行政机构对国会授权负责。

---

〔1〕 See Richard B. Stewart & Cass R. Sunstein, *Public Programs and Private Rights*, 95 Harvard Law Review 1193 (1982).

〔2〕 See Adam Babich, *Citizen Suits: The Teeth in Public Participation*, 25 Environmental Law Reports 10144 (1995).

第五章 环境公民诉讼的救济措施及律师费用

为了实现环境法规的目标,国会为行政机构确立了各种执法措施,如行政措施、民事司法措施或者刑事措施等。与行政机构的多种执法措施相比,公民诉讼中可资利用的救济手段其实并不多,法院可以对环境公民诉讼作出包括禁令、民事罚款等救济措施,有时也会达成和解。环境公民诉讼条款为公民原告提供的这些救济手段,使得法院在选择适用时具有广泛的裁量权,以实现最佳的执法目标。虽然环境公共利益对于整个社会意义重大,但是单独的个人通常缺少充足的个人利益起诉,使公民诉讼陷于“集体行动的困境”。为有效防止环境公民诉讼制度落空,立法机关在该制度中还建立了律师费用转移规则。

第一节 禁令(Injunction)

在环境公民诉讼中,禁令(injunction)是规定最早、运用最为普遍的救济手段。禁令是法院签发的要求当事人为或不为某种行为的命令,所有的法规都提供了某种形式的禁令救济。联邦法院有权颁布禁令,并对违法者进行罚款,但法院不能对行政机构处以罚款,[1]因此在许多公民诉讼案件中,禁令甚至是唯一可以使用的救济方式。

---

[1] See 42 U. S. C. § 7604(a).

一、禁令的种类

禁令制度最早起源于英美法系国家的司法判例。在英国法律制度中，禁令属于高等法院王座分院向下级法院以及行政机构发布的特权命令，其作用在于防止、阻止和制止侵权行为。禁令属于衡平法上的救济方式，由法院裁量适用，只能用于制止或预防侵害行为，不涉及损害的填补。

（一）初步禁令（preliminary injunction）

一旦公民原告提起诉讼，原告通常会申请初步禁令，该禁令的目的是阻止或推迟公民反对的某些活动，以防止诉讼过程中原告遭受不可挽回的损害。联邦法院有权发布初步禁令。由于环境利益的性质以及不可逆转性，法院更倾向于在环境诉讼中作出初步禁令。例如，在 Bragg v. Robertson 案中，原告成功获得初步禁令救济，禁止被告向建立大规模山顶清除采矿作业的公司发放采矿许可证。[1]原告在证明可能遭受不可弥补的损害方面负有证明责任。在 New York v. NRC 案中，法院指出了确定无法弥补损害的两个依据：(1)寻求被禁止的行动将产生不可逆转和不可挽回的损害；(2)寻求被禁止的行动必然会对环境造成直接、明显的和不可弥补的损害。[2]因此，可以初步假设只要证明存在不可挽回的损害，如森林被砍伐、自然区域被挖掘，甚至致命的有毒物质排放到环境中，法院将会作出初步禁令。

联邦最高法院在 Winter v. Natural Resources Defense Council, Inc. 案中明确重申了联邦法院必须严格适用初步禁令救济的传统法律标准的要求。该案件是关于违反 ESA 和 NEPA。[3]原告起诉美国海军在太平洋训练演习中使用主动声纳，诉称声纳对鲸鱼和其他海洋哺乳动物造成伤害，海军在进行此类训练之前应该准备一份环境影响报告（Environmental Impact Statement, EIS）。除非海军纳入了某些操作限制，否则地区法院初步

---

〔1〕 See Bragg v. Robertson, 54 F. Supp. 2d 635.

〔2〕 See New York v. NRC, 550 F. 2d at 754.

〔3〕 See Winter v. Natural Resources Defense Council, Inc., 42 U. S. C. § 4321 – 4370f, ELR STAT. NEPA § 2 – 209.

禁止海军使用主动声纳。地区法院的结论是,原告证据表明其有胜诉可能性,以及使用声纳“至少可能造成不可挽回的损害”。第九巡回上诉法院维持了这一初步禁令。联邦最高法院推翻了这一判决,并解释说,禁令救济的标准有:“(1)在案件中可能胜诉;(2)可能在没有初步救济的情况下遭受无法弥补的损害;(3)禁令并不会导致任何实质性的损害或不便;(4)禁令符合公共利益。”[1]在本案中,在有效发现公共利益之后,海军所保护的国家安全利益“明显超过”(plainly outweighs)原告所宣称的可能损害的生态、科学和娱乐的利益(包括观赏鲸鱼、科学研究等)。此外,联邦最高法院批评下级法院采用一种标准,该标准基于仅表现出无法弥补损害的“可能性”(possibility)而给予初步的禁令救济,并认为这种“可能性”标准过于宽松(too lenient)。[2]联邦最高法院认为,无论原告是否有可能依据 NEPA 取得胜诉或因此可能对海洋物种造成无法弥补的伤害,禁令将对国防公共利益产生潜在的不利影响。对原告来说,最严重的损害可能是对他们研究和观察数量未知的海洋哺乳动物的伤害。相反,迫使海军部署训练不足的反潜部队则危及舰队的安全。[3]

禁令救济的申请人偶尔会面临在初步禁令的听证会之前发生不可弥补损害的可能性。在这种情况下,可以根据《联邦民事诉讼规则》第 65 条发布临时限制令(Temporary Restraining Orders, TRO)。该限制令的目的是维持现状,“直至有机会对初步禁令申请举行听证会,并且可以在通知或未通知对方的情况下进行发布”[4]。根据《联邦民事诉讼规则》第 65 条 b 款的规定,如果事实证明在听证会之前“会造成立即和不可弥补的伤害,损失或损害”,法院可以发布 TRO。如果申请人在向对方发出通知之前将遭受不可弥补的伤害,则可以在未通知对方的情况下作出 TRO。

《联邦民事诉讼规则》第 65 条 b 款规定,只有在:(1)宣誓书或经核实的投诉所显示的具体事实清楚地表明将导致立即的和不可弥补的伤害、

[1] See Winter v. Natural Resources Defense Council, Inc. ,42 U. S. C. § 4321 – 4370f, ELR STAT. NEPA § 2 – 209.

[2] See 129 S. Ct. at 375(2008).

[3] 129 S. Ct. at 378(2008).

[4] Flight Engineers Int'l Ass'n, PAA Chapter, AFL – CIO, 306 F. 2d 840 (2d Cir. 1962).

损失或损坏;(2)申请人的律师以书面形式向法院证明已发出通知(如有)以及支持其申诉的理由不应要求通知,这两种情况下才可以无须书面或口头通知而向对方或其律师发出 TRO。每项 TRO 在不另行通知的情况下予以批准,应附有签发日期和期限;应当立即交书记员办公室备案并记录在案;应界定伤害并说明其不可弥补的原因,以及为何在没有通知的情况下批准该限制令。并且在该限制令到期后的 10 日内,若在规定的时间内存在正当理由,则由法院决定该限制令延长一段时间,延期的理由应记录在案。未经通知而发出 TRO 的,应当尽早提出初步禁令的动议,以便进行听证。寻求 TRO 的当事人提出听证请求时,应当申请作出初步禁令;不申请发布初步禁令的,法院应当解除 TRO。

此外,根据《联邦民事诉讼规则》第 65 条规定,"除非申请人提供法院认为合适数额的担保,否则不能发出限制令或者初步禁令,以支付此类费用和被发现被错误地命令或限制的任何一方可能发生或遭受的损。"〔1〕。由于发布初步禁令的程序非常简化,这些命令可能出错的可能性很大,因此法院认为担保很重要。正如联邦最高法院所说,"在没有担保的情况下,因发布禁令而受到损害的一方当事人无法得到损害赔偿"〔2〕。然而,正如《联邦民事诉讼规则》的规定,担保的规模由法院自行决定。在由环境组织或有限的个人提起的环境案件中,通常法院很少或根本不要求担保。这个做法的逻辑是担保要求可能阻止原告追求联邦健康和福利法律带来的重要权利,以及追求公共利益方面的诉讼。〔3〕

(二)永久禁令(permanent injunction)

所有公民诉讼条款都将永久禁令救济作为一种有效的救济措施。禁令是法院发布的要求当事人作出或不作出某种行为的命令,可以使用禁

〔1〕 Scherr v. Volpe, 466 F. 2d 1027, 1035 (7th Cir. 1972) (injunction issued against highway construction for NEPA non – compliance).

〔2〕 W. R. Grace and Co. v. Local Union 759, Intern. Union of United Rubber, Cork, Linoleum, and Plastic Workers of America, 461 U. S. 757, 770 n. 14 (1983).

〔3〕 See Crowley v. Local No. 82, Furniture and Piano Moving, Furniture Store Drivers, Helpers, Warehousemen, and Packers, 679 F. 2d 978 (1st Cir. 1982).

止性禁令(prohibitory injunction)的形式要求被告停止某些行为,也可以采取命令性禁令(mandatory injunction)的形式要求被告采取某些积极性措施。

所有的法规都提供了某种形式的禁令救济,禁止性禁令仅仅禁止特定行为。例如,在 Tennessee Valley Authority (TVA) v. Hill 案中,联邦最高法院认为除了禁止大坝项目之外别无选择,尽管大坝施工即将完成并且修建成本超过 1 亿美元。因为该大坝建设项目违反 ESA,会危害蜗牛镖的生存。[1]命令性禁令要求积极行为,例如,CAA 就授权法院"执行排污标准或限制,或者是一个命令,或者是要求行政机构履行职责"[2]。禁令的执行通常需要立即停止商业、制造或其他生产操作,而不是让这些行为继续下去,同时根据法院确定的执行时间进度表来解决污染问题。命令性禁令和禁止性禁令的区分可能通过法院发布命令来解决,法院禁止某一行为除非被告采取某一命令性积极行为,这个禁令兼具禁止性禁令和命令性禁令特征。例如,排污企业不得在违反许可条件下排放废水,除非建造符合这些条件的排污处理设施。

二、禁令的适用

一旦违法行为已经成立,那么对于一项禁令是否应该发布、禁令的形式等问题将由审判法院自由裁量,法院将综合考量多种因素后做出决定。只要禁令不是"与现有标准、限制或命令完全无关",法院可能会发布合适的禁令,不限于"宣布监管要求存在并重复监管要求,并重申必须遵守监管要求"。[3] 法院在根据法规发布禁令之前进行公平的平衡分析,除非法规明确声明必须强制执行禁令。没有任何法院认为联邦污染控制法规表达了这样的意图。例如,在 Weinberger v. Romero – Barcelo 案[4]中,联

---

[1] See Tennessee Valley Authority (TVA) v. Hill, 437 U. S. 153, 171, 195. 8 ELR 20513 (1978).

[2] 33 U. S. C. § 1362(a).

[3] Natural Res. Def. Council v. Southwest Marine, Inc., 236 F. 3d 985, 1000 (9th Cir. 2000).

[4] See Weinberger v. Romero – Barcelo, 456 U. S. 305 (1982).

邦最高法院明确指出,尽管原告已经证明被告行为违法,但在此种情况下CWA并不要求联邦法院必须发布禁令,该法并未废除法院基于公平分析的自由裁量权。

当行政机构违反法律规定怠为履行或拒绝履行法定职责且行政机构履行该义务仍有实际意义时,法院直接判令行政主体作出某种行政行为。例如,在Sierra Club v. Ruckelshaus案中,原告塞拉俱乐部认为依据CAA的立法目的和具体规定,即使一个区域的空气质量高于国家空气质量标准,EPA也不可以批准允许该区域的空气质量降低。原告请求联邦法院发布禁令,禁止EPA局长Ruckelshaus批准州空气污染控制计划。联邦法院认为,本案中能否适用禁令救济取决于原告是否符合以下四项标准:

(1)原告是否已经明显地表明其胜诉(prevail on the merits)的可能性?法院认为原告在本案中已经做到了这一点。

(2)原告是否证明如果缺乏禁令救济,他们很可能受到无法弥补的损害?从大气污染问题的性质以及程度来看,如果认可空气质量恶化,其产生的损害结果具有无法逆转的影响。对此,法院认可原告已经证明了其可能遭受不可挽回的损害。

(3)禁令的发布是否可能对EPA局长和其他利害关系人造成重大损害或带来不便?原告已经说服法院相信禁令并不会导致任何实质性的损害或不便。禁令救济诉求是原告律师在与EPA商议之后提交的,为EPA提供了足够的时间,以便发挥行政机构的专门技术、履行法定职责,尽可能减少给EPA带来的不便。

(4)最后,发布禁令是否符合公共利益?一旦允许空气质量恶化,危害极难清除,之前为改善空气质量而付出的努力都将前功尽弃,人民的生命健康等公共利益将严重受损。本案中的公共利益明显地符合清洁空气和禁止现有空气质量恶化的立法政策。

在分别考虑了发布禁令救济的四项标准并且发现原告完全符合这些标准之后,联邦法院得出结论:发布原告所诉请的禁令救济,即禁止EPA局长Ruckelshaus批准州空气污染控制计划。

虽然禁令发布的标准有四项因素,但它们的重点和灵活性各不相同。例如,以哥伦比亚特区巡回上诉法院为例,其对这四项因素都是按比例评估的,因此“如果某一因素的表现特别强劲,即使其他因素相对薄弱,也可能发布禁令”[1]。同样地，第八巡回上诉法院也采用了“没有单一因素是决定性的”标准，即使胜诉的可能性低于50%，只要其他因素表现强劲，也可以发布禁令。[2]第九巡回上诉法院认为，一个因素的强劲可以抵销另一个因素的薄弱，因此只要有严重问题出现在有利于请求初步禁令救济一方，法院就可以发布禁令。[3]

其他一些因素也被纳入禁令适用的考虑范围，包括禁令执行的可行性，对于公众健康的现存威胁以及对于被告的经济影响等。如果关闭企业将会对被告和雇员产生严重影响，法院不愿意彻底地关闭违法设施，尤其是在关闭违法设施对于阻止紧迫的和重大的环境损害来说并不必须的情况下。[4]因此，如果一项禁令产生的弊大于利，或者禁令执行将会是不可能和不现实的，被告污染者将会被允许在额外的时间根据执行进度表来纠正违法行为。[5]例如，在 Romero – Barcelo v. Brown 案[6]中，初审法院发布禁令救济时采用了一种严苛的态度，禁止性禁令要求在海军飞行员的训练中不得向加勒比地区投放炸弹。第一巡回上诉法院发现虽然未经许可的向海洋投放炸弹的行为是违法的，但该行为没有对环境造成损害。在平衡国家需要防范轰炸行为和有关环境损害后，第一巡回上诉法院发布了命令性禁令，命令海军申请许可并且遵守 NEPA，撤销了初审法院发布的禁止性禁令。

---

[1] Chaplaincy of Full Gospel Churches v. England, 454 F. 3d 290, 297 (D. C. Cir. 2006).

[2] See Dataphase Sys., Inc. v. C L Sys., Inc., 640 F. 2d 109, 113 (8th Cir. 1981).

[3] See Clear Channel Outdoor, Inc. v. City of Los Angeles, 340 F. 3d 810, 813 (9th Cir. 2003).

[4] See O'Leary v. Moyers' Landfill, 523 F. Supp. 642 (E. D. Pa. 1981); Friends of the Earth v. Potomac Electric Power Co., 419 F. Supp. 528 (D. D. C. 1976).

[5] See U. S. v. Vertac Chemical Corp., 489 F. Supp. 870, 887 (E. D. Ark. 1980); U. S. v. Homestake Mining Co., 595 F. 2d 421, 423 (8th Cir. 1979).

[6] See Romero – Barcelo v. Brown, 643 F. 2d 835, 11 ELR 20391 (1st Cir. 1981).

第二节 罚款(Civil Penalty)

不同于其他环境法规的公民诉讼条款,CWA、CAA 和《资源保护和恢复法》在禁令救济之外,又提供罚款(civil penalty)救济。公民诉讼的罚款主要起着威慑作用,因为其不直接基于环境破坏的程度或执行成本,而是具有惩罚性和补救性,[1]能够增加环境公民诉讼的威慑力,具有积极意义。

一、罚款的立法规定

在诸多联邦环境法律中,只有 CAA、《资源保护和恢复法》、CWA 等少数环境法律的公民诉讼条款对罚款予以规定,并且除了 CWA 之外,许多罚款规定均是在修订时添加的。1970 年 CAA 的公民诉讼条款并没有罚款救济的明确规定。这可能是对公民诉讼立法反对者的妥协,这些反对者担心若规定罚款条款,公民诉讼将会被滥用。但公民诉讼无法寻求罚款救济,将导致理论和实践上的缺陷。从理论上来说,公民诉讼是行政机构不执法时的替代,如果公民诉讼可采用的救济措施比行政机构执法少,即公民诉讼不能寻求罚款救济,将导致公民执法和行政执法之间严重不一致。这种不一致也会导致实践中的缺陷,意味着污染者能从宽松的行政执法中获得更多好处——污染者不仅有可能逃脱行政执法,而且即使最后被公民起诉,它也能逃避由违法行为导致的罚款。这将使被告更倾向于被公民起诉以避免罚款,反过来也会削弱行政执法的效率。

如果将提起公民诉讼的公民视为私人检察总长,那么其应该像行政机构那样享有所有的司法救济措施,包括罚款。因此,1972 年制定的 CWA 的公民诉讼条款明文授权法院可在公民诉讼中作出罚款救济。CWA 第 505 条本身没有规定罚款,罚款规定在第 309 条中,该条规定,违反本法相关法条的人,“对其每天每次违法行为最高可作出 25,000 美元

---

[1] See Olds, Unkovice & Lewin, *Thoughts on the Role of Penalties in the Enforcement of the Clean Air and Clean Water Acts*, 17 Duquesne Law Review 1 (1977).

的罚款"[1]。第309条或第505条均未讨论罚款的后续处理。对此,CAA规定法院作出罚款决定后,罚款应当缴纳至美国财政部的一项特别基金中,以用于颁发排污许可证和处理其他事务。而且,该基金的拨付和库存维持被授权给EPA局长,用于对遵守和实施环境法律的行为予以资助,EPA局长应当每年向国会汇报该基金的金额、来源、实际的和拟议的使用数额。[2]该基金主要源于公民诉讼被告所支付的罚金,被告先将罚金缴纳给美国财政部,再由美国财政部拨付给EPA,专门用于环境保护事务。因此,联邦最高法院决定,如果在CWA公民诉讼中发现违法责任时,违法者的罚款必须缴纳至美国财政部。[3]

二、罚款的适用

(一)罚款的适用范围

罚款的适用范围限制在公民诉讼条款明确规定可处以罚款的特定违法者(例如,违反联邦环境法律规定的排污标准、排污许可证要求的违法者)。法院审理依据CWA第505条提起公民诉讼案件最困难的任务之一是确定法律规定何时授予公民要求的罚款,关于第505条最具争议性的问题之一是该条本身没有描述罚款,罚款规定在第309条中。在只有禁令救济的法律安排下,公民只有在被诉违法行为持续(或者有可能继续)的情况下才提起诉讼,没有必要禁止过去的、非持续性违法行为。但是,如果有权对违法行为处以每天高达25,000美元的罚款,那么公民的动机就会发生变化。具体来说,公民执法者认为违法者不仅应该停止违法行为,而且还要对他们的不法行为处以罚款,即使污染者可能已经永久性停止违法行为,但公民为了获得罚款,仍有动力提起诉讼。

司法实践中,联邦巡回上诉法院对环境公民诉讼罚款的适用范围是否仅限于正在发生或持续进行的违法行为存在争议,换句话说,违法行为终止后公民能否寻求罚款救济。联邦最高法院通过对Gwaltney of Smith-

---

〔1〕 33 U. S. C. § 1319(d).

〔2〕 See 42 U. S. C. §7604(g)(1).

〔3〕 See e. g. ,Gwaltney of Smithfield v. Chesapeake Bay Found. ,484 U. S. 49,53 (1987).

field,Ltd. v. Chesapeake Bay Foundation 案件签发调卷令,以解决巡回上诉法院关于环境公民诉讼罚款适用范围的分歧。

1. 巡回上诉法院的分歧

在 Hamker v. Diamond Shamrock Chem. Co. 案[1]中,原告在被告石油泄漏污染小溪的一次性违法行为的 11 个月后,依据 CWA 提起公民诉讼。第五巡回上诉法院维持了地方法院驳回原告诉讼的判决,理由是法院对该案件缺乏管辖权。第五巡回上诉法院认为依据 CWA 第 505 条公民诉讼条款的"违反"(be in violation)措辞,法院只在原告指控提起诉讼时仍在进行的违法行为时才拥有管辖权。第四巡回上诉法院在 Chesapeake Bay Found. ,Inc. v. Gwaltney of Smithfield,Ltd. 案[2]中持有不同看法,该案向法院提出了一个新问题,即 CWA 的公民诉讼条款是否授权公民对过去的违法行为(past violation)主张罚款。在本案中,被告 Gwaltney of Smithfield,Ltd. (以下简称 Gwaltney)作为一个肉类加工厂,向弗吉尼亚河流排放了大量的污染物,包括粪便大肠菌、氯和氮,违反 NPDES 许可证的要求。原告 Chesapeake Bay Found. ,Inc. (以下简称 Chesapeake)依据 CWA 提起公民诉讼,指控 Gwaltney 屡次违反许可证。被告对 1981 年至 1984 年屡次违反许可证的行为并无争议,但认为地区法院对公民诉讼缺乏事项管辖权,因为最后一次记录的被告违法行为发生在原告提起诉讼之前的两周。依据第五巡回上诉法院在 Hamker v. Diamond Shamrock Chem. Co. 案中的观点,被告 Gwaltney 坚持认为因为其在原告提起诉讼两周前就没有从事违反许可证的行为,所以原告是针对过去违法行为提起的诉讼,因此应被驳回。

第四巡回上诉法院在本案中采纳了原告 Chesapeake 的论点,即 CWA 授权 EPA 在任何人"违反"(be in violation)规定[3]时采取执法行动,行政机构以现在时态(present - tense)起诉过去侵权行为的职责是无可争辩

---

[1] See Hamker v. Diamond Shamrock Chem. Co. ,756 F. 2d 392 (5th Cir. 1985).

[2] See Chesapeake Bay Found. , Inc. v. Gwaltney of Smithfield, Ltd. ,791 F. 2d 304 (4th Cir. 1986).

[3] See 33 U. S. C. § 1319(a)(1)(1994).

的,而公民诉讼条款与EPA执法条款相似,[1]公民诉讼条款中现在时态的措辞也应该包括过去违法行为,[2]因此法律语言“违反”应当包括过去的侵权行为。由于CWA第309条授权EPA对过去的违法行为处以罚款,而第505条公民诉讼罚款的规定参照第309条的规定,因此应当允许公民根据第505条对过去违法行为寻求罚款救济。第四巡回上诉法院据此认为CWA第505条授权公民就过去违法行为寻求罚款。

随后,在Pawtuxet Cove Marina,Inc. v. Ciba – Geigy Corp.案[3]中,针对公民原告是否可以对过去违法行为寻求罚款问题,第一巡回上诉法院采取了将第五巡回上诉法院和第四巡回上诉法院观点折中的方式。一方面,第一巡回上诉法院与第五巡回上诉法院的观点一致,表示不会赋予公民对过去的违法行为提起公民诉讼以管辖权;另一方面,第一巡回上诉法院也批评了第五巡回上诉法院对Hamker v. Diamond Shamrock Chem. Co.案的裁决,理由是严重违法行为可能持续时间很短,换言之,要证明违法行为在诉讼时仍在发生几乎是不可能的。[4]据此,第一巡回上诉法院借鉴了第四巡回上诉法院的观点,将CWA公民诉讼条款“违反”措辞解释为要求善意指控“被告,如果不被禁止,仍然有可能再次违法”。[5]

2. 联邦最高法院的观点

联邦最高法院于1987年对Gwaltney of Smithfield,Ltd. v. Chesapeake Bay Foundation案[6]签发调卷令,以解决CWA第505条是否赋予公民

[1] See James M. Hecker, *The Citizen's Role in Environmental Enforcement: Private Attorney General, Private Citizen, or Both?* 8 Natural Resources & Environment 31 (1994).

[2] See Chesapeake Bay Found., Inc. v. Gwaltney of Smithfield, Ltd., 791 F. 2d 304, 309 (4th Cir. 1986). For discussion of this issue after Gwaltney, see Jeffrey G. Miller, *Private Enforcement of Federal Pollution Control Laws Part Ⅱ*, 14 Environmental Law Reports 10063 (1988).

[3] See Pawtuxet Cove Marina, Inc. v. Ciba – Geigy Corp., 807 F. 2d 1089 (1st Cir. 1986), cert. denied, 484 U. S. 975 (1987).

[4] See Pawtuxet Cove Marina, Inc. v. Ciba – Geigy Corp., 807 F. 2d 1089, 1093 (1st Cir. 1986).

[5] See Pawtuxet Cove Marina, Inc. v. Ciba – Geigy Corp., 807 F. 2d 1089, 1094 (1st Cir. 1986).

[6] See Gwaltney of Smithfield, Ltd. v. Chesapeake Bay Foundation, 484 U. S. 49 (1987).

对过去违法行为寻求罚款救济的公民诉讼以管辖权。在本案中,第四巡回上诉法院维持了地区法院的结论,即 CWA 授权公民就过去违法行为提起公民诉讼寻求罚款救济,联邦最高法院不认同该结论。

联邦最高法院指出,公民诉讼旨在补充而非取代行政机构的执法行为,而允许公民起诉过去违法行为将破坏这种补充作用。审理该案件的马歇尔大法官提出了一项假设,以说明公民对过去违法行为的诉讼将对行政机构的自由裁量权构成威胁:"假设 EPA 局长确定了违法者并发布了一份执行命令……进一步假设局长同意不对违法者采取某些极端的纠正措施,例如安装特别有效但昂贵的机器……如果公民可以在数月或数年后提起诉讼,以寻求行政长官选择放弃的罚款,那么行政长官为了公共利益而执行该法案的自由裁量权将被大大削弱。"〔1〕此外,联邦最高法院还依靠 60 日通知条款的目的来支持其结论。通知的目的是给被指控的违法者遵守法律的机会,如果公民诉讼完全基于过去的违法行为,而该违法行为人目前正遵守法律,这将与通知的目的不符。〔2〕联邦最高法院进一步警告,允许公民提起此类诉讼,将使"公民角色的性质从间接性(interstitial)转变为潜在侵犯性(potentially intrusive)"。〔3〕

联邦最高法院还指出,大多数法官认为 CWA 第 505(a)条的规定是模棱两可的,〔4〕如果国会打算授权对过去违法行为提起公民诉讼,它本可以使用更明确的法定措辞。虽然措辞含糊不清,但对"违反"(be in violation of)一词的使用不是国会的粗心大意,而是表明"公民诉讼寻求补救的损害在于现在或将来,而不是过去"。因此,对"违反"一词最真实的解读(most natural reading)是原告指控一种连续(continuous)或间歇性(intermittent)的违法状态,也就是说,过去违法行为的污染者在未来继续污染的合理可能性。联邦最高法院的结论是,CWA 没有授权对过去的侵权行为提起诉讼,并认为原告必须对持续性或间断性违法行为进行善意指控,以寻求法院的罚款救济。

---

〔1〕 Gwaltney of Smithfield, Ltd. v. Chesapeake Bay Foundation, 484 U. S. 60 – 61 (1987).

〔2〕 See Gwaltney of Smithfield, Ltd. v. Chesapeake Bay Foundation, 484 U. S. 60 (1987).

〔3〕 See Gwaltney of Smithfield, Ltd. v. Chesapeake Bay Foundation, 484 U. S. 61 (1987).

〔4〕 See Gwaltney of Smithfield, Ltd. v. Chesapeake Bay Foundation, 484 U. S. 57 (1987).

3. 国会的回应

联邦最高法院对 Gwaltney of Smithfield, Ltd. v. Chesapeake Bay Foundation 案的判决被视为“公民执行联邦环境法的分水岭”。[1]该判决可能导致一种可能性,即一旦公民诉讼开始,被告在诉讼结束之前补救被诉的违法行为,从而使正在诉讼中的违法行为变成在过去的违法行为。这使公民原告无法得到罚款救济,也无法回收高昂的诉讼费用,包括合理的律师费用。如果公民诉讼条款的罚款救济仍停留在联邦最高法院的解释中,那么更多的法院可能会推迟做出决定,直至此案诉由消失。

联邦最高法院对公民诉讼罚款救济适用范围的狭窄解读使得参议员批评这是一项不好的政策,[2]并引发了国会的回应。[3]1990 年,国会通过修订 CWA,允许公民针对过去的违法行为提起诉讼,“如果有证据表明违法行为是重复的”(if there is evidence that the violation is repeated)[4],这实际上推翻了 Gwaltney of Smithfield, Ltd. v. Chesapeake Bay Foundation 案的先例。布什签署的 1990 年 CAA 修正案声明也表明,国会在修订 CAA 的公民诉讼条款时考虑到了联邦最高法院在 Gwaltney of Smithfield, Ltd. v. Chesapeake Bay Foundation 案的标准:“我注意到,在规定提起罚款的公民诉讼时,国会提出了联邦最高法院在 Gwaltney of Smithfield, Ltd. v. Chesapeake Bay Foundation 案中对这些条款的解释。按照宪法的要求,诉讼当事人为了提起诉讼,必须至少显示出违法行为的间歇性,而不是纯粹的过去违法行为(purely past violations)。”[5]

尽管国会改变了 CAA 的措辞,但并未指明认定违法行为是否重复的标准。实践中,审理法院继续将第四巡回上诉法院在 Gwaltney of Smith-

---

〔1〕 See Garrett, *U. S. Supreme Court's Ruling in Gwaltney Case Marks Watershed in Citizen Enforcement of Environmental Laws*, 18 Environmental Law Reports 2027 (1988).

〔2〕 See 136 Cong. Rec. 5277, 5279, 5286, 5354 – 55, 5357 – 58 (1990).

〔3〕 See Beverly McQueary Smith, *The Viability of Citizens' Suits under the Clean Water Act after Gwaltney of Smithfield v. Chesapeake Bay Foundation, Inc.*, 40 Case Western Reserve Law Review 1 (1990).

〔4〕 42 U. S. C. § 7604(a)(1).

〔5〕 President's Statement on Signing the Bill Amending the Clean Air Act, 26 Weekly Comp. Pres. Doc. 1824 (Nov. 15, 1990).

field,Ltd. v. Chesapeake Bay Foundation 案的标准适用于其他环境法规下的公民诉讼,公民诉讼从对“违法”的解释转变为对“持续或间歇性违法——过去的污染者在未来继续污染的合理可能性”的争辩。[1]第四巡回上诉法院在该案中认为,为了寻求罚款救济,原告必须:(1)证明被告在提起诉讼时或之后继续存在违法行为,或者(2)提供合理的事实可以从中得到证据证明“继续发现间歇性或零星违法行为再次发生的可能性”。[2]第四巡回上诉法院进一步完善了第二项解释,认为除非没有真正的重复可能性,否则将假定违法行为存在持续的可能性。第四巡回上诉法院确定的违法标准被其他巡回上诉法院广泛采用。[3]

(二)评估罚款的方法

大多数环境法规都规定了最高罚款数额和法院在评估罚款时要考虑的几个因素。例如,CWA 规定对于违法者,其每次违法行为可招致每天最高额度为 25,000 美元的罚款。除了设置最高限额之外,CWA 第 309 条对限制适当罚款数额提供了一些指导。[4]法院在对罚款数额评估时,应当考虑以下因素:“一次或多次违法行为的严重性;违法行为所带来的经济利益;多次违法的历史;执行所规定适用条件的诚信因素;对违法者施加罚款的经济影响;司法公正所要求的其他事项。”[5]某些案件中,被告主张 EPA 和州政府在要求被告守法方面的懈怠应该作为考量因素。该理论认为如果行政机构能够更勤勉地执法,那么被告就能尽快地守法。

---

〔1〕 See Gwaltney of Smithfield,Ltd. v. Chesapeake Bay Foundation,484 U. S. 57 (1987).

〔2〕 See Chesapeake Bay Found. , Inc. v. Gwaltney of Smithfield, Ltd. , 890 F. 2d 690, 693 (4th Cir. 1987).

〔3〕 See Natural Res. Def. Council, Inc. v. Texaco Ref. & Mktg. , Inc. , 2 F. 3d 493, 501 – 02 (3d Cir. 1993); Carr v. Alta Verde Indus. , Inc. , 931 F. 2d 1055, 1062 (5th Cir. 1991); Sierra Club v. Union Oil Co. of Cal. , 853 F. 2d 667, 671 (9th Cir. 1988); Allen County Citizens for the Env't, Inc. v. BP Oil Co. , 762 F. Supp. 733, 739 (N. D. Ohio 1991); Natural Resources Defense Council v. Southwest Marine, Inc. , 236 F. 3d 985 (9th Cir. 2000).

〔4〕 See 33 U. S. C. § 1319(d).

〔5〕 33 U. S. C. § 1319(d).

第三巡回上诉法院在声明中也暗示在公民诉讼中确定罚款数额时,行政机构的不作为可能作为考虑因素。[1]

此外,EPA 已经颁布了一些关于罚款计算的普遍指导方针,并于 1984 年予以修订。虽然法院并不受 EPA 罚款规则约束,但法院发现该规则在确定罚款数额时提供了有用的方法,倾向于接受该政策。该规则旨在以罚款实现威慑和公平。EPA 罚款规则先是计算了违法者从延迟守法中获得的经济利益,然后基于违法者的违法行为严重程度、诚意努力等其他因素考虑,对罚款数额进行上下调整。[2]该规则在很大程度上借鉴了 20 世纪 70 年代广为流传的"经济执法"(economic law enforcement)理念。该理念认为,罚款的计算方式应该是为了剥夺违法者在不履行义务的情况下可能获得的任何经济利益。因此,该罚款规则首先主要考量两个因素——经济利益部分(economic benefit component)和加重部分(gravity component)。经济利益部分包括延迟成本(delayed costs,如购买消除污染设备)、避免成本(avoided costs,例如,如果防污系统在适当时间内安装,就会产生的操作和维修费用)和竞争优势对被告的估计效益。然而,即使这个数额可以计算出来,单纯地取消经济利益的罚款将使违法者处于与其最初守法相同的地位。为了遏制、惩戒违法行为,必须增加更多的制裁。因此,惩罚规则添加了加重部分考量,包括了违法行为对环境造成的实际或潜在危害、违反规定的条款对法定计划的重要性、达到适当影响所需的数额以及其他与罚款有关的因素。

虽然法院在评估罚款时有多重考量因素,但是环境法规并没有提供计算罚款金额的具体公式。虽然至今没有针对罚款评估统一的司法方式,但实践中法院采用自上而下(top down)和自下而上(bottom up)的方法来评估罚款数额。在第一种情况下,他们会根据法定因素计算出可评定的最高罚款,并在此基础上将其相应减少。在第二种情况下,他们遵循 EPA 的罚款政策,计算延迟守法的违法者获得的经济利益,根据法定惩罚因素上下调整,并确保结果不超过法定最高限额。

---

[1] See PIRG of New Jersey v. Powell Duffryn Terminals, 913 F. 2d 64 (3d Cir. 1990).

[2] See *U. S. Environmental Protection Agency*, *Policy on Civil Penalties*, 41 Environmental Law Reports 2991 (1984).

(三)司法实践中罚款的适用

罚款评估的政策确定了一些考量因素,然而大多数因素都没有精确的内容。例如,违法行为持续时间的考量只是表明在大多数情况下,违法行为持续的时间越长,造成危害的风险就越大,罚款数额就越高。在罚款评估中,法院享有广泛的自由裁量权,往往注入自己的理念,可能产生意见分歧。例如,在 United States v. Velsicol Chemical Corp. 案〔1〕中,法院对 398 个违法行为判处 30,000 美元的罚款;在 Ohio ex rel. Brown v. Dayton Malleable, Inc. 案〔2〕中,法院对于 714 个违法行为判处 493,500 美元的罚款,后者单个违法行为罚款数额近乎前者十倍。有时,法院也对排污违法者和执法机构未能解决长期存在的违法行为表示愤怒。在 Chesapeake Bay Foundation v. Gwaltney of Smithfield, Ltd. 案〔3〕中,被告认为罚款应酌情减少,因为其延误守法是超出其控制因素造成的。法院驳回了被告的主张,而且法院认为由于被告的故意(willfulness),对被告的罚款应该增加而不是减少。最终,法院对被告处以将近 130 万美元的罚款,其中大部分是为了威慑被告或其他处境类似的污染者,降低其在未来违法行为发生的可能性。

EPA 和法院都声称对罚款评估考量相关因素,但实践中他们做出的罚款数额却截然不同。EPA 1996 年财政年度执法报告可以提供一些有用数据。〔4〕1996 年,在 CWA 案件中,司法罚款平均数额是 329,839 美元,行政罚款平均数额为 20,363 美元;在 CAA 案件中,司法罚款平均数额是 498,146 美元,行政罚款平均数额为 23,685 美元。这种罚款数额的

---

〔1〕 See United States v. Velsicol Chemical Corp. 438 F. Supp. 945 (W. D. Tenn. 1976).

〔2〕 See Ohio ex rel. Brown v. Dayton Malleable, Inc. ,13 ERC 2189 (Ohio Ct. Common Pleas 1979).

〔3〕 See 611 F. Supp. 1542 (E. D. Va. 1985).

〔4〕 See *Enforcement and Compliance Assurance Accomplishments Report*, *FY* 1996 (EPA, May 1997).

差异引起了违法者相当程度的不满。[1]有迹象表明,被告发现自己在公民诉讼中面临的惩罚要比 EPA 或州行政机构评估的类似违法行为严厉得多。在公民诉讼 Chesapeake Bay Foundation v. Gwaltney of Smithfield, Ltd. 案[2]中,地区法院采用了 EPA 的罚款政策,对长期违反 CWA 许可证的行为处以总额高达 1,285,322 美元的罚款。这一数额中只有不足 5% 的金额是被告因延迟履行守法义务而带来的经济利益,大部分数额反映了法院对环境损害和威慑需要的评估。

第三节　和解(Settlement)

长期以来,公民发出的多数起诉意向通知最终都没能进入诉讼程序,而是进入谈判,并且各方当事人能较快地达成和解。[3]和解(settlement)在环境公民诉讼的司法实践中得到广泛适用。

一、合意判决

合意判决(consent decree)作为"具有与争议审判后的判决具有相同的效力和性质的司法行为",[4]当法院作出合意判决时,其效力与审判判决相同。合意判决具有合同的性质,是协商和妥协的产物,可以付诸实施;但同时合意判决具有司法行为的属性,是最终的司法决定。诉讼和解被认为是原告自愿停止诉讼,尚不具备阻止一方当事人再次起诉的效力,但是双方可以和解协议作为基础,向法院申请作出合意判决。合意判决

---

[1] See Barry Boyer & Erroll Meidinger, *Privatizing Regulatory Enforcement: A Preliminary Assessment of Citizen Suits under Federal Environmental Laws*, 34 Buffalo Law Review 833 (1985).

[2] See Chesapeake Bay Foundation v. Gwaltney of Smithfield, Ltd., 611 F. Supp. 1542 (E. D. Va. 1985).

[3] See Michael S. Greve, *The Private Enforcement of Environmental Law*, 65 Tulane Law Review 339 (1990).

[4] See U. S. C. S. R. Civ. P. 54 n. 3 (citation omitted) [quoting United States v. Homestake Mining Co., 595 F. 2d 425 (8th Cir. 1979)].

同法院经由诉讼程序作出的判决一样,一经作出就具有既判力。

合意判决能够突破环境公民诉讼救济方式上的限制,公民诉讼各方当事人可以在合意判决中就金钱赔偿、鉴定费用、律师费用等诉讼中产生的费用达成协议。例如,1996 年 4 月,由小型环境组织、国家环境组织和居住在被告排污设施附近的私人原告组成的原告联盟根据 CAA、CWA、《资源保护和恢复法》和相关的州法律对多名私人被告提起诉讼。2001 年 11 月,诉讼双方达成合意判决,规定由于被告违反设施的空气和水质要求违法排污,其需向个别原告提供保密付款以便对涉嫌违法行为进行经济补救,并确定具体的补救项目。合意判决还要求被告:(1)对水污染物进行检测和消除;(2)对排污设施周围社区铅暴露进行筛查;(3)建立社区顾问委员会;(4)向两名环保组织原告人分别支付 10,000 美元,以便在排污设施周边地区继续开展环保项目。合意判决计算了支付给美国财政部的 25,000 美元的罚款,要求被告支付给原告合理的律师费用 400,000 美元,并约定了未来争议解决的程序等。

(一)补偿环境项目

在美国环境保护司法实践中,补偿环境项目(Supplemental Environmental Project,SEP)是和解中最常见和最有争议的内容之一。[1] SEP 是环境案件和解中由诉讼各方当事人自愿达成的、有利于环境保护的项目。和解协议除了要求违法者遵守法律规定之外,往往还要求违法者实施某些 SEP。SEP 通常是指与导致执法行动的违法行为或受这些违法行为影响的自然资源有关的项目,例如,要求公民诉讼被告自愿实施某些行为以便缓解对环境的不利影响、促进生态安全及公共健康等。SEP 涵盖范围广泛,从被告在执法案件中的减少污染或者预防项目,到由第三方(通常是环境组织或社区团体)在违法行为发生地实施的环境项目(如湿地恢复),它们可以减轻这些违法行为造成的损害或者恢复受违法行为影响的部分生态系统。

SEP 的广泛适用始于 20 世纪 80 年代初,最初用于政府发起的环境

---

〔1〕 See David A. Dana, *The Uncertain Merits of Environmental Enforcement Reform: The Case of Supplemental Environmental Projects*, 1998 Wisconsin Law Review 1181 (1998).

执法行动。有关 SEP 适用的最早书面资料是在 EPA 的 1980 年罚款政策中（1980 Penalty Policy）。1980 年的罚款政策指出："在执法行动中，违法者提出在符合所有现行法律要求的支出之外，为环境保护目的而多支付，而不是向国库支付罚款的情况时有发生。法院有时接受这种支付，在某些情况下，这种安排在本罚款政策下是可以接受的。"〔1〕1998 年，EPA 正式通过 SEP 政策，指导其使用 SEP 解决环境执法案件。〔2〕EPA 通过 SEP 政策有两个目的：第一，它使用该政策来管理它在谈判和解决政府执法案件时对 SEP 的考虑；第二，EPA 和 DOJ 利用 SEP 政策来指导他们在解决公民诉讼中提出 SEP 的审查意见。根据该政策，SEP 被定义为"被告/被诉者同意在解决执法诉讼时承担环境保护项目，但该项目并不是被告/被诉者在法律上的需要执行的项目"〔3〕。

SEP 减少了环境法律监管者传统规制适用的直接处罚，发挥了排污者及利益相关方的主动性，使用更灵活、更柔和的方式解决环境问题，能够更有效地推动环境保护目标的实现。EPA 已经认识到，包括 SEP 在内的解决方案不仅能使被告更好地遵守联邦环境法律规定，还能鼓励被告与周围社区之间建立更好的关系。被告与以地方为基础的小型公民团体之间的类似合作，也被视为重要的合作关系并促进了更大程度的环境守法。〔4〕此后，SEP 被广泛用于解决公民执法诉讼，特别是那些根据联邦 CWA 提起的公民诉讼案件。

（二）合意判决与罚款

合意判决在事实上改变了联邦环境法律对罚款必须缴纳给美国财政

〔1〕 EPA Civil Penalty Policy for Major Source Violators of the Clean Air Act and Clean Water Act, [Federal Laws] Env't Rep. (BNA) 41:1101, 1106 (July 8, 1980).

〔2〕 See *Final EPA Supplemental Environmental Projects Policy Issued*, 63 Federal Register 24796 (1998).

〔3〕 *Final EPA Supplemental Environmental Projects Policy Issued*, 63 Federal Register 24796 (1998).

〔4〕 See Janet v. Siegel, *Negotiating for Environmental Justice: Turning Polluters Into Good Neighbors Through Collaborative Bargaining*, 10 New York University Environmental Law Journal 147 (2002).

部的规定。在司法实践中,原被告双方通过沟通协商约定被告支付一定数额的金钱以用于环境保护事务,但是不同于罚款的处理方式,该协议通常不约定被告支付的金钱必须要缴纳给美国财政部,而是由被告将协议约定的金钱以法院判决的方式支付给不属于诉讼当事人的第三方,并由第三方来具体实施环境保护项目,第三方通常情况下为违法行为发生地的环保组织。

司法实践中,只有一个上诉法院直接决定和解协议中的金钱必须缴纳给美国财政部。在 Public Interest Research Group of New Jersey v. Powell Duffryn Terminals, Inc. 案[1]中,第三巡回上诉法院推翻了地区法院的裁决,即在公民诉讼中要求被告向信托基金支付金钱以用于减轻新泽西州的一些环境问题。地区法院认为,将罚款交给美国财政部不符合 CWA 的目的,相反,法院有"肯定的义务"(affirmative obligation)来指导罚款方式有利于环境,而将金钱支付给"公共金库"(public coffers)将使罚款"失去自身的特殊性,而且将被用于其他目的"。[2]诉讼双方当事人均未对被告向信托基金支付金钱提出上诉。在上诉中,第三巡回上诉法院允许 EPA 介入诉讼,EPA 辩称所有的金钱都必须支付给美国财政部。第三巡回上诉法院依据 CWA 的立法历史,同意 EPA 的意见,并指出:"将罚款支付给美国财政部以确保公民提起诉讼是为了保护公共健康和福利,而不是为了个人利益。"[3]第三巡回上诉法院没有完全否定和解协议的可能性,然而"一旦法院将这笔钱标记为罚款(civil penalty),这笔钱只能支付给美国财政部"。[4]

在 Sierra Club v. Electronic Controls Design 案[5]中,作为双方达成的

---

[1] See Public Interest Research Group of New Jersey v. Powell Duffryn Terminals, Inc., 913 F. 2d 64 (3d Cir. 1990), cert. denied, 111 S. Ct. 1018 (1991).

[2] See Public Interest Research Group of New Jersey v. Powell Duffryn Terminals, Inc., 720 F. Supp. 1158, 1168 (D. N. J. 1989).

[3] Public Interest Research Group of New Jersey v. Powell Duffryn Terminals, Inc., 913 F. 2d 64, 82 (3d Cir. 1990).

[4] See Public Interest Research Group of New Jersey v. Powell Duffryn Terminals, Inc., 913 F. 2d 64, 82 (3d Cir. 1990).

[5] See Sierra Club v. Electronic Controls Design, 909 F. 2d 1350 (9th Cir. 1990).

拟议和解协议的一部分,被告同意向民间环保组织支付45,000美元"以维持和保护俄勒冈州的水质",如果被告在10个月内违反排污许可证,则需要向这些组织支付额外费用。[1]DOJ反对该和解协议,声称此类金钱只能支付给美国财政部。在考虑DOJ的这一主张时,地区法院首先决定和解协议中的金钱支付应被视为罚款(civil penalties),"拟议的和解协议是非法的,因为它并没有要求被告向美国财政部支付罚款",因而拒绝接受包含45,000美元付款的和解协议。第九巡回上诉法院在区分罚款(civil penalties)与和解协议的付款(payment)后,推翻了地区法院的决定。第九巡回上诉法院指出,和解协议中规定的付款(payment)不属于CWA规定的罚款(civil penalty)。此类付款"只是双方可以自由作出庭外和解的一部分"。拟议的和解协议体现了CWA的目的,并没有违反CWA的条款或政策,因此,"地区法院未接受拟议的和解协议是滥用其自由裁量权"。[2]

总体来说,法院在公民诉讼中对和解协议的支持态度是很明显的。实际上,在某些情况下,为解决公民诉讼而设立的SEP可能完全取代向美国财政部支付的罚款。法院通常很少对当事人在有利于环境的SEP方案制定上进行限制。仅有的限制包括:(1)付款不会被标记为罚款;(2)付款金额必须足够;(3)付款必须有助于实现环境法案的实施目的;(4)付款不能仅使原告受益。[3]

二、和解的审查

CWA和CAA均规定,拟定的和解协议在最终达成之前应当提交给DOJ和EPA审查。[4]只有在行政机构接收到拟定的和解协议45日内审查后,法院才能作出合意判决。在这一期间,政府可能对拟定的和解协议

[1] See Sierra Club v. Electronic Controls Design, 909 F. 2d 1350, 1352 (9th Cir. 1990).

[2] See Sierra Club v. Electronic Controls Design, 909 F. 2d 1350 (9th Cir. 1990).

[3] See Edward Lloyd, *Supplemental Environmental Projects Have Been Effectively Used in Citizen Suits to Deter Future Violations as Well as to Achieve Significant Additional Environmental Benefits*, 10 Widener Law Review 413 (2004).

[4] See 33 U. S. C. § 1365(c)(3); 42 U. S. C. § 7604(c)(2).

评论或反对。而且,和解协议也需要经过法官审查才能最终形成合意判决。

(一)立法规定

尽管没有任何法定条款明确授权EPA、公民或法院在解决执法案件中使用SEP,但SEP在1990年之前就已经相当广泛地适用了。公民原告和被诉违法者的许多和解协议包括对美国财政部支付巨额罚款。一般来说,EPA并不反对通过谈判达成和解。然而,在执法行动中代表EPA的DOJ对SEP的适用持有反对态度。根据DOJ的说法,现金罚款比资助环境清理项目更具有威慑作用。[1]SEP允许污染者避免向政府支付罚款,这将削弱执法的威慑效果,并以税收减免的形式为污染者提供好处。和解在事实上改变了联邦环境法律对罚款必须缴纳给美国财政部的规定。DOJ工作人员还抱怨说,SEP可能会使违法者在支付款项时拥有太多的自由裁量权,并导致对不同污染者的不一致处理,而这些项目将使政府的执法工作变得复杂,本身也难以执行。最后,DOJ担心SEP可能会蔓延到其他类型的执法部门,而这些执法部门的做法甚至更不合适。

1985年,由于担心公民诉讼和解在联邦政府不知情或未听取任何意见的情况下提出和解决,里根政府建议修改CWA的公民诉讼条款,要求"在DOJ长和EPA局长收到提议和解协议副本后的45日内,在美国不是当事人的诉讼中,法院不得作出合意判决"[2]。里根政府解释说,和解协议的审查期将使政府有机会质疑不适当的公民诉讼合意判决,其中包括违法者企图"通过向私人当事方而不是向美国财政部付款来解决罚款惩罚"。[3]

由于DOJ对SEP的适用持有反对态度,国会于1987年修订了CWA

---

[1] See Environmental Credit Projects under the Clean Water Act: Hearings on H. R. 3411 Before the Subcomm. on Fisheries and Wildlife Conservation and the Environment of the House Comm. on Merchant Marine and Fisheries, 100th Cong., 1st Sess. 59 (1987).

[2] 131 Cong. Rec. S3640 (daily ed. Mar. 28, 1985).

[3] See 131 Cong. Rec. S3645 (daily ed. Mar. 28, 1985).

第309条和第505条。[1]国会虽然通过了里根政府提议的和解审查条款,但立法历史强烈表明立法机构并不接受行政机构主张的理由,即行政机构对和解拥有更多的控制权。相反,立法历史表明国会认为对合意判决进行审查的唯一目的是保护公众避免滥用、串通或不充分的和解。1987年CWA修正案的会议报告在讨论第309条时也赞同使用SEP:"在某些情况下,NPDES许可证和其他违法行为而被处以罚款和和解款项被用于资助研究、开发和其他相关项目,以进一步实现该法案的目标。在这些情况下,与这些违法行为有关的资金被用于调查污染问题。这类和解保留了执法行动的惩罚性质,同时将收集的资金用于环境保护。虽然这种做法是选择性使用的,但与会者鼓励这种做法。"[2]根据国会记录,参议员约翰查菲在修正案的公开辩论中指出,修正案的目的是"保护公众避免滥用、串通或不充分的和解"。[3]设定为期45日的审查期限的目的是让政府有机会查明质疑和尽可能地阻止有问题的和解方案。[4]

这一立法历史以及1987年CWA修正案附带的会议报告表明,国会拒绝了行政机构的建议,即罚款只能归美国财政部。国会希望CWA的罚款用于环境保护,而不是只交给财政部,其对和解协议用于资助研究、开发和其他相关项目的付款持支持态度。此外,1990年CAA修订案也规定,地区法院有权允许罚款"被用在与法律相一致的、并且可以促进公众健康和环境的有利的缓解项目(mitigation project)中",以代替交给财政部。[5]虽然国会在CWA、CAA修正案中确保EPA和DOJ有机会就公民诉讼案件中提出的和解进行评论,但国会并没有制定明确的法定标准来指导EPA或法院审查和解协议。

(二)具体审查

虽然和解协议审查规定旨在保持政府在环境执法方面的主导地位,

[1] See 33 U. S. C. § 1319,1365.

[2] H. R. Conf. Rep. No. 1004, at 139 (1986).

[3] 131 Cong. Rec. S8097 (daily ed. June 13,1985).

[4] See 131 Cong. Rec. S3645 (daily ed. Mar. 28,1985).

[5] See 42 U. S. C. § 7604(g)(2).

但在实践中并没有发挥出理想的作用。考虑到拟议和解协议的数量和内容复杂性,以及美国司法部在监督过程中只能投入有限资源的事实,45 日的审查期限不足以对大多数拟议和解协议进行更多的审查,司法部发表评论的权利在执行政府优先事项和防止不充分或有问题的解决方案方面显得不足。

此外,和解协议也需要提交法院审查,以获得批准而成为法院判决。联邦最高法院认为,初审法院在考虑是否作出合意判决时,必须确定和解协议是否"促进了诉求所依据法律的目标的实现"。[1]但是,"由于执法涉及行政资源分配的优先次序,法院不愿意积极参与这一过程"[2]。因此,司法机关对和解协议的审查往往微不足道。例如,法院通常会在公民诉讼中批准 SEP,即使环境保护局和司法部对 SEP 表示反对。[3]实践中,法院不顾 DOJ 的反对,作出了合意判决。例如,在 Natural Resources Defense Council,Inc. v. Interstate Paper Corp. 案中,即使政府表示反对,法院仍然同意和解协议,该协议规定向美国财政部以外的组织支付金钱。法院认为,即使拟定的付款"不符合(EPA 政策指南)的要求",[4]但该协议的各方当事人已经适当地商定了,因此法院对该和解协议表示认同。

三、和解的司法实践

和解提供公开的交流,而不是在法庭敌对气氛中进行,从而使公民与违法者建立更有效的关系,也使违法者与周边社区建立更好的关系,促进了更大程度的环境守法,在环境公民诉讼司法实践中得到广泛运用。

---

[1] See Local Number 93, International Association of Firefighters v. City of Cleveland, 478 U. S. 501, 525 (1986).

[2] Mark Seidenfeld, *An Apology for Administrative Law in the Contracting State*, 28 Florida State University Law Review 215 (2000).

[3] See Edward Lloyd, *Citizen Suits And Defenses Against Them*, ALI – ABA Course of Study 781 (2009).

[4] See Natural Resources Defense Council, Inc. v. Interstate Paper Corp., 29 Env't Rep. Cas. (BNA) 1135, 1136 (S. D. Ga. 1988).

(一)和解适用的总体概览

对于整个环保团体而言,向美国财政部支付罚款远远低于和解的吸引力。尽管某个具有环保意识动机的环保组织可能会看到违法者向美国财政部缴纳罚款的威慑价值,但如果这些金钱是由环保主义者分配而不是转用于政府一般用途,该环保组织肯定会认为罚款更有利于环境。但是,向美国财政部缴纳的罚款通常用于一般用途,而非特定的环保项目。这可能解释了为什么 SEP 在公民诉讼和解中比在政府执法中更常见,并且在公民诉讼和解中占有更大比例。由于 SEP 在许多情况下可以抵税、具有积极的公共关系价值,以及环保组织通常会在和解谈判中提供大量折扣(至少比法院可能判决的罚款更有诱惑力,这样才能引诱违法者采取成本更低的解决方式)等原因,违法者更有动力达成和解协议。

和解适用的统计数据也印证了这一点。有学者研究发现,在 1983 年排污企业因违反 CWA 被提起公民诉讼而支付的金钱中,超过 90% 的金钱支付给了环境组织而非美国财政部。[1]还有学者分析了 1983 年 1 月至 1985 年 5 月的 29 起案件,发现超过 65% 的案件是通过环境组织和解解决的,并且总额略少于 100 万美元是支付给了环保组织。[2]其他数据也证实了这一发现。例如,1983 年至 1986 年,康涅狄格州对涉嫌污染者提起的 30 起私人执法行动,以超过 150 万美元的金额和解。污染者向绝大多数案件的两个环保组织 Connecticut Fund for the Environment 和 Natural Resources Defense Council 支付的律师费用为 492,036 美元;向 Open Space Institute(该组织是由 Natural Resources Defense Council 创立,旨在作为 CWA 诉讼案件和解的资金库)支付了 869,500 美元,但并未向美国

---

〔1〕 See Lewis, *Environmentalists' Authority to Sue Industry for Civil Penalties is Unconstitutional under Separation of Powers Doctrine*, 16 Environmental Law Reports 10 (1986).

〔2〕 See Barry Boyer & Errol Meidinger, *Privatizing Regulatory Enforcement: A Preliminary Assessment of Citizen Suits Under Federal Environmental*, 34 Buffalo Law Review 833 (1985).

财政部支付罚款。[1]

很容易理解为什么大规模的资金支付通常会成为被指控的违法者和公民之间和解的一部分。根据法律规定,所有罚款应向美国财政部支付,这一规定旨在确保严格的利他主义的公民诉讼。尽管如此,这一规定的确间接地给私人公民执法者带来了好处。从经济角度来说,要求所有罚款都支付给美国财政部将对私人执法者的追偿征收100%的税。征税会导致私人执法者从执法中获得的预期收益与违法者的预期损失之间存在差异。这进而意味着,如果他们通过谈判达成的私人支付金额低于法定罚金,但高于扣除税款后的罚金,那么对被告和原告公民都更为有利。被指控的违法者同意以转移和解金支付代替罚款的要求,因为这比审判或EPA的执法都更有利。被指控的违法者知道,私人执法者将以律师费用和SEP的形式"交易"数额非常大的罚款,与向美国财政部支付的罚款相比,对SEP的付款通常可以免税,使支付的和解金获得大幅折扣。

(二)和解适用的典型案例

新泽西州环境基金会(New Jersey Environmental Endowment)成立于1991年,是Public Interest Research Group of New Jersey, Inc. v. Powell Duffryn Terminals Inc. 案[2]和解协议的一部分。在第三巡回上诉法院推翻了地区法院的裁决后,诉讼双方通过创建新泽西州环境基金会对此案和解,并约定由被告向该基金会支付90万美元。新泽西州环境基金会由原告的一名代表、被告的一名代表和来自新泽西州环保组织的四名代表组成。Richard Sullivan作为新泽西州环境保护局的首任专员,由他担任该基金会主席。在Public Interest Research Group of New Jersey, Inc. 提起的其他CWA公民诉讼案件中,新泽西州环境基金会继续作为和解资金的接收者。例如,该基金会在Public Interest Research Group of new Jersey Inc.

---

〔1〕 See Michael S. Greve, *The Private Enforcement of Environmental Law*, 65 Tulane Law Review 339 (1990).

〔2〕 See Public Interest Research Group of New Jersey, Inc. v. Powell Duffryn Terminals Inc., 913 F.2d 64 (3d Cir. 1990).

v. Witco Chemical Corp. 案[1]中收到 200 万美元和解款；在 1994 年，从 Public Interest Research Group of New Jersey，Inc. v. Circuit Foil USA，Inc. 案[2]中收到 220 万美元和解款。多年来，其他公民诉讼和解导致更多的资金被注入新泽西州环境基金会，用于资助新泽西州水道环境改善的项目，每项和解协议都要求基金会的付款与受案件排放污染影响的水体之间存在联系。

值得注意的是，在 Public Interest Research Group of New Jersey，Inc. v. Circuit Foil USA，Inc. 案中，被告 Circuit Foil 在和解协议中还要求，在根据该和解协议资助任何环境项目之前，新泽西州环境基金会必须以书面形式通知新泽西州、DOJ 部长和 EPA。根据 CWA 第 505(c)(3)条的规定，这些当事人中的任何一方均可在规定的时间内向法院提交关于该项目的意见。如果法院在和解裁决规定的时间内未收到任何意见，则该基金会有权为正在考虑的项目提供资金。但是如果收到意见，新泽西州环境基金会不得在法院授权之前为项目提供资金。在该基金会根据和解协议向受资助者提供资金的 8 年中，新泽西州仅对提议提供资金的项目提出过一次异议。[3]在审查了异议和答复后，法院允许基金会为环保项目提供资金。新泽西州环境基金会每年向新泽西州的环保项目捐款数十万美元，它仍然是有益的环保项目的资金来源之一。

同样地，和解也适用于公民对行政机构未履行非自由裁量职责的案件。1984 年，全国性的环保组织——自然资源保护委员会(Natural Resources Defense Council)提起了一项旨在迫使 EPA 建立新监管计划的公民诉讼。[4]自然资源保护委员会声称，由于 EPA 于 1980 年发现氯氟烃(CFCs)对人类健康构成重大威胁，根据 CAA 的规定要求 EPA 对氯氟烃

---

[1] See Civ. No. 89 – 3146，90 – 968，1990 U. S. Dist. LEXIS 20209 (D. N. J. June 28，1990) (Consent Order).

[2] See Civ. No. 89 – 5371，1993 WL 118191 (D. N. J. Apr. 12，1993) (Consent Order).

[3] See Edward Lloyd，*Supplemental Environmental Projects Have Been Effectively Used in Citizen Suits to Deter Future Violations as Well as to Achieve Significant Additional Environmental Benefits*，10 Widener Law Review 413 (2004).

[4] See Natural Res. Def. Council，Inc. v. EPA，No. 84 – 3587 (D. D. C. Nov. 27，1984).

的排放进行监管。1985 年,自然资源保护委员会和 EPA 达成了合意判决,其中 EPA"同意召开关于氟氯化碳排放的会议,并获得有关氯氟烃的其他技术信息"。1986 年,EPA 发布了一份风险评估文件,声称为了防止平流层臭氧被进一步破坏,必须将碳氟化合物的排放量减少 85%。各方达成的解决方案虽然未达到自然资源保护委员会制定的限制氟氯化碳排放法规的目标,但是国会通过 1990 年对 CAA 的修正案时,逐步淘汰了氟氯化碳和其他消耗臭氧层物质的生产和使用。[1]

四、和解的评价

环境公民诉讼和解中包含着有益结果,例如保护饮用水的项目,通过咨询委员会建立社区意见以及筛选铅暴露等 SEP,但是环境公民诉讼和解也引发了一场关于私人执法动机的激烈辩论。在环境公民诉讼中,法律最初规定了禁令和罚款两种救济措施,禁令作为主要的救济措施,而且公民诉讼中并未提供损害赔偿的救济方式。禁令救济使原告在公民诉讼中难以取得经济奖励,因而在环境公民诉讼的司法实践中,原告更倾向于适用和解。但是,有的企业代表谴责私人执法行动是"拖延行动"(hold - up operations)和"敲诈勒索"(extortion),[2]是环保组织为了私人利益而采取的行动。根据法律规定,所有罚款应向美国财政部支付,这一规定旨在确保严格的利他主义的公民诉讼,但这也导致公民诉讼原告和违法者进行和解谈判转移支付(而非支付给美国财政部)。[3]有学者对公民诉讼和解调查发现,约有 22% 的和解金支付给了美国财政部,而超过 50% 的和解金归私人受益人所有。[4]对于违法者来说,由于面临着向美国财政部缴纳较高数额的罚款及承担公民原告律师费用的可能,当公民原告

---

[1] See 42 U. S. C. § § 7671 - 7671q (2000).

[2] See Meier, *Citizen Suits Became a Popular Weapon in the Fight Against Industrial Polluters*, 4 Wall Street Journal 17 (1987).

[3] See Michael S. Greve, *The Private Enforcement of Environmental Law*, 65 Tulane Law Review 339 (1990).

[4] See Barry Boyer & Errol Meidinger, *Privatizing Regulatory Enforcement: A Preliminary Assessment of Citizen Suits Under Environmental Laws*, 34 Buffalo Law Review 833 (1985).

提出以和解协议解决被诉违法行为时,违法者更有动机和解。私人执法行动的和解引发了关于私人执法者动机的激烈争论。由于担心这种看法,环保组织一直试图避免出现非法动机。例如,在和解协议中约定,违法者将款项直接支付给第三方,而非提起诉讼的环保组织,但这并没有消除批评者的担忧。

然而,也有学者认为将这种预期的经济回报最大化的战略归结为环保团体的动机是错误的。[1]环保组织是高度专业和敬业的,他们并不是为了钱而参与其中(in it for the money),而主要是出于非经济原因进行组织和运转。这种利他主义的特性,使环保组织有别于完全由经济激励驱动的诉讼。有学者指出,真正的问题源于环保组织面临着成本限制,他们必须分配稀缺资源,并在其他战略中进行选择。[2]在这样做时,利他主义的意识形态组织必须主要对私人经济激励作出反应,这不是动机的问题,而是经济上的必要性。即便是最无私的私人执法者也有充分的动机,以最低的成本和最高的回报来追查案件,无论公共利益如何。一旦理解了这一点,就可以清楚地看到,设计有效的公民诉讼条款的问题不在于确保利他主义动机,而在于为诉讼创造最佳的法律和经济激励。[3]

有学者进而指出,为了保持 SEP 的威慑价值,公民诉讼应该创建由第三方实施的 SEP,并建立一个与政府 SEP 类似的,关于公民诉讼和第三方 SEP 使用的数据库,这也是进一步研究 SEP 的重要一步。[4]

---

[1] See Michael S. Greve, *The Private Enforcement of Environmental Law*, 65 Tulane Law Review 339 (1990).

[2] See Coffee, *Rescuing The Private Attorney General: Why the Model of the Lawyer as Bounty Hunter Is Not Working*, 42 Maryland Law Review 215 (1983).

[3] See Coffee, *Rescuing the Private Attorney General: Why the Model of the Lawyer as Bounty Hunter Is Not Working*, 42 Maryland Law Review 215 (1983).

[4] See Edward Lloyd, *Supplemental Environmental Projects Have Been Effectively Used in Citizen Suits to Deter Future Violations as Well as to Achieve Significant Additional Environmental Benefits*, 10 Widener Law Review 413 (2004).

第四节　环境公民诉讼律师费用转移

环境公民诉讼制度授权私人公民作为利他主义的私人检察总长,对排污者破坏环境的违法行为,或者行政机构未履行非自由裁量职责的行为起诉。相较于普通诉讼,环境公民诉讼由于关涉的问题具有较高的专业性、复杂性、影响广泛性等特征,非一般公众所能及,需要聘请律师协助。由于环境公民诉讼不能赔偿损失,只能提供禁令救济,加之环境公民诉讼的被告是资金雄厚的企业或行政机构,虽然环境问题对整个社会具有重大意义,但由于证明环境损害的困难程度较高,对原告的经济投入要求也高,单独个体往往缺乏足够的个人利益提起诉讼,导致公民诉讼陷入"集体行动困境"。为了防止环境公民诉讼制度落空,国会意识到律师费用转移对于公民诉讼的重要性。

一、律师费用转移负担规则

如何在作为诉讼成本的律师费用上确立激励机制,使法律规定的机关和有关组织积极主动地提起耗时、昂贵、复杂的环境公益诉讼,这是环境公民诉讼制度不能回避的问题。为了激励公民通过诉讼保护环境公共利益,国会在公民诉讼中并没有沿用律师费用负担的传统规则——美国规则(American Rule),而是构建起律师费用转移负担规则。这一选择并非无意之举,而是国会刻意为之。

(一)律师费用负担的传统规则

1. 美国规则的确立

对于律师费用问题,有些国家适用英国规则(English Rule),即如果诉讼当事人胜诉时,则不必亲自支付相关的律师费用,由败诉方承担。但是,与大多数国家所遵循的英国规则不同,美国支付律师费用的默认方案是美国规则(American Rule),即无论哪一方胜诉,当事人各自分别承担自己的诉讼费用,无须负担对方的诉讼费用。早在1796年,联邦最高法院就通过 Arcambel v. Wiseman 案将美国规则作为惯例(general practice),并且指出如果没有国会的明确授权,法院不得突破该惯例。[1]

美国规则的确立和强化有一定的考量。首先,它符合美国关于民主、自由及法治的理念,“诉讼最多是不确定的,不应仅仅因为提起诉讼或为自己辩护而受到惩罚”。[2]其次,承担胜诉当事人律师费用的可能性使穷人会被不公正地劝阻起诉维权。如果法院要求对方当事人承担胜诉方的诉讼费用,可能会阻止一些有价值的诉讼。最后,美国规则也能减轻法院的负担。具体来说,在败诉方承担胜诉方律师费用时,对律师费用数额的评估将会增加法院的经济支出,进而加重法院的负担。但是在美国规则下,律师费用的多少完全交由当事人与律师自由协定,与法院无关。

2. 美国规则的司法例外

为了缓解律师费用美国规则的僵化及严厉性,司法实践中演变出了两个例外情形:恶意(bad faith)和共同利益(common benefit)。在恶意诉讼的情况下,法院对那些没有正当理由提起诉讼(无论是恶意还是轻蔑,无理拖延还是破坏诉讼)或者故意违反法院命令的当事人,由他们来承担对方的律师费用。法院将律师费用转移作为对那些滥用司法程序的当事人的惩罚。

与恶意例外不同的是,共同利益例外下的律师费用不转移至诉讼败诉方,而是由当事人所意欲维护的共同基金或共同利益来承担。共同利益例外的基本原理是,如果当事人的努力保护了集体的共同利益,那么当事人可以从集体的其他成员那里收回律师费用。这个例外的目的不是惩罚败诉当事人,而是为了防止从诉讼中受益人的不当得利。

(二)环境公民诉讼律师费用规则的确立

环境公民诉讼制度运转自始至终均离不开诉讼成本,从诉讼与否的决定到审判和和解的选择等,诉讼成本对诉讼的全过程都有影响,律师费用便是诉讼成本中不可回避的重要部分。律师费用转移负担规则对公益诉讼意义重大,特别是在环境公民诉讼案件中,因为此类诉讼只能适用罚款、禁令救济,不能提供损害赔偿。

---

[1] See Arcambel v. Wiseman, 3 U. S. (3 Dall.) 306 (1796).

[2] See Fleischmann Distilling Corp. v. Maier Brewing Co., 386 U. S. 714, 718 (1967).

1. 公民原告的现实困境

在美国,公益组织在促进私人执法方面发挥着重要作用。虽然联邦政府和州政府也参与了一些执法活动,但是私人公民还是会根据这些法律规定提起90%以上的诉讼。[1]公民的环境诉讼在联邦法院而非州法院提起,这通常会导致诉讼当事人花费较高。环境公民诉讼中固有的法律和科学复杂性也是导致此类诉讼成本的另一个因素。案件中的每一方,原告和被告都将处于不利地位,除非他们的法律团队具备经过专门培训或者经验丰富的律师。高昂成本有助于阻止滋扰性公民诉讼的提起,但也会对那些寻求纠正可证明的环境违法行为的私人起诉构成经济障碍。尽管马歇尔大法官支持日益增长的公益运动,但他也指出,只要这个障碍——资金,依然显而易见地存在,那么公益运动领域就面临着不确定的未来。

这个论断是准确的。资金有限的公益组织与缺乏诉诸司法渠道的法律制度结合,使得私人执行法律的前景远远低于预期。这些限制通常是由于公益组织活动的资金来源不足,其大部分预算都是由昂贵的诉讼费用所耗费的。[2]那么,资助公益组织的财务机制就更为重要。虽然公益机构可以通过会费及接受私人赠款、无偿援助等渠道获得了值得称赞的资金支持,但这种资金模式尚不能充分满足公益组织进行高成本诉讼的需求。有学者调查发现,即使是最富有的环保公益组织(每年预算为7500万美元至8000万美元的全国性环保组织)也面临着严重的财政困难,[3]直接限制其提起旷日持久、费用高昂的公民诉讼的能力。对此,有法院指出,"任何公众个人缺乏可衡量的利益,以及在快速发展的领域中

---

〔1〕 See Catherine Albiston, *The Rule of Law and the Litigation Process: The Paradox of Losing by Winning*, 33 Law & Society Review 869 (1999); Paul Burstein & Kathleen Monaghan, *Equal Employment Opportunity and the Mobilization of Law*, 20 Law & Society Review 355 (1986); Daniel J. Meltzer, *State Sovereign Immunity: Five Authors in Search of a Theory*, 75 Notre Dame Law Review 1011 (2000).

〔2〕 See Scott L. Cummings & Deborah L. Rhode, *Public Interest Litigation: Insights from Theory and Practice*, 36 Fordham Urban Law Journal 603 (2009).

〔3〕 See Deborah L. Rhode, *Public Interest Law: The Movement at Midlife*, 60 Stanford Law Review 2042 (2008).

复杂诉讼所固有的困难使公民的经济问题成为一个严重的问题"[1]。法院已经认识到律师费用对于公民诉讼的重要性——如果没有律师费用的保障，这些法规的公民诉讼规定基本上是无效的。

2. 律师费用规则的立法规定

为了防止环境公民诉讼制度落空，律师费用转移规则成了合乎逻辑的选择，这在立法历史中也得到体现。CAA 作为首个将公民诉讼制度纳入其中的联邦环境法律，在提交国会立法讨论过程中经历了多个版本，公民诉讼律师费用转移规则数易其稿才得以确定。[2]众议院提起的法案并未对公民诉讼作出规定，参议院法案最初规定"当法院决定这类诉讼是为了公共利益时"，便可转移原告的律师费用给被告承担。[3]该版本在提交立法审议时，公民诉讼条款受到攻击，律师费用部分也不例外。参议员赫鲁斯卡怀疑对公民广泛授权将导致公民提起大量的公民诉讼案件，"行政机构的裁量权可能因此受到干扰，其时间和资源消耗在应对这些诉讼上，而且也使法院不堪重负"[4]。公民诉讼制度的主要立法支持者——参议员马斯基对此辩称，"对于公民而言，由于不能请求损害赔偿，加之被法院认定为'虚妄的、滋扰性'诉讼而需要负担对方律师费的可能性，就足以阻止任何不必要的公民诉讼"[5]。

这些相互对立的观点促成了最终的律师费用转移规则，作为妥协，立法委员会限缩了律师费用转移规则的适用标准，即由"公共利益"(public interest)标准转向"适当"(appropriate)标准，肯定了被告将律师费用转移给原告的可能性。当公民提起滋扰性诉讼时，公民原告转移其律师费用是不适当的，而被告可能将其律师费用转移给原告，将滋扰性的公民诉讼排除在法院大门之外，在实质上起到防止滥诉的安全阀功能。在 CAA 确定律师费用转移规则之后，几乎所有后续的联邦环境法律均肯定了律师

[1] Natural Resources Defense Council v. EPA, 484 F. 2d 1331, 1334 (1st Cir. 1973).

[2] See A Legislative History of the Clean Air Act Amendment of 1970, at 226.

[3] See S. 4358 § 304(d), Reprinted in 1 LEGIS. HIST. CLEAN AIR ACT.

[4] 116 Cong. Rec. 32, 925 – 26 (1970) (statement of Sen. Hruska).

[5] 116 Cong. Rec. 32, 902 (1970) (statement of Sen. Muskie).

费用转移规则,[1]该规则已成为公民诉讼制度的必备内容之一。然而,联邦环境法规规定的律师费用转移规则的类型并不相同。具体而言,环境公民诉讼律师费用转移规则可以分为以下两种类型。

(1)胜诉或实质上胜诉(Prevailing or Substantially Prevailing)标准

第一类是以 CWA 第 505 条 d 款为代表的"胜诉"(Prevailing)标准,该条款规定:"法院在对依照本条内容的诉讼进行判决的过程中,能将诉讼费用,包括律师费用判给胜诉或实质胜诉的当事人,只要法院认为判决合理即可。"[2]《环境综合性反应、赔偿和责任法》《固体废物处理法》《资源保护和恢复法》等均采用该标准。

(2)"适当"(Appropriate)标准

第二类是以 CAA 第 304 条 d 款为代表的"适当"(Appropriate)标准,该条款规定:"法院在对依据本条 a 款所提起的任何诉讼作出终局判决时,可以将诉讼费用(包括合理的律师费用)判决给任何一方当事人,只要法院认为该判决是合适的即可。"[3]采用此标准的法律主要有《噪声控制法》、ESA 等。很多法院对什么时候申请费用转移的争议源于法规语言的不明确,缺乏准确的标准来确定何时费用转移是"适当"的。"适当"作为法律语言含糊不清,因为它的含义是模糊和主观的。

律师费用转移规则并不是联邦环境法律公民诉讼条款所独有的。事实上,有 150 多部联邦法律规定了律师费用转移,涵盖消费者权益和环境问题等广泛领域,例如《克莱顿法》[4]、1964 年《民权法案》[5]以及 1933 年《证券法案》[6],以鼓励私人诉讼者提起公民诉讼。[7]这些法律的律

---

[1] 除了 CAA,还有其他联邦环境法律包含类似的律师费用转移,如 ESA、《资源保护和恢复法》《安全饮用水法》等。

[2] Clean Water Act sec. 505d (1972).

[3] Clean Air Act sec. 304d (1970).

[4] See 15 U. S. C. § 15.

[5] See 42 U. S. C. § § 2000a - 3(b),2000e - 5(k).

[6] See 15 U. S. C. § 77k(e).

[7] See Ruckelshaus v. Sierra Club,463 U. S. 680,684 (1983);Marek v. Chesny,473 U. S. 1,app. at 43 - 51 (1984) (Brennan, J. , dissenting); Coulter v. Tennessee, 805 F. 2d 146app. at 152 - 55 (6th Cir. 1986).

师费用转移条款不同于环境公民诉讼的情况在于,前者适用的情形是“授予律师费用取决于索赔人在诉讼上的一些成功,而不允许法院在适当的情况下裁决授予律师费用”[1]。环境公民诉讼律师费用转移规则的“适当”“胜诉”标准既有适用重合,又有区别,具体体现在司法实践之中。虽然在胜诉的执法行动中授予律师费用已经司空见惯,但该条款的不精确语言已经产生了大量的上诉。[2]两个基本问题继续引起司法关注:(1)何时转移律师费用“适当”(appropriate)?(2)什么是“合理”(reasonable)的律师费用?

二、律师费用转移负担的司法认定

考察环境公民诉讼制度的立法历史可以发现,国会确立律师费用转移规则具有双重目的——激励有意义的公民诉讼并且抑制滥诉,双重目的的落实离不开法院的具体认定。但是律师费用转移规则的立法表述简明,并未为法院提供具体引导。直接审理案件的法官必须综合考量若干因素,如环境法规的目的、公民诉讼的立法历史、民权案件对律师费用转移规则的解释等,[3]来解决认定公民诉讼律师费用转移负担中面临的问题。

(一)败诉原告能否转移律师费用

依据胜诉或实质胜诉标准,原告必须“胜诉”方可转移律师费用,而在“适当”标准下,“胜诉”是否为原告转移律师费用的必要前提,即败诉原告能否要求转移律师费用?对于此问题,有的法院认为“适当”标准足够宽泛,因此在原告败诉的情况下仍将其律师费用转移给被告负担。例如,

---

[1] Ruckelshaus v. Sierra Club, 103 S. Ct. at 3276 – 77, 13 ELR at 20665.

[2] See Steven M. Dunne, *Attorney's Fees for Citizen Enforcement of Environmental Statutes: The Obstacles for Public Interest Law Firms*, 9 Stanford Environmental Law Journal 1 (1990).

[3] 值得指出的是,与环境公民诉讼相似,民权领域的诉讼往往也具有“公益”性质,为鼓励此类诉讼的提起,国会在民权法律中也设置了“律师费用转移条款”,联邦法院往往会参考甚至直接援引民权案件中有关律师费用转移规则的案例,适用于环境公民诉讼律师费用转移的案件,例如后文讨论的 Buckhannon 案、Christiansburg 案,即为民权领域的案件。

哥伦比亚特区巡回上诉法院在 Sierra Club v. Gorsuch 案〔1〕中指出,原告律师费用转移不在于是否获得诉求上的全部或部分胜利,而在于是否有助于法律目标的实现,只要原告促进了法律目标的实现,败诉原告也可转移律师费用。

然而,联邦最高法院在 Ruckelshaus v. Sierra Club 案〔2〕中开创性地否决了"适当"标准下败诉原告转移律师费用的宽泛解释。在该案中,原告主张尽管其未获得诉求上的任何胜利,但是诉讼行为有助于污染物排放标准的制定,推动了 CAA 目标的实现,据此,原告依据"适当"标准〔3〕要求被告承担律师费用。上诉法院支持原告的主张,联邦最高法院则撤销了上诉法院的决定。联邦最高法院认为,根据 CAA 的立法历史,"如果原告在案情上没有取得某种程度的成功,联邦法院根据 CAA 奖励律师费用是不恰当的。只有在原告至少在某种程度上取得成功的情况下,才有助于实现该法规的目标,费用转移规定才能适用"。法院指出,虽然国会在法规条文中并未对"适当"标准进行界定,但并不意味着国会完全放弃律师费用的传统规则——美国规则以及其他法规中的胜诉或实质胜诉标准。原告败诉时仍适用"适当"标准的过度宽泛解释不仅不符合立法历史,而且强迫被告承担错误起诉原告的律师费用,这对被告来说不公平。因此,在"适当"标准下,败诉原告不能转移律师费用。

尽管联邦最高法院在 Ruckelshaus v. Sierra Club 案中确定了根据"适当"标准转移律师费用时,在案情上的胜诉或部分胜诉是转移律师费用的先决条件,但法院几乎没有清楚地界定"适当"标准的框架,即原告除了在案情上"胜诉"之外,还应具备哪些条件才能确定授予律师费用是"适当"的。〔4〕因此,司法实践中对何时适宜转移律师费用仍有不同的解释。

---

〔1〕 See Sierra Club v. Gorsuch, 672 F. 2d 33 (D. C. Cir. 1982).

〔2〕 See Ruckelshaus v. Sierra Club, 463 U. S. 680 (1983).

〔3〕 See Clean Air Act § 307(f), 42 U. S. C. § 7607(f)(2006). 该条允许法院判定这种裁决是"适当的情况下"授予律师费。

〔4〕 See Walter B. Russell & Ⅲ Paul Thomas Gregory, *Awards of Attorney's Fees in Environmental Litigation: Citizen Suits and the appropriate Standard*, 18 Georgia Law Review 307 (1984).

(二)以营利为动机的原告能否转移律师费用

在以营利为动机的原告能否转移律师费用的问题上,尽管联邦巡回上诉法院均试图还原立法者对于此问题的观点,但尚未取得一致结果,联邦最高法院也尚未打算介入该问题。以第五巡回上诉法院为代表的巡回上诉法院主张国会并未对以营利为动机的原告设定限制。例如在 Florida Power & Light v. Costle 案[1]中,第五巡回上诉法院指出,原告以营利为动机并不妨碍其律师费用的转移。在本案中,原告佛罗里达州电力和照明公司(Florida Power & Light)针对 EPA 试图迫使佛罗里达州将其州实施的两年救济限制纳入联邦政府实施方案的决定提起诉讼,并最终胜诉。原告主张其限制了 EPA 滥用自由裁量权,否则这个决定将会对环境产生危害,因此原告应该转移其律师费用。被告对此表示反对,声称当原告是"主要动机是经济性的,大型的、有偿付能力的公司"时,国会从来没有打算将原告的律师费用转移,而且原告诉讼的胜利是使特定公司获利,任何公共利益保护都是附带的。第五巡回上诉法院对此指出,根据 CAA 的立法历史,律师费用转移规则的目的不仅是劝阻无聊的诉讼,而且是鼓励有益的起诉,以确保 CAA 的适当实施和执行或是促进以其他方式为公众利益服务。在本案中,只要原告的诉讼有助于确保 CAA 的"适当"实施,就应当转移其律师费用,而不去考虑原告是否具有经济性自利动机。

然而,有些巡回上诉法院对此持有不同意见,主张国会从未打算以公民诉讼条款使那些怀有经济利益动机的原告获利。例如,第九巡回上诉法院在 Western States Petroleum Ass'n v. EPA 案[2]中明确表示"拒绝采用第五巡回上诉法院的观点",首次提出经济利益应当是律师费用转移适当性分析的一个因素。在此案中,第九巡回上诉法院援引了马格努森参议员在 CAA 立法会议上的观点,指出律师费用转移条款的目的"不是为个人或团体提供奖励",经济性自利动机应当纳入律师费用转移的考量因素,怀有此动机的原告不能转移其律师费用。

---

〔1〕 See Fla. Power & Light Co. v. Costle (Florida Ⅱ),683 F. 2d 941 (5th Cir. 1982).

〔2〕 See W. States Petroleum Ass'n v. EPA,87 F. 3d 280 (9th Cir. 1996).

随着巡回上诉法院对以营利为动机的原告是否应该转移律师费用观点的分裂，直到 2006 年，第十巡回上诉法院才在 Pound v. Airosol Co. 案[1]中加入讨论，认为原告具有经济性自利动机并不妨碍其转移律师费用，该观点与第五巡回上诉法院的观点一致。地区法院在初审中发现，原告“为了将竞争对手从市场上排除而提起诉讼”，原告起诉的主要目的是经济利益而非环境利益，该法院认为此种情况下原告不能获得律师费用。第十巡回上诉法院在认定原告起诉是否有利于公众和符合 CAA 目的时，承认了第九巡回上诉法院在 Western States Petroleum Ass’n v. EPA 案的观点，认为“当事人提起诉讼仅仅是为了自己的经济利益时，根据 CAA 转移律师费用不合适”。另外，第十巡回上诉法院也认为，本案中被告的行为明显违法，原告起诉推动了 CAA 的执行，成功减少了空气污染，在案情上取得了一定程度的成功。在确定原告达到律师费用转移的最低要求后，法院直接引用第五巡回上诉法院在 Florida Power & Light v. Costle 案中的观点，声称“仅仅因为当事人是有支付能力，并且对诉讼的结果有经济利益”并不能剥夺原告转移律师费用的资格。

原告是否拥有支付律师费用的财务能力问题似乎不是案件争议的焦点。虽然经济上有偿付能力的当事人可能有足够的资金来支付自己的律师费，但是原告的经济性自利问题可能导致法院及被告的不安。第十巡回上诉法院虽然不同意第九巡回上诉法院对具有经济利益的原告获得律师费用的广泛限制，但同意这样的看法，即一方当事人仅仅为了自己的经济利益而提起诉讼时，获得律师费用奖励可能是不合适的。任何额外的激励，无论多么小，都可能有助于进一步促进法规目标的实现，尤其是对一个缺乏资源来承受长期诉讼的环保组织原告来说，这一点就更加重要了。对此，有学者指出，尽管原告在提起公民诉讼时可能怀有获得经济利益的动机，但该动机并不能否定环境保护的公共利益——减少污染和确保法律正当解释和实施，如果自动拒绝具有经济利益动机的原告转移律

[1] See Pound v. Airosol, Co. (Pound Ⅱ), 498 F. 3d 1089 (10th Cir. 2007).

师费用,那么也会忽视被告违法者身份以及原告起诉带来的公共利益。[1]而且,原告在诉讼中怀有获得经济利益的动机可以帮助其更好地满足诉讼资格。正如联邦最高法院所指出的那样,为了满足公民诉讼的起诉资格,原告的利益需受到"具体的、特殊的,实际的或迫在眉睫的侵犯"。[2]具有经济利益动机的原告将比经济地位中立的第三方更容易满足诉讼资格。总之,不限制经济自利性原告的律师费用转移,公民诉讼制度可以更广泛地适用,推动环境法规目标的实现。

(三)催化剂理论的适用

催化剂理论(catalyst theory),是指如果原告的起诉促使被告自愿纠正违法行为,即诉讼起到催化作用,原告就可以主张被告负担其律师费用,该理论在律师费用转移规则适用上发挥着重要作用。催化剂理论的首次应用是在 Parham v. Southwestern Bell Telephone Co. 案上[3]。在此案中,原告根据 1964 年《民权法案》第 7 条[4]提起诉讼,声称被告雇主从事了种族歧视性雇佣。第八巡回上诉法院拒绝了原告寻求的禁令救济,因为被告在原告起诉之后已经停止了歧视性雇佣行为。尽管如此,法院主张,由于原告的起诉促使被告采取行动以实施公平就业政策,使其遵守《民权法案》第 7 条的要求,认为原告提供了宝贵的公共服务,据此认定原告满足转移律师费用的标准。自第八巡回上诉法院在本案中最初适用催化剂理论以来,除了第四巡回上诉法院对该理论持否定意见外,其他巡回上诉法院均对该理论予以采纳。[5]

鉴于巡回上诉法院对催化剂理论能否适用于胜诉标准持有不同意见,联邦最高法院于 2001 年对 Buckhannon Bd. & Care Home, Inc. v. W.

---

[1] See Mark Tannahill, *Fee – Shifting Provisions and The Clean Air Act: Should Financially – Motivated Plaintiffs Be Barred from Recovering Fees?*, 49 Santa Clara Law Review 863 (2009).

[2] See Lujan v. Defenders of Wildlife, 504 U. S. 555 (1992).

[3] See Parham v. Southwestern Bell Tel. Co., 433 F. 2d 421 (8th Cir. 1970).

[4] See Civil Rights Act of 1964, 42 U. S. C. § 2000e – 2(a) (1994).

[5] See Morris v. W. Palm Beach, 194 F. 3d 1203 (11th Cir. 1999); Biodiversity Legal Found. v. Babbitt, 119 F. Supp. 2d 1129 (D. Colo. 1999).

Va. Dep't of Health & Human Res. 案[1]复审以平息争议。本案在地区法院审理中,被告自动改正了其违法行为,从而有效地满足了原告的救济请求。原告认为,依据催化剂理论,其有权取得律师费用,因为其诉讼行为使被告自愿纠正了违法行为。地区法院和第四巡回上诉法院均不支持原告的这项主张,认为获得司法外胜利的原告不属于律师费用转移规则要求的胜诉当事人,不应当获得律师费用。

联邦最高法院最终以微弱多数表决此案不适用催化剂理论。首席大法官伦奎斯特指出,尽管催化剂理论较为含糊,但是律师费用转移规则的适用前提是"胜诉方"这个要求是明确的、不能逾越的。[2]依据《布莱克法律词典》,"胜诉方"是指"获得有利判决的人"([a] party in whose favor a judgment is rendered)。被告自愿纠正其违法行为,虽然也达到了原告要求的诉讼效果,但该行为缺乏必要的司法认可(judicial imprimatur)。只有原告与被告之间的法律关系是由法院命令产生的变更,原告要么获得合议判决(consent decree),要么有实质性判决(judgment on the merits),方能符合律师费用转移的"胜诉方"资格。被告主动纠正违法活动的行为即便产生了原告想通过诉讼所要追求的效果,但是该行为没有经过必要的司法认可,此时原告不符合胜诉方的资格,当然也不能依据催化剂理论获得律师费用。

有学者指出,Buckhannon Bd. & Care Home, Inc. v. W. Va. Dep't of Health & Human Res. 案将"胜诉方"范围狭隘地定义为仅为获得司法认可的当事人,排除了催化剂理论适用于律师费用转移的胜诉或实质胜诉标准,在一定程度上削减了原告转移律师费用的可能性。具体来说,在采用胜诉或实质胜诉标准确定律师费用的案件中,被告会采取战略性投降(strategic capitulation)的诉讼策略,即被告在面临可能的不利判决时,便

---

[1] See Buckhannon Bd. & Care Home, Inc. v. W. Va. Dep't of Health & Human Res., 532 U. S. 598 (2001).

[2] See Buckhannon Bd. & Care Home, Inc. v. W. Va. Dep't of Health & Human Res., 532 U. S. 598 (2001).

在法院正式判决前自愿纠正不法行为,从而避免负担原告的律师费用。[1]因此,被告可能会故意拖延诉讼,以消耗公民诉讼原告的资源,然后在适当的时候遵守法律、纠正违法行为。[2]只要被告纠正违法活动的行为发生在法院判决前,就可以免除承担原告的律师费用,这不可避免地削减公民提起诉讼的热情。

(四)被告律师费用转移的认定

诚然,国会通过多种措施为公民诉讼清除经济障碍,但也认识到不受限制的公民诉讼可能偏离立法初衷。对此,国会对公民诉讼的全过程进行了多方面限制,律师费用转移规则便是其中之一。在规定公民诉讼的同时,为了减少公民无理诉讼对法院、被告的滋扰,环境公民诉讼律师费用转移条款并未将律师费用的转移方局限于原告,而是使用"任何一方"(any party)的措辞,不区分原告和被告。[3]尽管司法实践中主要由被告承担原告的律师费用,但无论从法条表述还是司法实践来看,均未排除被告转移其律师费用的可能性(也意味着原告负担被告的律师费用)。那么,被告律师费用转移是否和原告一样,适用"胜诉"标准或是"适当"标准?如果被告在胜诉时可以自动转移其律师费用,那么在 Ruckelshaus v. Sierra Club 案中,作为败诉方的塞拉俱乐部是否应当承担胜诉方 Ruckelshaus 的律师费用?直观答案是否定的。尽管被告没有做错,但作为原告的塞拉俱乐部也没有做错。相反,正如前所述,公民接受国会邀请,以"维护环境利益的受欢迎参与者"身份参与环境监管,如果对败诉方塞拉俱乐部善意的、合法的诉讼行为进行惩罚,即由塞拉俱乐部承担被告律师费用,可能会对潜在的公民诉讼产生寒蝉效应(chilling effect),这违背了

---

〔1〕 See Catherine R. Albiston & Laura Beth Nielsen, *The Procedural Attack on Civil Rights: The Empirical Reality of Buckhannon for the Private Attorney General*, 54 UCLA Law Review 1091 (2007).

〔2〕 See William Funk, *Court Rejects "Catalyst Theory" for Qualifying for Attorneys Fees*, 26 – SUM Administrative & Register Law News 12 (2001).

〔3〕 例如,CAA 规定:"法院在对依据本条(a)所提起的任何诉讼作出终局判决时,可以将诉讼费用(包括合理的律师费)判决给任何一方当事人,只要法院认为该判决是合适的即可。"Clean Air Act sec. 304d (1970).

公民诉讼的基本目的,使国会政策得不到执行。[1]而且,在此情况下,"法院的基本参照点是'美国规则',依据该规则即使胜诉的当事人通常也不能从败诉方取得律师费用"[2]。因此,即使在被告胜诉的情况下,也不应当自动判定由善意、无辜的原告承担被告的律师费用。

虽然国会并未在律师费用转移条款中对原告和被告进行区分,但法院在丰富的司法实践中确定了被告律师费用转移的适用标准。在司法实践中,被告律师费用转移的案例目前只有一件,而且法院在该案中没有指出其适用的具体标准。[3]不过,联邦最高法院在 Christiansburg Garment Co. v. Equal Employment Opportunity Commission 案[4]中确立了被告律师费用转移的标准。尽管此案是就业歧视领域的案件,但法院在相关法规和其他包含公民诉讼条款的法规(包括主要环境法规)之间进行了相似的说明。因此,法院采用这一标准来分析在涉及环境法规的案件中是否有理由支付律师费。斯图尔特大法官在该案中指出,只有在原告起诉是"无聊的(frivolous)、不合理的(unreasonable)或缺乏根据的(without foundation)",胜诉的被告可以转移其律师费用。法院指出,根据普通法规则,如果原告出于恶意(bad faith),则其需承担被告的律师费,如果恶意证明是唯一要求,则不需要新的法定条款。因此,联邦最高法院裁定,地区法院可以在发现原告的诉讼"无聊的、不合理的或缺乏根据的"情况下,即使其没有主观恶意,也需要承担被告的律师费用。联邦最高法院也承认,此类案件问题的法规语言是灵活的,"将法定政策的实施委托给地区法院的自由裁量权"。

最终,联邦最高法院通过 Christiansburg Garment Co. v. Equal Employment Opportunity Commission 案确立了律师费用转移的双重标准:尽管胜诉原告通常在所有情况下均能转移律师费用,但除特殊情况外,胜诉被告只有在原告起诉是无聊的、不合理的或缺乏根据的时才能转移其律师费

---

[1] See Christiansburg Garment Co. v. EEOC, 434 U. S. 412, 422 (1978).

[2] See Ruckelshaus v. Sierra Club, 463 U. S. 680, 683 (1983).

[3] See Sierra Club v. Shell Oil, 817 F. 2d 1169 (5th Cir. 1987).

[4] See Christiansburg Garment Co. v. Equal Employment Opportunity Commission, 434 U. S. 412 (1978).

用。可见，胜诉被告转移律师费用的标准明显高于原告，相比之下，法院适用的原告转移律师费用的标准较低，即胜诉原告通常在所有情况下，甚至败诉原告在适当情况下可以转移其律师费用。

如果公民原告是为了公共利益而提起诉讼，被告不能因为胜诉就要求由原告承担其律师费用。在这种情况下，原告仅仅因为败诉而负担被告律师费用，这会阻碍潜在的公民诉讼的提起，违背了公民诉讼的基本目的。尽管国会设计了费用转移条款以鼓励原告提起合法的公民诉讼，但如果用于迫使败诉的公民原告支付胜诉被告所发生的费用，这些规定可能会阻止公民诉讼。正如一个法院指出的那样，如果被告可以轻易收回费用，国会"鼓励公民诉讼的设计将会受到很大的挫败"。然而，如果法院认定原告的起诉是无聊的、骚扰的或不合理的，即使原告没有恶意，也应该承担被告的律师费用。被告转移律师费用的标准明显高于原告，究其原因，主要是因为原告和被告转移律师费用的目的不同：原告律师费用转移是为了鼓励公民提起诉讼，公民原告作为为环境利益辩护的受欢迎参与者，不应被视为麻烦制造者，同时原告律师费用转移也是对被告违法行为的惩罚；被告律师费用转移是为了防止公民提起无聊的或滋扰性诉讼，因为"案件一旦败诉，原告将负担被告的律师费用，由此激励原告提起有正当理由的(meritorious)案件"，[1]被告不应负担防范原告的非法诉讼。

(五)介入者(Intervenors)的律师费用

公民诉讼可以介入到行政机构在法院提起的执法诉讼。环境公民诉讼条款规定任何人对政府或州已经开始执法或正在勤勉执法的活动享有介入权(intervene as a matter of right)，该条款是为了保证被行政机构执法所阻止的环保组织可以介入到政府的执法行为中。在介入诉讼下，就产生一个问题，即介入者能否获得律师费用。由于公民诉讼部分允许将律师费用奖励给"任何一方"(any party)，这就表明律师费用可以奖励给胜诉或部分胜诉的介入者。

然而，裁定介入者律师费用似乎是不可能的。如果介入者支持原告，

---

〔1〕 See Christiansburg Garment Co. v. Equal Employment Opportunity Commission, 434 U.S. 412 (1978).

那么在裁定律师费用奖励之前,原告必须胜诉或部分胜诉。如果作为原告的行政机构的执法诉讼是充分的,而介入者提供的支持仅限于“我也是”的附和,那么拒绝向支持行政机构的介入者奖励律师费用是合理的,因为此时优势方已经做了大部分工作。在这种情况下,介入者必须明确地证明他们的介入为优势方提供了独一无二的贡献。[1]但是在案件尚未提交给法院审判时,几乎不可能决定哪方当事人的努力导致了诉讼的解决。只有在法院认定介入者积极参与的情况下,授予介入者律师费用才是合理的。[2]

三、律师费用的计算

在使用律师费用转移规则减少案件数量后,案件的质量可能会有所提高,同时法院仍有广泛的酌情决定权。假设一方当事人有权获得律师费用,就会出现法院认定合理(reasonable)费用的问题,大部分律师费用法规都提到合理的律师费用,[3]但并未定义合理,立法历史也没有阐明国会在规定合理的费用方面的意图。这种不确定性可以阻止那些不准备支付律师费用的环保组织提起公民诉讼。

早在1974年,联邦第五巡回上诉法院在Johnson v. Georgia案[4]中首次尝试确定一个判断标准,该标准囊括12个因素,包括:所需时间和劳动力;问题的新颖性和难度;适当履行法律服务所需的技能;丧失的其他工作机会;惯常费用,不管费用是固定的还是偶然的;客户所施加的时间限制;涉及的金额;取得的结果;律师的经验、声誉和能力;案件的困难程度;客户的专业关系的性质和长度;类似案件的奖励。虽然这一标准曾被其他联邦法院甚至立法者广泛援引,但是这一标准的诸多要素较为复杂且模糊,使法官具有几乎不受限制的自由裁量权,依据此标准得出的结果仍导致较大的差异。与此相对应,在Lindy Bros. Builders, Inc. v. Am. Ra-

---

〔1〕 See Alabama Power Co. v. Gorsuch, 627 F. 2d at 4, 12 ELR at 20219.

〔2〕 See Comm'rs Court of Medina County v. U. S., 683 F. 2d 435.

〔3〕 See Perreira v. Sec'y of Dep't of Health and Human Servs., 27 Fed. Cl. 29, 34 (1992).

〔4〕 See Johnson v. Geor. Highway Express, Inc., 488 F. 2d 714, 717 – 20 (5th Cir. 1974).

diator & Standard Sanitary Corp. 案[1]中，联邦第三巡回上诉法院提供了更为简便计算律师费用的指导方法(lodestar approach)。该指导方法共分为两步，首先用适当的每小时收费标准乘以各位律师在案件中所花费的时间，得出律师费用的初步指导金额。然后以该数额为起点，法院再依据其他因素对该金额做出进一步的调整——上调或下降，排除因过度不合理花费的时间。但第三巡回上诉法院的这个计算方法也过于复杂，产生更多的问题。

下级法院的诸多尝试使得联邦最高法院于1986年在Pennsylvania v. Del. Valley Citizens' Council for Clean Air案介入该问题。联邦最高法院在该案件中摒弃了复杂的乘数计算方法，确立了简单的合理时间乘合理费率(reasonable hours times a reasonable rate)算法，该方法“只有在某些‘罕见’和‘特殊’情况下才能修改，并由下级法院的‘具体证据’和详细的调查结果支持”。[2]如果需要对律师费用上调，胜诉方必须证明除非对表现突出的律师提供高额律师费用否则不能聘请到律师，而且还需要有具体证据证明该律师取得的结果尤为杰出，使指导金额远少于法院在同类案件中所决定的律师费用。

此外，如果一方当事人只取得部分胜诉，法院必须衡量与案件胜诉结果相符合的律师费用。如果原告的诉讼结果较为优异，则可以获得全额律师费用；如果原告只取得了部分或有限的胜诉，即法院只同意他的部分诉求，那么，法院应当相应的减少律师费用。原告是否受到法律援助不影响对律师费用的计算。联邦最高法院在Blum v. Stenson案[3]中指出，即使在原告方有法律援助的公益律师或者收费远低于市场利率的(market rate)代理律师的情况下，被告仍需要依据市场价格标准承担原告的合理律师费用。第三巡回上诉法院在Student Public Interest Research Group of

[1] See Lindy Bros. Builders, Inc. v. Am. Radiator & Standard Sanitary Corp., 487 F. 2d 161, 167 (3d Cir. 1973).

[2] See Pennsylvania v. Del. Valley Citizens' Council for Clean Air, 478 U. S. 546, 564 (1986).

[3] See Blum v. Stenson, 465 U. S. 886 (1984).

New Jersey, Inc. v. AT & T Bell Laboratories 案[1]中遵从了联邦最高法院的观点。第三巡回上诉法院认为,CWA 要求按照市场价格标准计算律师费用,即使该律师收取原告的律师费用标准远远低于市场价格。因此,被告承担原告的律师费用是以每小时 85 美元至 185 美元的价格计算,而不是按照原告实际支付给律师的每小时 60 美元至 80 美元的价格计算。

虽然法院通常根据市场费率来计算律师费用酬金,但公民诉讼的律师获得的酬金也可能会低于按小时工作的同事。这是因为,公民诉讼律师通常只有在胜诉后才能获得报酬。美国最高法院的裁决主要是为了简化有关律师费用裁决的诉讼程序,它规定此类裁决不得增加律师费用。因此,经常提起公民诉讼的律师应该预计他们的平均收入将远低于市场利率,因为他们不可避免地会输掉一些案件。法院关于律师费用的裁决可以被解读为在以下两个相互冲突的目标之间达成平衡:(1)使原告能够为合法诉讼找到称职的律师;(2)避免为仅由收费奖励前景驱动的诉讼制定激励措施。总的来说,由此产生的法院判例往往使公民诉讼变得可行,而不是有利可图。[2]法院应该记住,环境组织有许多理由不提起无聊的诉讼。环境组织已经有财务激励措施来避免无聊的诉讼。首先,这些组织担心他们的声誉。一连串不成功的诉讼会损害他们的声誉,并使支持者质疑其资金使用的适当性。其次,这些组织在很大程度上依赖于通过提起成功诉讼来获得律师费。即使不担心必须支付被告的律师费,诉讼的高昂成本也使得环保组织不太可能提起无聊的诉讼。基于这些原因,在确定律师费用的裁定时,法院应考虑环境法规的总体目标。

回顾历史,人们毫不怀疑在颁布公民诉讼条款时国会希望鼓励公民积极打击污染。取消此类诉讼会使国会的意图受挫。可以肯定的是,虽然国会想要为此类诉讼的提起清除障碍,但"也希望保护被告免

[1] See Student Public Interest Research Group of New Jersey, Inc. v. AT & T Bell Laboratories, 842 F. 2d 1436, 1450 (3d Cir. 1988).

[2] See Adam Babich, *Citizen Suits: The Teeth in Public Participation*, 25 Environmental Law Reporter 10141 (1995).

受没有法律或事实依据的繁重诉讼的干扰"[1]。律师费奖励用于防止大量骚扰和毫无根据诉讼的目的不应该抛弃。公民诉讼具有纠正力，能够对污染者采取执法行动。对于资源有限的组织来说，为公共利益采取行动是一种强有力的激励，有可能成为一种强有力的抑制因素。法院应保持国会制定的监管结构的完整性，并在公平关注的基础上制定可靠和一致的律师费用标准，同时仍保持防范无聊诉讼的保障措施。

本章小结

为了实现环境法律的目标，在环境公民诉讼中，立法者主要提供了罚款以及禁令这两种救济措施，没有损害赔偿。在公民诉讼中，禁令是法院签发的要求当事人为或不为某种行为的命令，所有的环境法律都提供了某种形式的禁令救济，在某些公民诉讼案件中，禁令甚至是唯一可资使用的救济方式。不同于其他环境法规的公民诉讼条款，某些环境法律，例如CWA、CAA在禁令救济之外，又提供罚款救济，能够增加环境公民诉讼的威慑力，具有积极意义。罚款的适用范围限制在公民诉讼条款明确规定可处于罚款的特定违法者（例如，违反联邦环境法律规定的排污标准、排污许可证要求的违法者）。法律规定罚款应当缴纳给美国财政部，原告不能获得。这一限制本是为了使公民诉讼符合公益性，但也给和解提供了可能性。实践中，公民发出的多数起诉意向通知最终未能进入法院诉讼程序，而是导致谈判，而且较快地达成和解。[2]和解能够突破环境公民诉讼救济方式上的限制，在环境公民诉讼的司法实践中得到广泛适用。环境公民诉讼和解中包含着有益结果，但是环境公民诉讼和解也引发了一场关于私人执法动机的激烈辩论。法院在选择救济措施时保留了广泛的裁量权，以实现最佳的执法目标。

---

[1] Christiansburg Garment Co. v. Equal Employment Opportunity Comm'n, 434 U. S. 412, 420 (1978).

[2] See Michael S. Greve, *The Private Enforcement of Environmental Law*, 65 Tulane Law Review 339 (1990).

此外，为了防止环境公民诉讼制度落空，国会意识到律师费用转移对于公民诉讼的重要性，以此来激励有意义的公民诉讼并且抑制滥诉。国会为公民诉讼的提起清除经济障碍，“也希望保护被告免受没有法律或事实依据的繁重诉讼的干扰”[1]。因而，并未排除被告获得律师费用的可能性，防止原告提出无意义的、不合理的或缺乏根据的诉讼。

---

[1] Christiansburg Garment Co. v. Equal Employment Opportunity Comm'n, 434 U. S. 412, 420 (1978).

第六章 环境公民诉讼制度的展望

20 世纪 70 年代,环境保护已成为普遍共识,大多数公众表明了其赞成环境保护的倾向,而一般只有少数人表示反对环境保护。〔1〕为了回应公众对生态环境问题的持续高度关注,国会将综合性的环境法律列为优先立法事项,20 世纪七八十年代中的十年由此被称为“环境十年”。在特定的历史背景下,立法者创新性地在联邦环境法律中确立公民诉讼制度,是“有意扩大公民进入法院途径的选择,将其作为环境法律执行的补充和有力保障”。〔2〕然而,环境公民诉讼制度并非完美无缺,可能会偏离立法者的最初设想,美国理论界和实务界对该制度价值存有疑问。对此,我们应当对环境公民诉讼制度进行辩证性思考,并在整个环境公共利益保护的背景下予以审视。

第一节 环境公民诉讼的司法实践

公民诉讼制度作为“典型的美国法律程序的创新”,〔3〕给联邦司法

---

〔1〕 See Riley E. Dunlap, *Public Opinion and Environmental Policy*, *in James P. Lester*, *ed.*, *Environmental Politics and Policy*, Duke University Press, 1989, p. 87.

〔2〕 See Natural Resources Defense Council, Inc. v. Train, 510 F. 2d 692, 700 (D. C. Cir. 1974).

〔3〕 See Zygmunt J. B. Plater, *The Three Economies: An Essay in Honor of Joseph Sax*, 25 Ecology Law Quarterly 411 (1998).

留下了难以磨灭的印记。对于一些环保组织来说,“诉讼是推动环保运动所做的最重要的事情”。环境公民诉讼的司法实践反映了行政、立法与司法三种权力之间错综复杂的关系,也体现了公民在推动环境法规中的作用。

一、环境公民诉讼的司法实践概览

国会将执行环境法律的责任直接扩展至公民,为公民/公民组织督促行政机构勤勉地履行保护环境的公共职能和监督污染者遵守环境保护法律提供了一个新的法律手段和途径。公民诉讼制度使公民在行政机构未能履行职责时作为私人检察长执行环境法律,促使行政机构克服政治障碍,通过促进公众参与等方式督促行政机构履行职责。[1]

(一)环境公民诉讼司法实践的总体图景

作为环境公益诉讼制度的典型,公民诉讼推动了环境法律的良好实施,督促了行政机构和排污者遵守环境法律,减少了无数的污染源,保护了数千亩生态土地和数百种稀有物种。[2]实际上,坐落在排污设施周边的社区能够分析提起诉讼的成本和收益,这比 EPA 的官员坐在远离受污染影响地区的办公桌后面决定是否执法要好得多。社区能够更好地评估哪些行动最能促进其福利,并且在可能的情况下采取行动。但由于不同时期环保运动、政治因素等多种因素的影响,环境公民诉讼的司法实践并不完全相同,需要对总体图景进行动态考察。

1. 环境公民诉讼的首个十年

在 20 世纪 70 年代初期,受到自身财政状况限制,环保组织希望以最少开支获得最优效果,因此聚焦于反污染环境立法上。为了回应公众对生态环境问题的持续高度关注,国会在 20 世纪 70 年代着手处理经济快速发展所导致的人类健康和生态环境问题,将综合性的环境法律列为立

---

〔1〕 See Robert L. Glicksman & Stephen B. Chapman, *Regulatory Reform and (Breach of) the Contract with America: Improving Environmental Policy or Destroying Environmental Protection?*, 5 Kansas Journal of Law & Public Policy 9 (1996).

〔2〕 See Adam Babich, *Citizen Suits: The Teeth in Public Participation*, 25 Environmental Law Reporter 10141 (1995).

法的优先事项，继CAA之后，陆续制定了CWA、《安全饮用水法》和《有毒物质控制法》等一系列环境法规，进入反污染环境立法的全盛期。因为国会已经制定了解决污染问题的法律，所以为了达到立法目标这些法律必须得到实施和执行。为了使法律得到遵守，阻止非法活动和污染造成的环境退化，立法者确立了行政机构与公民并行的执法机制。

尽管国会早在1970年就在CAA中规定了公民诉讼条款，并在随后一系列的联邦环境法律中均规定了公民诉讼条款，但在环境公民诉讼立法后的第一个十年期间，公民很少提起此类案件。[1]统计数据显示，从1978年至1982年，每年根据CWA的公民诉讼条款提起的案件不足10件。而且，在此期间发起的大多数公民诉讼都是针对EPA等行政机构因未履行非自由裁量职责而提起的，以期督促行政机构履行职责。

2. 1982年之后的环境公民诉讼实践

在20世纪七八十年代的"环境十年"期间，EPA的预算稳步增长，并在1981年度达到13.5亿美元。但是这一增长趋势并未延续，里根总统执政初期便开始大幅削减EPA预算。1981年至1984年的三年时间里EPA预算就下降了30%。[2]在1994年至2010年，EPA的执法预算从6.3亿美元下降至实际上不足5.6亿美元，EPA的执法和守法协助办公室的员工从大约4200名全职员工减少至3400人。[3]这些数据表明EPA的预算遭到大幅削减，加之该机构执法政策和战略的变化，限制了EPA的执法功效。例如，1982年EPA的执法律师从200人下降至30人。[4]从1981年到1983年，EPA发起的执法行动数量也明显下降，EPA执法活动

---

〔1〕 See Barry Boyer & Errol Meidinger, *Privatizing Regulatory Enforcement: A Preliminary Assessment of Citizen Suits Under Federal Environmental*, 34 Buffalo Law Review 833 (1985).

〔2〕 See U. S. GEN. ACCT. OFFICE, Report to the Administrator, Environmental Protection Agency 19 (1983), at 3.

〔3〕 See Wayne B. Gray & Jay P. Shimshack, *The Effectiveness of Environmental Monitoring and Enforcement: A Review of the Empirical Evidence*, 5 Review of Environmental Economics & Policy 3 (2011).

〔4〕 See David A. Feller, *Private Enforcement of Federal Anti – Pollution Laws Through Citizen Suits: A Model*, 60 Denver Law Journal 553 (1983).

大幅减少。[1]削减预算同样减缓了各级行政机构的执法力度。EPA的执法统计数据也证实,几乎每个项目的行政和民事司法执法行动都有所下降。虽然EPA和DOJ都曾承诺增加执法力度,但可能需要一些时间才能扭转现在的趋势。

行政机构执法活动的减少引起了环保组织的注意,并导致环保运动的第二次重大变革。环保组织认为,只有充分执行他们在20世纪70年代为之奋斗的环境法律,才能在未来实现更清洁的环境。因此,环保组织将注意力从试图影响环境立法转移到根据这些法律采取执法行动。为了应对行政机构执法的弱化,私人公民(也包括公民组织)发起全国性的环境诉讼行动,在1982年以后公民诉讼案件开始增长。表2显示了公民诉讼浪潮即1982年前后的公民诉讼数据(见表2)。

表2　1982年前后的公民诉讼数据　　单位:件

年份	CWA		CAA	
	诉前通知	起诉	诉前通知	起诉
1978	0	1	0	4
1979	1	8	4	11
1980	2	4	13	7
1981	0	6	4	5
1982	3	16	1	4
1983	46	62	3	0
1984(前四个月)	61	26	1	0

从公民发出的起诉意向通知书的数量来观察,在1981年仅有6件,1984年上升至178件,到了20世纪90年代早期每年已高达200~300件。[2] 有学者对1995年至2003年的公民诉讼统计发现,8年间公民发

〔1〕 See Elizabeth R. Thagard, *The Rule That Clean Water Act Civil Penalties Must Go to the Treasury and How to Avoid It*, 16 Harvard Environmental Law Review 507 (1992).

〔2〕 See Cassandra Stubbs, *Is the Environmental Citizen Suit Dead? An Examination of the Erosion of Standards of Justiciability for Environmental Citizen Suits*, 26 New York University Review of Law and Social Change 77 (2001).

出超过4500件起诉意向通知书(每个工作日大概2件),共有426件进入公民诉讼法院审理程序,这远远超过EPA的执法行动。[1]从1981年至1983年的环境执法罚款案件统计数量来观察,在1987年、1988年、1991年,公民诉讼的诉前通知案件量超过EPA进行行政罚款的案件量;在1983年至1993年,公民诉讼的诉前通知案件量也远远超过EPA将违法案件移交DOJ的案件量。(见表3)可见,自1982年以来,公民执法远远超过了联邦政府的执法努力,并且在一些年份里甚至与州政府整体执法相持平。[2](见表3)

表3　罚款案件统计(CIVIL PENALTY CASES)

年度	EPA移交DOJ (EPA Referrals to DOJ)	DOJ提起诉讼 [DOJ Filings (court)]	EPA行政罚款 (EPA Admin. Penalty)	州司法移交 (State Judicial Referrals)	公民诉讼通知 (Citizen 60 - Day Notices)
1993	57	39		383	300
1992	77	56	228	204	189
1991	91	83	147	297	177
1990	87	72		429	200
1989	94	87		489	200
1988	123		164	687	200
1987	92		40	286	200
1986	119			221	205
1985	93			137	135
1984	95				178
1983	56				110
1982	45				17
1981	37				6

---

[1] See James R. May, *Now More Than Ever: Trends in Environmental Citizen Suits at 30*, 10 Widener Law Review 1 (2003).

[2] See David R. Hodas, *Enforcement of Environmental Law in a Triangular Federal System: Can Three Not Be a Crowd When Enforcement Authority Is Shared by the United States, The States, and Their Citizens?*, 54 Maryland Law Review 1552 (1995).

环境公民诉讼在今天仍然是判例法的重要组成部分,无论在案件情节上还是案件数量上。例如,在联邦法院2016年公布的79份CWA案件判决中,有50份是以环保团体或个人作为原告,19份是以公司或工业贸易组织作为原告,而仅有10份是以美国政府为原告,而且在这79起案件中,有41起是以美国政府为被告(主要是EPA和美国陆军工兵部队)。[1] 2017年也体现了类似趋势。截至2017年3月,有30项联邦法院的判决报告涉及CWA,其中只有2项是以美国政府为原告,而有很大比例是公民诉讼案件,而且有12起是以EPA或其他行政机构为被告。[2]

3. 特朗普政府时期的环境公民诉讼

在特朗普政府时期,环境公民诉讼的数量和范围有望显著增加。[3] 2017年2月,特朗普总统签署行政命令指示EPA审查《美国水域》(Waters of the United States)条例中与经济增长议程相冲突的规则。而且,EPA在2014~2018财政年度战略计划草案中,考虑将联邦执法力度削减多达70%,为公民诉讼的进一步扩展奠定了基础。[4]特朗普总统提名的EPA局长Scott Pruitt决定削减30%的资金、减少工作人员、对各州给予更多的尊重、废除某些环境法规等。如果EPA撤销强制执行并给予各州更大的自治权,一些州可能会加强执法,但另一些州可能会不执法。由于大部分州的环境执法预算都来自EPA(在爱达荷州超过50%的预算来自EPA),特朗普政府提议削减向各州提供的资金。如果出现这种情况,预计州执法行动的资源会减少。而且,正如2015年EPA的报告所显示的,大多数州已经采取了很少的执法行动。

一方面,在联邦行政机构面临着有限资源之际,非政府组织已经收到而且很可能继续获得大量资金,这些资金将用于资助其诉讼工作。据报

---

〔1〕 See Mark A. Ryan, *Clean Water Act Citizen Suits: What the Number Tell Us*, 32 Natural Resources & Environment 20 (2017).

〔2〕 数据来源:U. S. EPA, Annual Noncompliance Rept. 2015, at 11 (2016)。

〔3〕 See Sara Mogharabi et al., *Environmental Citizen Suits in the Trump Era*, 32 Natural Resources & Environment 3 (2017).

〔4〕 See Draft FY 2014 – 2018 EPA Strategic Plan; Availability, 78 Federal Register 69,412 – 69,413 (Nov. 19, 2013), https:// www. federalregister. gov/articles/2013/11/19/20T3 – 27676/draft – fy2014 – 2018 – epa – strategic – planavailability.

道,自2016年总统大选以来,许多非政府组织的筹款有所增加,其中一些资金将用于扩展公民诉讼。[1]此外,过去10年,向政府部门和公众提供环境数据的电子报告数量大幅增加,这类数据正成为公民诉讼中的重要部分。[2]由于环境数据向公众开放,公民团体可以快速廉价地调查任何特定设施的违法情况,并据此提起公民诉讼。因此,几乎可以肯定的是,旨在迫使行政机构履行非自由裁量职责的公民诉讼数量将会增加。而且,执法优先事项转移以及执法预算紧缩也会降低联邦和州行政机构执行环境法律的能力,那么非政府组织很可能会发起越来越多的公民诉讼行动。这些举措将降低行政机构执行环境法律的能力,而公民将填补这一执法空白,提起更多的公民诉讼。

另一方面,特朗普总统对联邦最高法院法官的任命可能会使公民诉讼资格更难以满足。随着安东尼·肯尼迪大法官的退休,特朗普提名了布雷特·迈克尔·卡瓦诺作为大法官人选。卡瓦诺大法官的意识形态和法律见解较为保守。法院对于公民诉讼案件中的诉讼资格一直存在争议,但联邦最高法院在地球之友案[3]中的判决,使得原告很容易满足诉讼资格要求。随着特朗普总统任命卡瓦诺大法官,可以预见,联邦最高法院可能会对公民诉讼资格的三要件以及具体判断标准认定更为严格,公民原告必须根据宪法确定自己的诉讼资格。特朗普政府已经宣布打算采取强硬措施来解决环境公民诉讼,这样一来,联邦政府可能会发现自己在处理公民诉讼方面花费了更多的资源,而这些诉讼在前几届政府中可能会得到更快的解决。因此,这种针对政府机构的诉讼——传统上是试图迫使政府机构在法院命令的时间表下进行监管或采取其他行动——可能

---

〔1〕 See Brian Eckhouse, Money Pours into Sierra Club at Frantic Pace after Trump Victory, Bloomberg Markets (Nov. 16, 2016), available at www. bloomberg. com/news/articles/2016 – 11 – 16/environmental – donors – pledge – cash – at – frantic – pace – after – trump – win.

〔2〕 See Sara Mogharabi et al., *Environmental Citizen Suits in the Trump Era*, 32 Natural Resources & Environment 3 (2017).

〔3〕 See Friends of the Earth v. Laidlaw Environmental Services, 528 U. S. 167 (2000).

面临不确定的未来。[1]

(二)环境公民诉讼司法实践的特征

随着环境公民诉讼在20世纪80年代初的显著增加,对这类诉讼的适当性及其结果的担忧也随之增加。因此,EPA在1984年委托ELI开展一项研究,收集和分析有关六部联邦环境法律(包括《噪音管制法》《资源保护和恢复法》《安全饮用水法》、CWA、CAA、《有毒物质控制法》)的公民诉讼数据。虽然随后也有学者、机构收集了有关公民诉讼的有限数据,但没有一项研究像环境法研究所研究的那样全面。[2]ELI专注于收集从1978年1月1日到1984年4月30日所有的环境公民诉讼信息,并得出了四个一般性结论。[3]首先,在6年的研究期间,公民采取的环境执法行动比ELI和EPA最初预测的还要多。其次,这种执法数量不平等的部分原因是自1982年以来公民执法案件的急剧增加。再次,公民诉讼数量的急剧上升是由于EPA的执法活动明显缺乏。最后,某些国家性或地区性的环境组织,例如Sierra Club、Natural Resources Defense Council、Conservation Law Foundation of New England和Chesapeake Bay Foundation等环保组织,在公民诉讼中所占的比例比以前更高。总而言之,对收集到的信息分析使ELI得出结论认为,公民诉讼正发挥着国会立法时的意图,即刺激EPA努力地执法并成为政府执法之外的替代方案。

此外,ELI收集和分析的数据还揭示了与公民诉讼有关的其他一些有趣的结论,这些结论在其他学者的研究中也得到印证。

1. 公民诉讼的原告

环境公民诉讼条款的表面目的是授权当地团体确保执行联邦法规并

---

〔1〕 See Sara Mogharabi et al., *Environmental Citizen Suits In the Trump Era*, 32 Natural Resources & Environment 3 (2017).

〔2〕 See David R. Hodas, *Enforcement of Environmental Law in a Triangular Federal System: Can Three Not Be a Crowd When Enforcement Authority Is Shared by the United States, the States and Their Citizens?*, 54 Maryland Law Review 1552 (1995).

〔3〕 See Robert v. Percival, et al., *Environmental Regulation: Law, Science, and Policy*, Little Brown and Company, 2000, p. 1 – 29.

解决环境问题。当联邦监管机构忽视当地环境恶化或受到利益集团压力的影响时,受影响地区的当地团体有权自行启动执法。当公民诉讼条款首次纳入环境法规时,国会预设公民诉讼通常是由"关切的公民"(concerned citizens)提起,而不是由全国性的环保组织发起。[1]"关切的公民"注意到他们附近的环境问题,团结在一起,寻找律师,并寻求解决问题。私人执法者不是政府的代表;他们是消除对他们造成伤害的违法行为的个人集合。这种私人模式将公民诉讼视为即时的、补救性的公民自救和参与工具。然而在司法实践中,"关切的公民"在没有环保组织支持的情况下提起诉讼非常罕见,全国性的大型环保组织提交了大量的环境公民诉讼。绝大多数私人执法行动都是由大型环保组织提出的。

例如,自 1981 年以来,在以 CWA 为依据提起的所有诉讼中,有 75% 案件是由著名的全国性或地区性环保组织发起的。[2]虽然地方性组织也提起诉讼,但这些案件仅占少数。有学者统计,在 1982 年至 1984 年 4 月, Sierra Club、Atlantic States Legal Foundation、Natural Resources Defense Council、Friends of the Earth 和 Public Interest Research Groups 这五个环保组织发出的起诉意向通知占到案件总额的一半以上。[3]与无组织的个人相比,这些团体拥有足够的专业知识和资源来监督 EPA 对环境法规的监管,并在他们认为必要时采取法律行动。后来的一项研究发现,"在 1988 年至 1993 年收集的绝大部分罚款——总计 1130 万美元中的 930 万美元——是由四个有威望的环保组织提起案件中获得的,这些环保组织仔细筛查了潜在的案件"[4]。表 4 为关于 1984 年 5 月至 1988 年 9 月公民提交给 EPA 的起诉意向通知的统计数据,提交通知数量最多的五个国家性/地区性环保组织单独列出。这些环保组织是:Sierra Club and Sierra

[1] See Schwartz & Hackett, *Citizen Suits Against Private Industry under the Clean Water Act*, 17 Natural Resources Law 327 (1984).

[2] See Courtney M. Price, *Private Enforcement of the Clean Water Act*, 1 Natural Resources & Environment 32 (1986).

[3] See Michael S. Greve, *The Private Enforcement of Environmental Law*, 65 Tulane Law Review 339 (1990).

[4] Peter H. Lehner, *The Efficiency of Citizens Suits*, 2 Albany Law Environmental Outlook 4 (1995).

Club Legal Defense Fund (SC/SCLDF), Atlantic States Legal Foundation (ASLF), Natural Resources Defense Council (NRDC), Friends of the Earth (FOE)以及 Public Interest Research Groups (PIRG)。没有环保组织支持的"关切的公民"执法已经被证明是一种罕见的现象。(见表4)[1]

表4　CWA私人执法部分年份的起诉意向通知

单位:件

原告(PLAINTIFF)		被告(DEFENDANT) 私人企业(Private Industry)	政府(Gov't)	其他(Other)	不适用(N. A.)	总计(Total)
全国性/地区性环境组织	SC/SCLDF	90	12	61	0	163
	ALF	135	9	2	3	149
	NRDC	59	7	0	0	66
	PIRG	12	4	0	0	16
	FOE	2	4	0	0	6
	其他	27	23	3	1	54
	结合	76	2	0	0	78
	总计	401	61	66	4	532
当地组织/个人		119	76	6	8	209
其他(包括政府、企业)		17	24	2	3	46
不适用		13	4	0	2	19
总计		550	165	74	17	806

同样地,在有些学者于20世纪90年代开展的研究与20世纪80年代研究的最大区别之处在于,公民诉讼原告除了资金雄厚的全国性环保组

[1] See Michael S. Greve, *The Private Enforcement of Environmental Law*, 65 Tulane Law Review 339 (1990).

织之外，地方性社团、社区以及个人等“小型”原告也占有较大比例。[1]更进一步来说，近1/3的原告是公司、开发商、州、企业和信仰组织等“非传统公民”。[2]

2. 公民诉讼的被告

在1982年之前，环保组织很少直接针对被指控的违法排污者提起公民诉讼，相反，他们更愿意起诉EPA，迫使其对排污企业采取更严格的监管标准。[3]与针对个别污染者的公民诉讼案件相比，针对EPA提起并胜诉的案件通常具有更广泛的政策影响。有太多的排污企业违法但只能针对其中一部分提起诉讼，这些诉讼的威慑价值是非常有限的，因为每个排污公司都可能侥幸认为自己不会成为下一个执法对象。此外，证明正在进行的、特定地点的违反环境标准的行为通常非常困难而且成本高昂，这通常需要与被指控或怀疑的违法者的合作，而这种合作很少能实现。

随着1982年修订的CWA制订了一项监管计划，使排污许可证和监测数据向公众开放，公民及环保组织可以快速廉价地调查任何特定设施是否违反CWA，针对违法排污者的诉讼也明显增加。公民诉讼作为执法机制的成功与污染物排放等公共信息的可获得性有关。[4]这从另一方面也促使违法者主动遵守法律。因为对于违法者来说，行政机构执法通常比公民诉讼更有利。首先，行政机构罚款通常低于公民诉讼中的罚款。其次，行政机构通常不会在和解判决或作出行政罚款命令的情况下寻求律师费用。然而，在公民诉讼中，违法者承担的律师费用往往是数十万美元。

---

[1] See Kristi M. Smith, *Who's Suing Whom? A Comparison of Government and Citizen Suit Environmental Enforcement Actions Brought under EPA Administered Statutes*, 1995 – 2000, 29 Columbia Journal of Environmental Law 359 (2004).

[2] See James R. May, *Now More Than Ever: Trends in Environmental Citizen Suits at* 30, 10 Widener Law Review 1 (2003).

[3] See Michael S. Greve, *The Private Enforcement of Environmental Law*, 65 Tulane Law Review 339 (1990).

[4] See John C. Dernbach, *Citizen Suits and Sustainability*, 10 Widener Law Review 503 (2004); Robert F. Blomquist, *The Logic and Limits of Public Information Mandates under Federal Hazardous Waste Law: A Policy Analysis*, 14 Vermont Law Review 559 (1990).

3. 各个环境法规案件的占比

ELI 的研究发现，公民诉讼案件主要是依据 CAA 和 CWA 提起的，《资源保护和恢复法》的公民诉讼案件较少，而在《安全饮用水法》以及《有毒物质控制法》下进行的公民诉讼更少，在研究期间没有依据《噪音管制法》提起的公民诉讼案件。在 1982 年年末，公民诉讼的数量和向 EPA 发送的起诉意向通知的数量开始急剧增加，而且这些案件几乎完全是依据 CWA 提起的执法活动。这一现象主要是因为 1982 年修订的 CWA 制订的一项监管计划，要求排污设施符合 NPDES，从而建立了一个自我监测系统。由于这些监测数据向公众开放，公民团体可以快速廉价地调查任何特定设施违反 CWA 的情况。[1] 据此，ELI 提出在 CWA 以外的环境法规中提起公民诉讼案件的一个主要障碍是缺乏可靠的和公开可获得的关于遵守联邦法规的数据，它敦促 EPA 开发一个更好的系统来收集和分发这些数据。[2]

二、环境公民诉讼发展的影响因素

在环境法规中提起公民诉讼受到多种因素的影响，公民诉讼的实施与发展归根结底受制于美国各种社会变迁因素，如政治体制、法制背景、经济发展、环保文化、社会思潮、法官政治偏好等多种因素综合复杂之影响。

（一）监管信息获取的改进

诉讼基本上是一个收集、呈现和评估信息的过程，轻松地获取准确的信息是提起成功公民诉讼的先决条件。作为执法机制的公民诉讼的成功

〔1〕 See Adeeb Fadil, *Citizen Suits Against Polluters: Picking Up the Pace*, 23 Harvard Environmental Law Review 23 (1985).

〔2〕 See Robert V. Percival, et al., *Environmental Regulation: Law, Science, and Policy*, Little Brown and Company, 2000, p. 5 – 38.

与污染物排放等公共信息的可获得性相关。[1]与政府官员不同,环保组织和公民不能进入私人财产领域进行现场检查,因此公民执法者严重依赖行政机构的监管信息。早期的公民诉讼实践在收集可靠的证据数据方面遇到了困难。[2]自1982年以来,公民诉讼远远超过了行政机构的执法,[3]这一转变可能与改进监管信息可获取性相关。

1. CWA 的监管信息获取

1982年修订的CWA制订了一项监管计划,要求排污设施符合NPDES,该系统将各种规定转换成可执行的各项限制,经过公众听证会后,可以向任何污染物或多种污染物组成的点状污染源排放发放许可证。而且,该法要求获得NPDES许可证的排污企业必须向EPA提交污染物排放监测报告(Discharge Monitoring Reports, DMRs),记录每个污染者对监管标准和许可条件的具体违反情况,并对没有定期提交DMRs的行为给予制裁,从而建立了一个自我监测系统。[4]此外,EPA还制订了一项名为"季度不合法报告"(quarterly noncompliance report, QNCR)的措施,对某一地区主要污水源违反NPDES的所有情况进行分类。[5]在QNCR记录的违法行为中,包括未提交DMRs、提交的DMRs不合格及违反排放限制等。QNCR的目的是为EPA提供一种跟踪和评估许可证持有人遵守许可证情况的机制。[6]计算机化许可证守法系统从许可证持有人的DMRs中收集信息,并将其与许可证限额进行比较,这样就能生成QNCR,以识别重大排污违法者。QNCR提供了持久性违法模式的总体概览,而DMRs

---

[1] See John C. Dernbach, *Citizen Suits and Sustainability*, 10 Widener Law Review 503 (2004); Robert F. Blomquist, *The Logic and Limits of Public Information Mandates under Federal Hazardous Waste Law: A Policy Analysis*, 14 Vermont Law Review 559 (1990).

[2] See Stephen Fotis, *Comment, Private Enforcement of the Clean Air Act and the Clean Water Act*, 35 American University Law Review 127 (1985).

[3] See David R. Hodas, *Enforcement of Environmental Law in a Triangular Federal System: Can Three Not Be a Crowd When Enforcement Authorization Is Shared by the united States, the States, and Their Citizens?*, 54 Maryland Law Review 1552 (1995).

[4] See 33 U.S.C. § 1318.

[5] See 40 C.F.R. § 123.45 (1984).

[6] See 49 Fed. Reg. 19,720 – 24 (1984).

提供了关于违法的更详细的信息。

这些监管措施使公民发布起诉意向通知成为可能。由于许可证和监测数据向公众开放，公民团体可以快速廉价地调查任何特定设施违反CWA的情况。[1]任何有兴趣的人都可以根据需要获取这些信息，QNCR以非技术性语言撰写，环境组织只需要不到半天的时间来培训学生志愿者扫描DMR并识别违法行为，这使非专业人员也很容易辨别违反NPDES许可证的行为。根据违法行为严重程度和频率以及其他一些因素，环保团体会提出起诉意向通知。除非由于先前或正在进行的政府执法而导致案件被撤销，或者被指控的违法者同意进行和解谈判，否则环保团体会提出诉讼。[2]由于易于发现和起诉条件充足，大部分公民诉讼最初是根据CWA提起的。[3]

2. CAA的监管信息获取

虽然CAA是第一部包含公民诉讼条款的联邦环境法规，但在1990年CAA修正案之前，根据该法提起的公民诉讼很少。依据CAA提起公民诉讼较少的主要原因之一是缺乏具体的监测系统来检测和记录违法行为，该监测系统可与环境组织通过审查DMR来查明违反CWA情况的容易程度相对比。1990年CAA的修正案包括三项重要内容的修正，可以提高公民诉讼的频率。第一，修正案中最根本的一项改革——空气操作许可证(Air operation Permit Program)[4]——主要目的之一是通过阐明适用于主要来源的要求，并要求这些来源监测和报告自己的违法行为，从而便利公民执法。正如立法报告所指出的，"第五类标准许可项目的第一个好处是，它将澄清并更容易实施污染源的污染控制要求"。[5]通过澄清这些要求和增加报告义务，国会打算使公民更容易起诉任何违反许可证

[1] See Adeeb Fadil, *Citizen Suits Against Polluters: Picking Up the Pace*, 23 Harvard Environmental Law Review 23 (1985).

[2] See Michael S. Greve, *The Private Enforcement of Environmental Law*, 65 Tulane Law Review 339 (1990).

[3] See Adeeb Fadil, *Citizen Suits Against Polluters: Picking Up the Pace*, 23 Harvard Environmental Law Review 23 (1985).

[4] See 42 U. S. C. 7604.

[5] See S. Rep. No. 228, 101 Cong..

要求的行为。修正案要求排污设施向许可机构提交监测报告和守法证明,类似于 CWA 的 DMR 要求,从而减轻了环保组织检测和确定排污设施未遵守许可要求程度的工作量。第二,公民诉讼救济手段中增加了民事罚款,使 CAA 的公民诉讼条款与 CWA 的对应条款"齐头并进"(up to speed)。第三,修订后的 CAA 公民诉讼条款授权公民对"被控违反"(alleged to have violated)排放标准、限制或命令的人提起诉讼,条件是有证据表明违法行为已经重复(evidence that the violation has been repeated),扩大了环境公民诉讼的适用范围。

自 1990 年 CAA 建立类似于 CWA 的监督和申报制度以来,利用公民诉讼来执行 CAA 的机会越来越多。[1]一些较新的环境法律也在拟定监管措施,例如在《资源保护和恢复法》中,记录保存系统正在开发中,但还没有达到 CWA 项目中的复杂程度和可靠性。因此,考虑针对不符合规定的有毒垃圾场提起公民诉讼的团体面临着巨大的实际和技术障碍,很少有私人依据《资源保护和恢复法》提起执法案件。

3. 监管信息的持续便利

制度与技术是人类文明的两个重要维度。尽管环境公民诉讼的法律和制度在过去几十年中仅有轻微变化,但最重要的变化是互联网的快速发展使人们通过互联网广泛获取信息。在 20 世纪 90 年代初,互联网几乎还处于起步阶段,但其运用迅速扩大,现在包括了各种提供环境信息的政府和非政府网站。环境监管计划的总体目标是通过更有效地实施监管要求来提高环境绩效,EPA 继续创新执法措施,行政监管措施也在不断改进。受监管者自行报告的信息一直是公民诉讼的主要证据来源,并且获取这些信息将会变得越来越容易。例如,EPA 执法主管 Cynthia Giles 在描述下一代守法报告中指出,EPA 希望在 2014 年 6 月之前完成 CWA 许可系统下的电子报告规则,随后要求受监管者根据若干项 CAA 规则以电子方式提交守法报告。这些新的监管要求取代了手写文档的扫描电子邮件附件,将电子报告纳入了一个名为"中央数据交换"(Central Data Ex-

---

〔1〕 See Randall S. Abate, *Rethinking Citizen Suits for Past Violations of Federal Environmental Laws: Recommendations for the Next Decade of Applying the Gwaltney Standard*, 16 Temple Environmental Law and Technology Journal 1 (1997).

change,CDX)的数据库,该数据库处理信息并以易于搜索的格式公开。获取信息或彻底阅读信息的需求将不再对环境倡导组织构成障碍。通过设计,CDX将使数据变得易于查找和共享,从而成为公民原告处理案件的初步证据。

另一个例子是EPA的自我监管政策,即成立于1995年的审计政策。[1]审计政策允许被监管者进行自我审计,然后向监管机构披露他们发现的任何违法行为,以换取监管机构显著减少对这些违法行为的处罚。要获得此项好处,必须通过自我审计(而不是政府启动或强制检查)发现违法行为,并且必须及时予以纠正或补救。研究表明审计政策对守法性和环境绩效产生了积极的影响。[2]适当设计的自我监管政策可能非常有益,因为它们可以增加被监管者对违法行为纠正的违法次数,并尽快补救。此外,执法资源可以从自我转移到其他受监管者,以相同水平的执法资源增强整体威慑力。[3]

(二)环保组织的发展

环境公民诉讼条款扩展了公民及环保组织在执行污染控制要求中的作用,公民诉讼的发展也要归因于环境团体的成熟。部分原因是环境法规的公众参与创新,部分原因是由于20世纪60年代和70年代的社会变革,环境保护主义者是一个动员良好、政治上精明的利益共同体,具有支持环境机构的监管使命。他们利用行政和司法程序在保护环境、实现监管目标方面发挥了重要作用。

随着州和联邦设立新的监管机构以及20世纪70年代通过的十多个主要环境法规,刚刚起步的公共利益环境组织成为国家政治的主要力量。

---

〔1〕 See Incentives for Self – Policing:*Discovery,Disclosure,Correction and Prevention of Violations*, 60 Federal Register 66 (1995).

〔2〕 See Michael W. Toffel & Jodi L. Short, *Coming Clean and Cleaning Up:Does Voluntary Self – Reporting Indicate Effective Self – Policing?*, Harvard Business School (Aug. 2011), https://www.hbs.edu/faculty/Pages/item.aspx? num =38949.

〔3〕 See Terrell E. Hunt & Timothy A. Wilkins, *Environmental Audits and Enforcement Policy*, 16 Harvard Environmental Law Review 365 (1992).

最著名的环境组织成立于1967年至1971年,包括Environmental Defense Fund,Natural Resources Defense Council,Sierra Club等。这些环保组织很快就取得了里程碑式的胜利,确定了现代环保主义的早期成功。[1]但总体来说,环保组织提起公民诉讼在20世纪80年代之前不太可能,因为大多数环保组织都相对较新,资源相对有限,将注意力集中在反污染环境立法上。在20世纪80年代之后,环保组织逐渐成熟,环境立法趋于完善,环保组织将注意力从试图影响环境立法转移到根据这些法律提起公民诉讼上。1981年里根政府执政时,EPA已经存在了十多年,律师和技术人员与该机构一起达到一定的专业成熟度。律师了解EPA的各种计划、如何执法或未能执法的原因,以及如何影响行政程序。当他们进入环保组织时,他们的先前经验为推动公民诉讼运动所需的专业知识奠定了基础。在公民诉讼中,环保组织具有单独公民无法比拟的优势,如人员、资金、信息、技术等方面较为齐备,使环保组织在公民诉讼中发挥着公民个人无法企及的重要作用。

首先,环保组织的组织形式丰富多样、较为灵活,在环境公民诉讼中可以与大型企业、行政机构相对抗,从而有利于诉讼的开展。其次,环保组织往往能够取得较为充分的信息资源,更能获知环境利益受损的信息。由于各种环境影响因地而异,必须熟悉当地环境情况,才能确定最为关切的环境影响。这些具有地方性的信息不在中央监管机构监管的范围之内,而分散在各地的环境组织可以更好地观察这些环境影响,并据此采取行动。此外,环保组织也能有效地减少滥诉,减轻法院的诉累。环保组织作为公共利益代表的非政府组织听取来自公民个人的诉求。公民先向环保组织提供环境公益损害的信息及自身利益受到损害的情况,以使环保组织获得诉讼资格,再由环保组织提起公民诉讼。这不仅能减少公民直接诉讼的数量,也减少了重复诉讼、滥诉现象。

(三)政党政治的影响

美国政党政治对于环境公民诉讼具有不容忽视的影响。与其他监管

---

[1] See Paul Sabin, *Environmental Law and the End of the New Deal Order*, 33 Law & History Review 965 (2015).

领域一样,环境监管也受到总统和州长的控制,他们可能会向环境监管机构施压,要求它们采取受监管行业青睐的立场。例如,在里根总统的第一个任期的初期,由里根总统任命的第一任 EPA 局长安妮·戈萨奇·布尔福德执政期间的执法转变就是一个例证。1981 年,安妮·戈萨奇·布尔福德被任命为 EPA 局长,她使该机构的执法理念发生了巨大变化。EPA 发布了"州/联邦执法协议的政策框架"(Policy Framework for State/Federal Enforcement Agreements),其中一项主要标准是对违法行为做出"及时和适当的执法应对"(timely and appropriate enforcement response)。[1] 这份政策声明指出了 EPA 和各州内部存在的资源问题,认为"至少应将重点放在最大的问题上,即重要的违法者"。EPA 据此发明了"重大不合规"(significant noncompliance)一词,作为制定执法优先事项和衡量实地管理绩效的工具。[2] 此外,"自愿遵守谈判成为处理污染违法行为的主要方法,EPA 的工作人员被告知要抓住'每一个和解的机会'(every opportunity for settlement)"[3],EPA 试图将执法政策调整到被监管者更青睐的方向。[4]

加之这一时期 OMB 在向国会提交 EPA 预算申请前,也曾大幅削减 EPA 的预算,严重削弱了该机构本已不堪重负的资源,这加速了人们对政府执法的信心丧失。在财政紧缩时期,联邦预算几乎没有额外的资金,这导致审查额外资金申请的过程变得非常严格和烦琐。对于 EPA 的增加资金的要求,在获得批准之前必须经过六层障碍:部门、办公室主任、助理局长、局长、OMB 和国会。很少有增加资金的请求能够通过这六层障碍。EPA 前任预算主任指出:"获得更多的资金和人员太难了……而且在政治

---

〔1〕 See USEPA, Policy Framework for State/EPA Enforcement "Agreements" 11 - 12.

〔2〕 See Barry Boyer & Erroll Meidinger, *Privatizing Regulatory Enforcement: A Preliminary Assessment of Citizen Suits under Federal Environmental Laws*, 34 Buffalo Law Review 833 (1985).

〔3〕 Barry Boyer & Erroll Meidinger, *Privatizing Regulatory Enforcement: A Preliminary Assessment of Citizen Suits under Federal Environmental Laws*, 34 Buffalo Law Review 833 (1985).

〔4〕 See Peter Cleary Yeager, *The Limits of Law: The Public Regulation of Private Pollution*, Cambridge University Press, 1991, p. 228.

上不受欢迎。”[1]在一种不友好的政治氛围中,公民诉讼可能是确保被监管者遵守法律的最后手段。[2]

然而,EPA 预算压力并非私人在环境执法方面发挥更重要作用的唯一原因。政党政治的变化也影响两党推荐的法官对公民诉讼的态度,共和党国会无意全面扩大环境法,因此不太可能增加公民起诉的机会。[3]总体来说,民主党提名的法官对于原告诉讼资格问题较为开明,但共和党提名的法官具有否决弱势群体原告资格的倾向。[4]例如,随着里根和布什两位共和党总统先后任命一半以上美国联邦地区法院、巡回上诉法院、联邦最高法院法官共计 714 名,[5]美国司法环境发生巨变,联邦法院虽然认同可以进一步授予公民广泛的司法救济权,但认为如果没有损害则不得通过公民诉讼来获得救济,逐渐与里根总统提出的放松环境管制政策相吻合,并对行政机构的环境政策采取更为支持的态度,更倾向于不审理国会授权提起的私人检察诉讼案件。[6]

(四)司法的影响

司法对美国的环境保护进程发挥着极其深远的影响。总体而言,司法在环境保护的舞台上,主要起到了支持公共政策、分配社会正义、平衡社会利益、推动环境保护等多重作用。相应地,在美国环境公民诉讼发展过程中,司法所扮演的角色也是极其重要的。环境诉讼通常涉及诸多利

---

[1] Interviews with EPA staff, EPA headquarters, Washington, D. C., week of May 15, 1988.

[2] See Jeffrey G. Miller, *Private Enforcement of Federal Pollution Control Laws Part* Ⅲ, 14 Environmental Law Reports 10407 (1984).

[3] See Ann E. Carlson, *Standing for the Environment*, 45 UCLA Law Review 931 (1998).

[4] See C. K. Rowland & Bridget Jeffrey Todd, *Where You stand Depends on Who Sits: Platform Promises and Judicial Gatekeeping in the Federal District Courts*, 53 Journal of Politics 175 (1991).

[5] See Mark Dowie, *Losing Ground: American Environmentalism at the Close of the Twentieth Century*, MIT Press, 1995, p. 79.

[6] See Matthew J. Lindstrom & Zachary A. Smith, *The National Environmental Policy Act: Judicial Misconstruction, Legislative Indifference, and Executive Neglect*, Texas A & M University Press, 2001, p. 4.

益,如生存、发展与环保之间的复杂的利益纠葛,环境问题对于美国经济、政治、法律等社会生活的复杂影响逐渐呈现。在这些争端中,法院成为衡量各方利益的主战场。随着美国现代环境法制的发展,司法机关积极介入环境争议中,表现出积极的环境司法价值观。

任何以含糊笼统语言撰写的法规都面临具体化和适用问题,而这些问题无法由法规语言本身来解决。每当发生这种情况时,法院将决定如何解释和适用法规。司法的角色就是要确保在国会大厅中宣布的重要立法目的不至于在联邦官僚机构的广阔走廊中迷失或误入歧途。[1]当法院在适用或解释法规时,他们必须将立法背景(有时为立法目的)作为解释的基础。这样做被认为完全符合立法者制定法律和法官适用法律的原则,因为一个理性的立法者希望其制定的法规应根据立法目的来进行解释。立法者会如此坚持,是因为根据标准或目的制定了法规。[2]但法官对立法背景的理解并非易事,由于立法背景解释受到不断变化的政治和社会背景影响,立法意图的解释也必须随着时间的推移而改变。法官“必须平衡所有的因素,哲学、逻辑、类比、历史、习俗以及所有其他的东西,并在这里增加一点,在那里取出一点,尽可能明智地确定哪个因素将起决定性作用”[3]。

公民诉讼制度自确立以来,在司法实践中持续演进,法院对于公民诉讼制度的态度也在不断变化。20 世纪七八十年代,国会将综合性的环境法律列为立法的优先事项,以提倡生态环境保护为理念的环境运动和环保组织也蓬勃兴起,并热衷于推行环境公益诉讼以促进环境保护。在浓厚的权利运动及环保氛围下,联邦法院对公民诉讼态度较为宽容,以便扩大公民进入法院、执行法律的机会。在环境公民诉讼经历 20 世纪七八十年代的立法全盛期之后,法院对公民诉讼的支持态度并没有持续。随着

---

[1] See Calvert Cliffs' Coordinating Committee v. United States Atomic Energy Comm'n, 449 F. 2d 1109, 1111 (D. C. Cir. 1971).

[2] See James Gordley, *Legal Reasoning: An Introduction*, 72 California Law Review 138 (1984).

[3] Benjamin N. Cardozo, *The Nature Of The Judicial Process*, Dover Publications, 1921, p. 162.

美国环境运动在20世纪90年代趋于平稳以及环境法制的逐渐健全,关于环境保护和经济发展二者间冲突的争辩屡见不鲜,甚至演变为较为激烈的社会对抗运动。司法开始对公民诉讼的态度有了较大的转折,代表人物就是坚守宪法原旨主义的保守派联邦最高法院的斯卡利亚大法官。斯卡利亚大法官通过设计诸如严格的原告起诉资格规则等司法限制,以司法的力量来实现对公民诉讼的严格限制,目的就是遏制环境公民诉讼的积极作用,抑制其有效的发挥与实施。进入21世纪以来,气候变化问题成为一个全球化的普遍议题以及美国国内对于小布什政府所采取的诸多环境政策不满情绪弥漫,在这样的时代背景下,司法开始在公民诉讼领域放松限制。若以所有环境公民诉讼案件为样本来观察,可发现联邦法院对公民诉讼制度态度摇摆不定。可以料想,未来公民诉讼之路仍然充满变数,并呈现一定的波动性。

第二节　环境公民诉讼制度的冷思考

在特定的立法背景下,立法者在联邦环境法律中创造性地确立了公民诉讼制度。虽然环境公民诉讼可以避免行政机构被受管制者所俘获,但在实践中也会未遵循立法所预设的路径。环境公民诉讼制度可能会与立法者的最初设计不一致,美国理论界和实务界对该制度的价值保持怀疑态度。

一、干扰行政机构执法

CAA的立法历史显示,公民诉讼条款确立的目的是“参议院委员会认为完全依赖联邦官僚机构完成空气污染清理的全部工作是不可能的”,而公民诉讼将“保证公众参与行政机构兑现环境保护的承诺”。[1]美国EPA和DOJ虽然认可国会有意授权公民提起诉讼,但也担心公民诉讼可能会干扰行政机构的活动。如果不受利益集团的操纵,环境公民诉讼条

---

〔1〕 See Senate Comm. On Public Works, 93d Cong., A Legislative History of the Clean Air Act Amendments of 1970 (Comm. Print 1974) (CAA Legislative History).

款的主要功能是加强环境法规的执行。在20世纪80年代末90年代初期，通过提交60日的诉讼意向通知衡量的公民诉讼远远超过了行政机构在法院提起的执法诉讼。[1]然而，即使它监督了受监管者的行为，公民执法的增加并不总是一件好事。公民诉讼案件量的激增有可能提高环境执法的严苛性，增加环境法规的执法数量、罚款数额，但并没有显著改善环境质量。执法活动数量的增加可能表明正在做更多的好事，也可能意味着有更多的违法行为需要惩罚。

（一）对行政资源分配的干扰

国会对行政机构执行环境法规赋予了诸多职责，但却没有为行政机构分配足够的执法资源来履行这些职责，联邦环境执法部门经常面临着执法资源不足的限制。联邦政府的行政部门（迄今为止最大的政府部门）由庞大的官僚机构组成，拥有约2.7万亿美元的预算和260万名员工，15个内阁级部门和89个独立机构。[2]但是，即使是美国政府这样庞大的机构，也不能免受自然法则和经济法则的约束，这些法则规定资源本身是有限的。以美国鱼类和野生动物局为例，该局具有监督违反ESA以及所有其他野生动物法律行为的责任，在20世纪90年代初，该局在全国范围内仅有200名执法人员，其中50人从未离开办公室。[3]无论联邦环境法规多么详细，它都没有对行政机构选定执法对象或选择执法工具作出具体的限制。由于行政机构必须在有限的国会财政拨款下运行，特定时期目标的确立和执法资源的分配对行政机构正常运行具有重要意义。正如在Heckler v. Chaney案件中，法院指出的那样，任何一个机构都没有无限的

---

〔1〕 See David R. Hodas, *Enforcement of Environmental Law in a Triangular Federal System: Can Three Not Be a Crowd When Enforcement Authority Is Shared by the United States, the States, and Their Citizens?*, 54 Maryland Law Review 1552 (1995).

〔2〕 See Eric Biber, *The Importance of Resource Allocation in Administrative Law*, 60 Administrative Law Review 1 (2008).

〔3〕 See Ray Vaughan, *State of Extinction: The Case of the Alabama Sturgeon and Ways Opponents of the Endangered Species Act Thwart Protection for Rare Species*, 46 Alabama Law Review 569 (1995).

资源,任何法规的完全执行都是不可能的。[1]确定执法优先次序对于行政部门来说至关重要。如果没有确定优先事项,行政机构就无法运作。[2]行政部门在执行和实施法律、起草法规、处理申请和资助项目方面的优先权,要求行政部门确立相对于国会或司法机构的独立性,这一点至关重要。因此,联邦政府必须每天就如何分配其资源作出艰难抉择。

虽然国会在制定环境公民诉讼条款时已经意识到公民诉讼可能会干扰行政机构的执法活动,并因此设置多项限制措施,如起诉意向提前60日通知、勤勉执法阻却、律师费用转移规则等,但这些限制措施并不足以防止公民诉讼对行政机构执法活动的干扰,有时甚至会产生相反的效果。例如,在公民提起诉讼之前,应当将起诉意向通知给行政机构(EPA、违法行为所在地州)及违法者,设置这一措施的初衷是为行政机构提供再次履行职责的机会,同时也给违法者及时纠错的机会,避免不必要的诉累。但是,公民起诉意图的通知,可能使行政机构处理前期决定不执法的违法行为,导致公民“向行政机构指示执法时间表”[3],干扰行政机构对执法资源的分配,使行政机构无法将有限的执法资源集中在更严重的违法行为上。[4]

而且,大多数排污者无法完全遵守现有的环境法规,联邦和州监管执法人员也没有充足的资源来查找和起诉每一个潜在的违法行为。最佳执法几乎总是不完全执法,在某些时候,将资源用于额外的起诉将导致边际收益递减。环境领域尤其如此,许多违法者在技术上违反了法律但没有造成任何可衡量的伤害。根据大多数环境法,违法行为并非通过证明任何实际损害来证明,而是通过证明某些行为未能遵守许可要求或不符合其他技术规则。这些缺陷可能会不利于环境保护。在依据CWA提起的

---

〔1〕 See Heckler v. Chaney,470 U.S.821,831－32(1985).

〔2〕 See Thomas O. McGarity, *Some Thoughts on Deossifying the Rulemaking Process*, 41 Duke Law Journal 1385 (1992).

〔3〕 Letter from Stephen D. Ramsey, Chief, Envtl. Enforcement Sec., U.S. Dep't of Justice, to Judge H. Lee Sarokin, D.N.J..

〔4〕 See Alden F. Abbott, *The Case Against Federal Statutory and Judicial Deadlines: A Cost－Benefit Appraisal*, 39 Administrative Law Review 171 (1987).

公民诉讼案件中,私人原告最常起诉的违法行为是美国环境保护局已经知道并且选择不予追究的行为。[1]更多的执法活动并不总是更好的选择。检察官必须判断要对哪些违法行为进行执法,哪些可以不执法。在理想情况下,这个决定是在考虑每项对执法行为提起执法诉讼的相对成本和收益之后做出的:是否已经确定违法者;违法者被处罚的可能性;违法者对公众构成持续威胁的程度,等等。呼吁"全面"(full)地或"完全"(complete)地执行环境法规可能会产生良好的政治影响,但这是一个不健全的环境政策。为执行环境法律分配过多的资源以及由此产生的法律冲突,可能造成经济上的浪费,甚至对环境有害。过于广泛的环境公民诉讼的诉讼资格可能会导致执法资源浪费在监管违规上,从而产生最小的环境回报,甚至可能放大现有监管框架的环境缺陷。[2]

此外,公民诉讼也可能会导致行政机构执法政策的偏差。从行政机构的角度来看,遵守法院命令已成为行政机构的首要任务,有时甚至超过国会授予的诸多职责。国会在联邦环境法律中规定了大量的最后期限,以便取得对可能被商业利益所俘获的行政机构的控制权。然而,通过规定过多的最后期限,国会实际上已将对行政机构的控制权转让给环境特殊利益集团,他们通过公民诉讼来确定该机构的执法优先事项。公民或环保组织有自己的议程,甚至可能会选择提起EPA已经决定不起诉的诉讼,而不考虑公平问题。严格责任制度阻止了法院为公民不明智执法提供缓冲,大量琐碎无意义的公民诉讼案件也给法院带来不必要的负担。例如,在Sierra Club v. Union Oil Co. of California案[3]中,法院认为,即使是"由非常罕见的、因为时间跨度和可接受数量的这些人为错误造成的,可以原谅的""少数"污染超标,被告也必须承担责任。

对公民诉讼的要求作出回应的司法判决可能会妨碍行政机构的规划,或者至少阻碍行政机构实施计划。根据法院确立的最后期限采取行

---

[1] See Jeremy Rabkin, *Government Lawyering: The Secret Life of the Private Attorney General*, 61 Law & Contemporary Problems 179 (1998).

[2] See Jonathan H. Adler, *Stand or Deliver: Citizen Suits, Standing, and Environmental Protection*, 12 Duke Environmental Law & Policy Forum 39 (2001).

[3] See Sierra Club v. Union Oil Co. of California, 813 F. 2d 1480 (9th Cir. 1987).

动的行政机构可能发现自己无法将注意力转移到该机构认为更重要的问题上。至少有一名观察员认为,这样做的结果是导致行政机构资源分配不当的可能性:“在一定程度上,最后期限会导致行政机构放弃处理以前没有预料到的,并且可能是更重要的问题,那么监管资源就会分配不当,社会福利也会减少。”[1]越来越多的公民诉讼使行政机构执法资源规划变得困难,而且在缺乏规划的情况下,EPA 等行政机构“沦为一群专注但效率低下的‘无能警察’(keystone cops)”,[2]影响行政机构的执法效率。

(二)对合作执法模式的冲击

扩张的公民诉讼也会对环境执法的合作模式造成冲击。与控诉盗窃、欺诈等案件不同,对排污者个人的执法可能是费钱且低效的,监管机构与违法者之间的讨价还价常常在所难免。从环境监管的常态来看,行政机构和被监管者之间是一种互相依靠的、长期博弈的“共生”关系。强硬的执法模式可能引起被监管者的反弹和抵触。“命令与控制”(command and control)的环境监管方式既笨拙又低效,造成了高昂的交易成本,但往往未能提高环境质量目标。[3]例如,纽约州副检察长指出:“几十年的经验表明,传统的‘命令与控制’执法或惩罚机制无法完全实现主要环境法规的崇高目标。”[4]作为回应,联邦政府和州政府都在重新审视传统的执法体系,这些体系的重点是威慑和惩罚违法行为。例如,克林顿政府曾经试验非对抗性方法,包括更多地依赖自我执法,以及更愿意放弃罚款以换取守法。1996 年,在参议院一致投票的情况下,国会通过了《小企业监管执法公平法》(Small Business Regulatory Enforcement Fair

---

〔1〕 Alden F. Abbott, *The Case Against Federal Statutory and Judicial Deadlines: A Cost – Benefit Appraisal*, 39 Administrative Law Review 171 (1987).

〔2〕 See Rosemary O'Leary, *Environmental Change: Federal Courts and the EPA*, Temple University Press, 1993, p. 172.

〔3〕 See Jody Freeman, *Collaborative Governance and the Administrative State*, 45 UCLA Law Review 1 (1997).

〔4〕 Dean S. Sommer, *Cooperative Approaches: Public Pollution/Public Resolution*, 10 National Association of Attorneys General: National Environmental Enforcement Journall 1995.

Act,SBREFA),要求对小企业的轻微违法行为予以原谅。[1]而且,第104届国会的议员们还试图大幅削减环保局执法活动的资金,限制该机构实施罚款的能力,并采取其他措施阻止传统执法。[2]

鉴于有限的行政和司法资源,某些自愿守法的措施对法律实施是必不可少的,而保持合作关系可能会最大限度地遵守环境法律。理论研究表明,合作(cooperation)而非威慑(deterrence),将促进更大程度的守法。[3]在合作模式下,并非所有违法行为都需要处罚,原因有两个。[4]首先,灵活执法的承诺可以促使受监管者更加努力地发现违法行为,并更愿意分享有关违法行为和潜在解决方案的信息。这种合作降低了监管机构的执法成本,使监管机构得以处理更多违法行为,并将资源集中用于那些构成严重环境威胁的行为。其次,有时严格守法要求可能会造成社会成本超过因违法导致的污染成本。[5]例如,工厂可能出现故障,唯一符合法律的短期解决方案是关闭工厂。但关闭工厂将导致工人失业并损害当地经济发展。在许多这样的情况下,行政机构需要帮助搞清楚除了关闭工厂之外,他们还能做些什么。合作执法模式采取灵活的方法,允许监管机构原谅违法行为,并与违法者合作,以实现监管计划所承诺的目标。

合作模式将执法目标视为最大化监管计划带来的利益。环境机构经常避免使用对抗执法工具——实施行政处罚和提起执法诉讼——而支持谈判和技术援助。[6]在一定范围内,合作可以提高合规性,降低交易成

[1] See Small Business Regulatory Enforcement Fairness Act of 1996, Pub. L. No. 104 – 121, § 223, 110 Stat. 857, 862 (1996).

[2] See Zygmunt J. B. Plater, *Environmental Law as a Mirror of the Future: Civic Values Confronting Market Force Dynamics in a Time of Counter – Revolution*, 23 Boston College Environmental Affairs Law Review 733 (1996).

[3] See John T. Scholz, *Voluntary Compliance and Regulatory Enforcement*, 6 Law and Policy 385 (1984).

[4] See Mark Seidenfeld & Janna Satz Nugent, *The Friendship of the People: Citizen Participation In Environmental Enforcement*, 73 George Washington Law Review 269 (2005).

[5] See Clifford Rechtschaffen, *Deterrence vs. Cooperation and the Evolving Theory of Environmental Enforcement*, 71 South Carolina Law Review 1181 (1998).

[6] See Ross Macfarlane & Lori Terry, *Citizen Suits: Impacts on Permitting and Agency Enforcement*, 11 Natural Resources & Environment 20 (1997).

本,增强被监管企业的公平性,并增加公众对环境监管工作的支持。〔1〕行政机构与被监管者之间的合作可以使被监管者更乐于分享信息、更自愿遵守法律,从而降低行政机构的执法成本,将执法资源集中在更严重的违法行为上,实现环境监管效益的总体最大化。即使是最负责任的公司使用最好的设备也会存在至少1%的违法行为,〔2〕行政机构因此放弃对这些微小且不可避免的违法行为执法。

每一个公民诉讼都是对监管执法过程进行监督的机会。它为支持监管的成员提供了监管执法的机会。公民诉讼可以通过提供替代执法或鼓励更严格的行政执法来破坏合作执法的舒适环境,使行政机构不会被俘获。但这种抗衡力并非总是积极的。公民执法者可能会因惩罚性或强制性合法命令而过于强硬。他们可能破坏行政机构通过合法合作促进守法的最佳努力,因为监管机构和被监管者达成的非正式协议无法保护后者免受公民诉讼的威胁。公民往往无视环境法律的复杂性及环境执法的整体公平性,对这类违法行为提起诉讼。虽然实现了个案正义,但也破坏了法律实施的协调一致,难免会导致个别执法与整体监管效果的冲突,未必符合整体最佳。实际上,当执法过度、不公平或不合理时,可能会产生一种"抵制文化"(culture of resistance)〔3〕,这反过来又导致执法成本的增加。从这个意义上说,公民诉讼可能会阻碍排污者和行政机构之间富有成效的合作。

二、破坏程序价值理念

公民参与环境法律实施被认为是现代环境时代最普遍、最突出、最持久的创新,〔4〕公民诉讼作为公民参与环境法实施的表现形式之一,督

---

〔1〕 See Matthew D. Zinn, *Policing Environmental Regulatory Enforcement: Cooperation, Capture, and Citizen Suits*, 21 Stanford Environmental Law Journal 81 (2002).

〔2〕 See American Petroleum Inst. v. EPA, 661 F. 2d 340, 347 (5th Cir. 1981).

〔3〕 Eugene Bardach & Robert A. Kagan, *Going by the Book: The Problem of Regulatory Unreasonableness*, Temple University Press, 1982, p. 114.

〔4〕 See Barton H. Thompson, Jr., *The Continuing Innovation of Citizen Enforcement*, 2000 University of Illinois Law Review 185 (2000).

促行政机构履行职责,但该制度本身可能会破坏程序价值理念。虽然环境公民诉讼制度体现了参与程序理念,但该制度允许公民根据自己的判断来执行环境政策,而且这一过程几乎不受监督,这与程序价值理念不符。

具体来说,无论违法行为是通过行政执法还是公民诉讼程序来处理,都可能达成和解以节省时间和金钱,而且违法者更愿意与公民诉讼原告达成和解,以阻止行政机构更严厉的处罚。对于公民原告而言,尽管其可能认识到违法者向美国财政部缴纳罚款所具有的威慑价值,但这些罚款只是用于政府一般用途而非某个具体的环境项目,因此在处理公民诉讼时,公民原告有更多的和解动机。和解在事实上改变了联邦环境法律对罚款必须缴纳给美国财政部的规定。公民原告往往为违法者提供具有吸引力的议价空间,违法者更倾向于与公民原告达成和解协议,而不是等待法院的罚款判决。虽然联邦环境法律(如 CWA〔1〕和 CAA〔2〕)规定,公民原告与违法者之间拟定的和解协议需要在生效前 45 日提交给 EPA 和总检察长,他们可以对和解协议进行评论或反对,但由于拟议和解协议的数量众多和内容的复杂性,以及 DOJ 只能投入有限资源等现实条件的限制,EPA 和 DOJ 对和解协议条款的审查很粗略。而且,相较于行政机构与违法者之间的和解,公民/环保组织与违法者达成的和解协议几乎不受外界监督。在行政执法程序中,行政机构在和解协议最终达成之前需要在《联邦公报》上发布通知,提供公众评论的机会,公民提出的书面意见将被行政机构认真考虑,甚至导致行政机构退出和解,转向司法程序。但是,公民与违法者在和解协议的达成及执行过程中拥有太多的自由裁量权,而且并未提供公众评论的机会。尽管大多数人都同意 SEP 促进了有价值的环境事业,但幕后谈判的实际情况以及谈判过程中缺乏透明度使一些人SEP 有些担忧。〔3〕

---

〔1〕 See 33 U. S. C. § 1365(c)(3).

〔2〕 See 42 U. S. C. § 7604(c)(2).

〔3〕 See Lars Noah, *Administrative Arm – Twisting in the Shadow of Congressional Delegations of Authority*, 1997 Wisconsin Law Review 873 (1997).

三、合宪性质疑

美国法律的一个基本特点是通过联邦宪法将国家治理权力划分至三个部门——立法部门、行政部门和司法部门，明确每个部门的权力边界。宪法确立了三权分立原则，即国会享有立法权，[1]法院享有司法权，[2]"行政权力应归属于美利坚合众国总统"，[3]并通过分权原则来维持三权分立制度。这种分权原则有两种基本模式：任何部门都不能超越其宪法限制而扩大自己的权力；任何部门都不得过分干涉或削弱另一部门的权力。三权分立对执行宪法所规定的法律至关重要。但是，有学者指出环境公民诉讼制度允许公民执行联邦环境法律无疑会对行政权产生影响，实质上削弱了宪法赋予总统的行政权力，环境公民诉讼制度面临着合宪性质疑。

（一）是否侵犯宪法确立行政权力的判断——Morrison 规则

允许公民执行联邦环境法律无疑会对总统的行政权产生影响，环境公民诉讼的合宪性受到质疑。尽管国会可以设定行政部门执法的职责，提供执法的方法及规则，但国会不能剥夺行政部门执行法律的权力。将行政权力限制于总统，而不是未经选举的人，使行使权力的人对人们负责。在不受其他部门侵犯的情况下，强有力的行政机构可以在执行法律上保持统一和协调，从而保证执法的有效和一致。[4]联邦最高法院在 Morrison v. Olson 案[5]中确定了向行政部门以外的人授予行政权力是否侵犯总统宪法职责的几项标准。

Morrison v. Olson 案是根据《政府伦理法案》(Ethics in Government Act, EGA)进行审理的案件。EGA 规定"允许任命一名'独立检察官'

---

[1] See U. S. Const. art. I, s 1.

[2] See U. S. Const. art. Ⅲ, s 1.

[3] See U. S. Const. art. Ⅱ, s 1, cl. 1.

[4] See Lawrence Lessig & Cass R. Sunstein, *The President and the Administration*, 94 Columbia Law Review 1 (1994).

[5] See Morrison v. Olson, 487 U. S. 654 (1988).

(independent counsel)对违反联邦刑法的某些高级政府官员进行调查,并在适当情况下起诉他们”。[1]根据该法案的规定,DOJ 部长进行调查以确定是否有必要任命独立检察官。如果有必要的话,由联邦最高法院设立一个特别部门以任命独立检察官。关于独立检察官管辖范围内的所有事务,该法授予检察官充分的、独立的权力,以行使 DOJ、DOJ 部长和 DOJ 任何其他官员或雇员的所有调查和起诉职能和权力。DOJ 部长只有在有理由的情况下才可以撤换独立检察官。否则,只有当独立检察官通知总检察长他已经完成或实质上完成了根据本法进行的任何调查或起诉时,独立检察官的职责方结束。

在 Morrison v. Olson 案中,根据法院的说法,EGA 的这些条款提出了两个权力分立的问题:第一,“该法案的规定是否限制了 DOJ 部长罢免独立检察官的权力……不允许干涉总统行使宪法规定的职能”;第二,“从整体上看,该法案是否通过削弱总统控制独立检察官行使检察权的能力而违反了权力分立原则”。[2] 在决定这一国会授予行政部门以外人员的行政权是否符合宪法“行政权力应归属于美利坚合众国总统”的总统职责规定时,法院不认同 EGA“妨碍行政部门完成其宪法赋予的职能,破坏协调部门之间的适当平衡”[3],并从程序启动、范围和终止三个方面进行分析,即 Morrison 规则。

首先,在任命开始前,DOJ 对独立检察官有充分的控制。独立检察官的任命需要 DOJ 部长提出请求,如果 DOJ 部长经过充分调查后,发现“没有合理的理由相信进一步调查是有必要的”[4],并且拒绝申请任命独立检察官,那么就没有独立检察官的任命。其次,DOJ 还控制着独立检察官管辖案件的范围和行为。而且,独立检察官必须遵守 DOJ 的规则和政策。[5]最后,DOJ 部长有权撤换独立检察官,终止其活动。不可否认的是,EGA 减少了总检察长和总统对某一类涉嫌犯罪活动的调查和起诉的控制或监督

---

[1] See 28 U. S. C. § § 49,591 –599 (1982 & Supp. V 1987).

[2] See Morrison v. Olson,487 U. S. 654,685 (1988).

[3] Morrison v. Olson,487 U. S. 654,695 –696 (1988).

[4] Morrison v. Olson,487 U. S. 654,660 –661 (1988).

[5] See Morrison v. Olson,487 U. S. 654,696 (1988).

力度。DOJ 部长的监督虽然不是绝对的,但在宪法上是充分的,由于 DOJ 部长保留了对独立检察官调查的启动、范围、进行和终止的若干重要控制机制,因此,法院得出结论:"该法案的这些特征使行政部门能够充分控制独立检察官,以确保总统能够履行其宪法规定的职责。"〔1〕

(二)Morrison 规则与公民诉讼

有学者认为,公民诉讼条款不违反宪法确定的"行政权力应归属于美利坚合众国总统",因为"联邦环境法中的公民诉讼条款包括对公民诉讼的限制,保证总统保留对联邦环境法律执行的充分控制,以确保他能履行其宪法规定的职责"。〔2〕一些法院也将环境公民诉讼诉前通知、政府介入等程序限制视为行政机构对公民诉讼的"充分控制"。〔3〕但也有学者认为公民诉讼无法满足 Morrison 规则,因为公民诉讼无法使行政机构对执行联邦环境法律拥有充分的控制权。

首先,公民诉讼没有满足 Morrison 规则关于程序启动的要求,因为行政机构不能阻止对涉嫌违法者提起诉讼。行政机构确实有权在公民诉讼意图通知发出后的 60 日通过勤勉执法阻却公民诉讼,但由于行政资源不足,行政机构无法在 60 日内对每一件通知进行审查并采取执法措施。而且即使行政机构确实采取执法行动,公民也有权干预后续行动,无论行政机构是否希望得到帮助。因此,行政机构缺乏阻止诉讼进行或阻止私人公民参与的权力。其次,行政机构无法控制公民原告的参与。EGA 和告发人诉讼均允许行政机构监督和限制独立检察官或告发人的参与,但公民诉讼并未提供任何机制以便行政机构在诉讼开始后遏制公民参与。行政机构没有权力迫使公民原告遵守政府政策,公民原告可以忽略行政机

---

〔1〕 Morrison v. Olson,487 U. S. 654,696 (1988).

〔2〕 See Stephen M. Johnson, *Private Plaintiffs, Public Rights: Article* Ⅱ *and Environmental Citizen Suits*,49 University of Kansas Law Review 383 (2001).

〔3〕 See Chesapeake Bay Found. v. Bethlehem Steel Corp. ,652 F. Supp. 620,625 –26 (D. Md. 1987) ;cf. Atlantic States Legal Found. v. Buffalo Envelope,823 F. Supp. 1065,1076 (W. D. N. Y 1993) ;Delaware Valley Toxics Coalition v. Kurz – Hastings, Inc. ,813 F. Supp. 1132,1138 (E. D. Pa. 1993).

构的自由裁量权或政策,通过起诉来干涉行政权。最后,公民诉讼并不符合 Morrison 规则的终止权。不同于 EGA 和告发人诉讼都赋予行政机构终止调查或起诉的重要权力,公民诉讼一旦开始,行政机构就几乎没有权力终止它。虽然行政机构可能进行干预,但不能将公民从原告中移除,一旦诉讼开始,行政机构不能排除它认为毫无必要的诉讼。可见,行政机构对公民诉讼原告的控制程度远远低于对告发人或独立检察官的控制力度。

当公民执行法律时,总统的行政权力就不能充分地行使。公民原告,尤其是在寻求罚款救济时,在追求公共利益方面行使着重要权力,履行了一系列行政机构所享有的行政职责。这些私人检察长在执行环境法律方面发挥了重要作用,可行使环境法律赋予的起诉权。为了行使这一权力,公民原告必须按照《宪法》第 2 条第 2 款的规定任命。由于私人检察官没有被如此任命,国会授予公民权利,以寻求罚款,这点是有违宪法的。环境法规并没有为行政机构预留对公民诉讼的充分控制权;实际上,行政机构对此几乎没有任何控制权。因此,有学者认为环境公民诉讼制度破坏了检察权的行使和行政部门行使自由裁量权,从而破坏了行政部门在《宪法》第 2 条下的权力及独立性。

(三)公民诉讼与三权分立原则的价值衡量

有学者认为,立法者可能被公民诉讼的短期利益所诱惑,但是宪法的完整性、三权分立原则对美国人民的保护以及法律结构的维护,比这些短期利益更有价值。尽管有令人信服的政策理由使这种公民执法方式很诱人,但却不值得牺牲《宪法》所确立的三权分立原则。[1]对此,有学者认为,如果公民诉讼制度的目标是更有力地执行环境法律,这一目标可以通过其他方式来实现。例如,国会可以为 EPA 拨款,使 EPA 有更多的执法

---

〔1〕 See Charles S. Abell, *Ignoring the Trees for the Forests: How the Citizen Suit Provision of the Clean Water Act Violates the Constitution's Separation of Powers Principle*, 81 Virginia Law Review 1957 (1995).

资源,或者可以重新制定违法标准促使违法者严格遵守环境法律。[1]这些手段可能很困难,也可能需要做更多的牺牲,但是像公民诉讼这样的制度可能会破坏国家建立的基本制度。还有学者认为,公民诉讼制度使法院从比以往更广泛的角度看待三权分立原则,因为公民诉讼不仅涉及联邦政府三个部门之间的关系,还涉及公民参与联邦法律的日常执行。因此,解决公民诉讼合宪性问题需要法院决定什么是公民诉讼,以及公民在联邦政府的三方体系中处于什么位置。[2]

针对环境公民诉讼的合宪性问题并非是结论性的,但至少引发了人们对这类诉讼增长的担忧。[3]毫无疑问,环境公民诉讼可能会影响总统行使起诉裁量权和总统对执法诉讼的控制。虽然公民执法可能会影响总统执行法律的控制权,但公民诉讼的限制措施确保总统对公民诉讼控制的权力。此外,法律授权的公民诉讼使总统能够更有效地平衡执法资源。因此,联邦环境法中的公民诉讼条款包括对公民诉讼的限制,保证总统对联邦环境法的执行保持充分控制,以确保他能履行宪法赋予其的职责。因此,公民诉讼条款不会违反《宪法》第2条。[4]此外,司法实践中,大多数法院一致地裁定公民诉讼是符合宪法的。[5]

四、公民诉讼权利的滥用

作为一种为保护公益而由私人实施的特殊制度,环境公益诉讼不可

[1] See Charles S. Abell, *Ignoring the Trees for the Forests: How the Citizen Suit Provision of the Clean Water Act Violates the Constitution's Separation of Powers Principle*, 81 Virginia Law Review 1957 (1995).

[2] See Robin Kundis Craig, *Will Separation of Powers Challenges Take Care of Environmental Citizen Suits? Article Ⅱ, Injury – Infact, Private Enforcers, and Lessons from Qui Tam Litiagation*, 72 University of Colorado Law Review 93 (2001).

[3] See Frank B. Cross, *Rethinking Environmental Citizen Suits*, 8 Temple Environmental Law and Technology Journal 55 (1989).

[4] See Stephen M. Johnson, *Private Plaintiffs, Public Rights: Article Ⅱ and Environmental Citizen Suits*, 49 University of Kansas Law Review 383 (2001).

[5] See e. g., ASLF v. Buffalo Envelope, 823 F. Supp. 1065 (W. D. N. Y. 1993).

避免地兼具公、私不同属性。[1]环境公民诉讼条款旨在通过利他主义的私人来补充政府对环境法律的执行不力,私人执法已经并将继续在环境保护方面发挥关键作用。然而,使用公民诉讼条款的个人不受政府监督,也不对大众负责。至少在理论上,私人执法者有可能通过选择性起诉违法行为来扭曲执法,公民诉讼有可能被滥用。当国会于1970年审议CAA的公民诉讼条款时,就向私人公民提出利他主义的推定。例如,在参议院辩论期间,参议员加里·哈特断言,“公民诉讼条款……除了保护那些起诉和其他同样位置的人的健康和福利之外,没有提供任何其他激励措施”[2]。公民诉讼条款的首创者约瑟夫·萨克斯教授认为,环境诉讼当事人正在捍卫“公益信托”(public trust)。[3]虽然这些关于参与公民诉讼的私人当事人的假设在20世纪70年代可能具有根据,但今天没有。[4]

(一)利用公民诉讼获取经济利益

尽管公民在环境公民诉讼中没有显在的经济利益受损,并不意味着其不会在该类诉讼中获得经济利益。公民原告可以通过庭外和解、律师费用转移等形式来获取经济利益。为了防止公民利用环境公民诉讼制度谋取个人利益,国会明确表示提起公民诉讼的原告“没有经济利益希望”(no hope of financial gain)[5],即公民不能提起损害赔偿,只能寻求禁令救济。[6]虽然法院可以对违法者判处高达25,000美元的罚款,但这些罚款不是支付给公民诉讼原告,而是支付给美国财政部。立法者认为,对于

---

〔1〕 参见巩固:《大同小异抑或貌合神离?中美环境公益诉讼比较研究》,载《比较法研究》2017年第2期。

〔2〕 Envtl. Policy Div. of the Cong. Research Serv. of the Library of Cong. for the Comm. on Public Works, 93D Cong., A Legislative History of the Clean Air Act Amendments of 1970, 355 (Comm. Print 1974).

〔3〕 See Reuel E. Schiller, *Enlarging the Administrative Polity: Administrative Law and the Changing Definition of Pluralism*, 1945 – 1970, 53 Vanderbilt Law Review 1389 (2000).

〔4〕 See William Yeatman, *Deadline Citizen Suits: An Idea Whose Time Has Expired*, 8 Appalachian Natural Resources Law Journal 51 (2014).

〔5〕 116 CONG. REC. 33,104 (1970) (quoting Senator Hart).

〔6〕 See 42 U. S. C. § 7604(b)(1)(B).

公民来说，由于不能诉请损害赔偿，加之被法院认定为“虚妄的、滋扰性”诉讼而负担对方律师费用的可能性，就能够阻止任何不必要的诉讼。[1]

根据法律规定，所有罚款应向美国财政部支付，这一规定旨在确保严格的利他主义的公民诉讼，但这也导致公民诉讼原告和违法者进行和解谈判转移支付（而非支付给美国财政部）。[2]和解以其灵活、方便、快捷的优点，迅速在美国环境公民诉讼司法实践中盛行。然而，公民诉讼及和解案件的增多，开始令人担忧其是否会成为勒索被告公司捐款的工具。[3]例如，在 Friends of the Earth v. Eastman Kodak Co. 案[4]中，尽管法院认为该案“一开始就没有多少污染问题”，但被告最终与环保组织达成了 49,000 美元的和解协议以结束案件。因此，公民原告可能将公民诉讼作为一种策略性的威胁手段，以诉讼程序导致的时间拖延及经济成本迫使违法者给予令其满意的经济补偿。经济激励在私人环境执法中的主导作用已被广泛认可。[5]以 CWA 为例，大多数评论家认为 1982 年之后依据 CWA 提起公民诉讼的案件数量激增不能归因于环保组织的意识形态承诺或意外偏好、水质突然恶化或政府执法的松懈，而是由 CWA 提供的独特有力的激励措施引发的。CWA 授权公民诉讼原告可以寻求罚款救济，这意味着公民诉讼更追求罚款。在对违法行为作出的罚款中，可以更清楚地发现这一现象。EPA 制定了一项衡量罚款的政策，旨在“威慑、公平和公正地对待受监管群体”。[6]虽然公民执法者在理论上使用 EPA 的政策来决定罚款的数额，但在实践中，公民寻求的罚款要比 EPA 多得多。有学者发现，“公民团体寻求的罚款救济数额比 EPA 通常要高出 10

---

[1] See 116 Cong. Rec. 32,902 (1970) (statement of Sen. Muskie).

[2] See Michael S. Greve, *The Private Enforcement of Environmental Law*, 65 Tulane Law Review 339 (1990).

[3] See Frank B. Cross, *Rethinking Environmental Citizen Suits*, 8 Temple Environmental Law and Technology Journal 55 (1989).

[4] See Friends of the Earth v. Eastman Kodak Co. 834 F. 2d 295 (2d Cir. 1987).

[5] See Michael S. Greve, *The Private Enforcement of Environmental Law*, 65 Tulane Law Review 339 (1990).

[6] See 41 Env't Rep. (BNA) 2991 (1984).

倍到100倍"[1]。

环境公民诉讼律师费用转移规则存在着被滥用的风险。律师费用转移规则作为公民诉讼制度的安全阀,旨在极大地缓解普通民众及环保团体提起此类诉讼的"经济压力",并将滋扰性的公民诉讼排除在法院大门之外。但有学者研究表明,20世纪80年代大多数公民诉讼的被告是作为违法者的公司,原告公民可以从被告给付的律师费用中获利是其起诉的重要原因之一。[2]以Student Public Interest Research Group of New Jersey,Inc. v. AT & T Bell Laboratories案[3]为例,联邦第三巡回上诉法院认为,CWA要求按照市场价格(market rate)标准来计算律师费用,即使原告实际支付的律师费用大大低于市场价格。在本案中,被告承担原告的律师费用是以每小时85美元至185美元的价格计算,而不是按照原告实际支付给律师的每小时60美元至80美元的价格计算。这种律师费用转移数额远远超过了原告实际支付的律师费用,对于原告来说是有利可图的。

另外,由于环境公共利益是不特定多数人的普遍性利益,具有分散性和广泛性,不可避免地导致大量的利益冲突,公民诉讼律师的私人利益与公共利益之间的冲突即是其中之一。在一般的诉讼中,律师所代表的利益通常是协商确定的。但是,无组织、不确定人群的利益不易识别,加之没有健全的决定优势利益的机制,导致律师主张的可能是个人利益或少数人的利益,而非应当代表的公共利益,这是危险的。对此,斯图尔特教授(Richard B. Stewart)在分析美国公益诉讼时就指出,一般情况下,缺乏责任机制来约束律师,以使其忠诚于自己声称代表的、分散性利益。[4]也

---

[1] Barry Boyer & Errol Meidinger, *Privatizing Regulatory Enforcement: A Preliminary Assessment of Citizen Suits under Federal Environmental Laws*, 34 Buffalo Law Review 837 (1985).

[2] See Michael S. Greve, *The Private Enforcement of Environmental Law*, 65 Tulane Law Review 339 (1990).

[3] See Student Public Interest Research Group of New Jersey, Inc. v. AT & T Bell Laboratories, 842 F. 2d 1436, 1448 (3d Cir. 1988).

[4] See Richard B. Stewart, *The Reformation of American Administrative Law*, 88 Harvard Law Review 1669 (1975).

有学者认为更多的律师伪装成“环境律师”,实际上他们是为商业企业和污染者工作,试图规避和破坏环境法律,而不是作为试图保护环境和公共健康的律师。[1]因此,如何在公民诉讼中合理有效地约束原告及律师,同样是公民诉讼制度必须应对的挑战。

经济激励在私人环境执法中的主导作用得到了广泛认可。实际上,几乎所有的强制执法公民诉讼都是由国家环保组织提出的,而在40年前法律制定者无法识别这些组织。1975年,美国哥伦比亚特区巡回上诉法院指出,“诸如Natural Resources Defense Council等组织从未在经济上获得过保障。”[2]2012年Natural Resources Defense Council的收入超过10,300万美元,在2012年年初,Sierra Club的资产超过8200万美元。经过多年的发展,这些环保组织组建良好,有足够的资金来提起诉讼。而且,提起诉讼在技术上也是可以实现的。1982年,当记录保存系统牢固建立时,CWA及其监管机构使诉讼当事人提起、证明和胜诉案件比任何其他环境法规都更容易和更便宜。与此同时,CWA的罚款规定意味着私人诉讼具有“提取价值”(extraction value),导致协商转移支付。在诉讼中达成和解协议获取资金,又推动这些组织提起更多的公民诉讼。

(二)垄断私人执法权

当公民诉讼条款首次纳入环境法规时,国会预设公民诉讼通常是由“关切的公民”(concerned citizens)提起,而不是由全国性的环保组织发起。[3]当时,大多数环境组织刚刚成立,规模很小,没有能力提起众多的公民诉讼。然而随着环保组织的日益壮大,司法实践中公民诉讼通常不是由“关切的公民”提起的,而是由专业游说团体和诉讼团体提起的,环保组织垄断私人执法权并不是公民诉讼条款的最初目的。马克尔·格雷夫教授研究发现,大型环境组织提起大约2/3的CWA的公民诉讼,其中一

---

[1] See Mark Dowie, *Losing Ground: American Environmentalism at the Close of the Twentieth Century*, The MIT Press, 1995.

[2] See Natural Resources Defense Council v. EPA, 512 F. 2d 1351, 1358 (D. C. Cir. 1975).

[3] See Schwartz & Hackett, *Citizen Suits Against Private Industry under the Clean Water Act*, 17 Natural. Resources Law 327 (1984).

半的通知仅由 5 个环保组织发出——Sierra Club、Atlantic States Legal Foundation、Natural Resources Defense Council、Friends of the Earth 和 Public Interest Research Groups。基于这些数据，马克尔·格雷夫教授指出，大多数公民诉讼都是由大型环境保护团体提出的，形成了环境执法的"垄断"(cartel)。[1]据此，马克尔·格雷夫教授反对继续扩大使用环境公民诉讼。

马克·道伊教授批评了诸如 Sierra Club、Atlantic States Legal Foundation、Natural Resources Defense Council 等大型环保组织，这些组织主要位于华盛顿特区，在全国范围内运作。马克·道伊教授指出，在 20 世纪 60 年代和 70 年代取得巨大成功和突出的大型环保组织在现在面临着批判，问题在于他们已经与基层失去了联系，被大企业所吸引，而且往往以妥协的名义牺牲环境保护的目标。为了保持自己的地位，大型环保组织现在花费了太多时间在筹款活动上，并与华盛顿的精英们保持密切的联系。例如，马克·道伊教授详细地指出世界地球日活动如何由企业赞助商主导，有多少全国性组织在其董事会中为大企业代表安排席位。

而且，由少数的环保组织垄断公民诉讼，会造成执法不力或选择性执法。一个拥有全国会员名单的环保组织可以选择在全国各地寻找被诉的污染者，在选择被诉违法者上拥有广泛的裁量权。公共利益组织的领导人是政治企业家，他们试图获得媒体关注和公众对其事业和活动的支持。良好的宣传将提高环保组织筹集资金和吸引成员的能力，也可以在政治上推动组织的事业。诉讼作为一种良好的宣传手段，法庭胜利是一项有形且有说服力的筹款资产。[2]公民可能没有兴趣推进国家执法体系的目标或更广泛的公众利益战略目标，而是有针对性的选择执法，导致环境法律在实施上存在地理偏差，加剧环境执法的整体不平衡性。例如，公民和

---

〔1〕 See Michael S. Greve, *The Private Enforcement of Environmental Law*, 65 Tulane Law Review 339 (1990).

〔2〕 See Richard B. Stewart, *The Discontents of Legalism: Interest Group Relations in Administrative Regulation*, 1985 Wisconsin Law Review 655 (1985).

环保组织在中部各州特别活跃,但在西部各州则很少提起公民诉讼。[1]环保组织在制定诉讼优先事项时也更多地考虑相对容易胜利的诉讼,[2]在选择案件时偏向保守,很少啃那些败诉率高但具有重大意义的“硬骨头”,这与最初确立公民诉讼制度时的理念不符。

第三节 环境公民诉讼制度的评述

从前文的讨论来看,当行政机构执法负担过重或迟延执法时,公民诉讼制度可能促进环境保护。公民诉讼在美国的成功使其他国家纷纷效仿,许多国外法律在保护人类健康及福利的领域中规定公民诉讼或类似制度。[3]但随着时代变迁及司法实践的丰富,环境公民诉讼制度也不断演变。自 1970 年 CAA 首次纳入环境公民诉讼条款以来,国会几乎没有对公民诉讼的基本结构做出重大修改,仅有的修改也仅限于扩大司法救济措施,但即使这种相对有限的修改也是缓慢且偶然的,可见国会并不愿意重新审视公民诉讼的基本框架,更不用说废除公民诉讼制度。[4]当然,公民诉讼制度不一定要废除,重要的是认识到该制度并不能实现立法者设定的彻底好处,应当将该制度放在整个环境公益保护背景下理解。

一、环境公民诉讼制度的必要性

按照一位参议员的说法,公民诉讼并不是实施环境法律的最佳方法,但公民诉讼是一种有效的执法工具,也是实现环境目标的关键因素。[5]

---

〔1〕 See Lisa Jorgenson, Jeffrey J. Kimme, *Environmental Citizen Suits: Confronting the Corporation*, Bureau of International Affairs, 1988, p. 19.

〔2〕 See Jonathan H. Adler, *Stand or Deliver: Citizen Suits, Standing, and Environmental Protection*, 12 Duke Environmental Law and Policy Forum 39 (2001).

〔3〕 See Jeffrey G. Miller, *Citizen Suits: Private Enforcement of Federal Pollution Control Laws*, Wiley Law Publications, 1987, p. 6.

〔4〕 See Barton H. Thompson, Jr., *The Continuing Innovation of Citizen Enforcement*, 2000 University of Illinois Law Review 185 (2000).

〔5〕 See 116 Cong. Rec. 42, 382 (1970) (statement of Sen. Muskie).

通过让政府以外的人员参与执法工作,公民诉讼条款提高了可用于执行环境法律的资源总体水平,并增加了政府或其他机构对违法者采取执法行动的可能性。公民诉讼条款也有助于使环境法律更能适应个别社区的需要同,解决具体的问题。它们表明,社会的所有部分,而不仅仅是政府,对生活质量均负有责任。更普遍来说,公民诉讼条款强调了法治的重要性,法治是公正和可持续社会的基本要素。〔1〕

(一)国会对环境公民诉讼制度的态度

作为首个将公民诉讼上升至立法层面的环境法规,1970 年制定的 CAA 是在非常匆忙和情绪化的氛围下通过的。该法案的公民诉讼条款是在最后一刻加入的,是由该法案的主要发起者——参议员马斯基操纵的国会委员会通过的。〔2〕在 CAA 公民诉讼条款通过后的几年中,国会通过修改已有的环境法规以及在新的环境法规中纳入公民诉讼条款等方式,表明国会对公民诉讼制度的支持态度。在 1972 年制定 ESA 时,公众参与理念已经被国会普遍接受,以至于将公民诉讼条款纳入该法并没有引起更多的讨论。〔3〕此后,几乎每一项环境法规都以机械的、规律性和未经深思熟虑的方式规定了几乎相同的公民诉讼条款。虽然这些后续环境法规中包含的公民诉讼条款与 CAA 的规定并不完全相同,但内容的相似性表明它们是根据 CAA 公民诉讼条款及其指导原则为模板的。在此之前,可能没有环境法规的章节明显地适用于其他法规的先例。〔4〕该制度业已成为联邦环境法律的常规特征,〔5〕旨在消除这些(诉讼资格和程序

---

〔1〕 See John C. Dernbach, *Citizen Suits And Sustainability*, 10 Widener Law Review 503 (2004).

〔2〕 See J. Rabkin, *Judicial Compulsions, How Public Law Distorts Public Policy*, Cambridge University Press, 1989, p. 283.

〔3〕 See Karl S. Coplan, *Refracting the Spectrum of Clean Water Act Standing in Light of Lujan v. Defenders of Wildlife*, 22 Columbia Journal of Environmental Law 169 (1997).

〔4〕 See North Slope Borough v. Andrus, 515 F. Supp. 961, 964, 11 ELR 20419, 20420 (D. D. C. 1981).

〔5〕 See Stephen Fotis, *Private Enforcement of the Clean Air Act and the Clean Water Act*, 35 American University Law Review 127 (1985).

性的)障碍,以迅速解决环境问题。

对 CWA 和 CAA 修正案进一步深入了解可以发现国会对公民诉讼的态度。例如,由于行政机构对公民诉讼和解的担忧,1987 年,国会修订了 CWA 的公民诉讼条款,要求 DOJ 和 EPA 审查在公民诉讼过程中拟定的和解协议。[1]国会这样做表明其对私下谈判达成协议的认可,同时又回应了行政部门的担忧,即越来越多的私人和解协议将导致执法决定的不一致和不可预测性。[2]国会发现,包括 SEP 在内的和解将保留执法行动的惩罚性质,同时将收集到的资金用于环境保护。又如,联邦最高法院在 1987 年对 Gwaltney of Smithfield, Ltd. v. Chesapeake Bay Foundation 案[3]的判决被视为公民执行联邦环境法的分水岭。该判决可能导致一种可能性,即一旦公民诉讼开始,被告在诉讼结束之前补救被诉的违法行为,从而使正在诉讼中的违法行为变成过去违法行为。如果公民诉讼条款罚款救济仍停留在联邦最高法院的解释中,那么更多的法院可能会推迟做出决定,直到此案诉由消失。联邦最高法院对公民诉讼罚款救济适用范围的狭窄解读使得参议员批评这是一项不好的政策,[4]并引发了国会的回应。[5]1990 年,国会通过修订 CWA,允许公民针对过去的违法行为提起诉讼,"如果有证据表明违法行为是重复的"[6],这实际上推翻了 Gwaltney of Smithfield, Ltd. v. Chesapeake Bay Foundation 案的先例。

公民诉讼条款使得私人公民和行政机关共同作为执法主体,确立了私人原告的公认角色,使其得以监督和保障环境法律的有效实施。为了避免可能导致的执法重复和冲突,国会授予公民有权提起诉讼的同时又对公民诉讼的全过程设置了多项限制。首先,在公民诉讼提起之前,公民

---

〔1〕 See 33 U. S. C. § 1319, 1365.

〔2〕 See Hearings on HR 100 – 3411, at 61 (1987).

〔3〕 See 484 U. S. 49 (1987).

〔4〕 See 136 Cong. Rec. 5277, 5279, 5286, 5354 – 55, 5357 – 58 (1990).

〔5〕 See Beverly McQueary Smith, *The Viability of Citizens' Suits under the Clean Water Act After Gwaltney of Smithfield v. Chesapeake Bay Foundation, Inc.*, 40 Case Western Reserve Law Review 1 (1990).

〔6〕 42 U. S. C. § 7604(a)(1).

应当将违法行为通知行政机构及违法者,[1]给行政机构履行职责的机会,同时也给违法者及时纠错的机会,避免不必要的诉累。作为环境法律的主要执法者,行政机构一旦对违法行为勤勉执法,公民便没有提起诉讼的必要。[2]因为公民诉讼并非是行政执法的干预、复制或者冲突,只有在行政机构不勤勉或不执法时才能进行。其次,在公民诉讼中,为了防止公民谋取个人经济利益,国会在法律条文中明确法院不能为公民原告提供损害赔偿的救济。公民虽然可以要求法院对违法者处以民事罚款,但该罚款支付给美国财政部,而不是公民原告。最后,在公民诉讼之后,为了减少公民提起无理诉讼给法院、被告带来的滋扰,公民诉讼并未将律师费用的转移方局限于原告,而是使用"任何一方当事人"(any party)[3]的措词,肯定了被告将律师费用转移给原告的可能性,威慑滋扰性公民诉讼的提起,在实质上起到防止滥诉的安全阀功能。这些限制措施有力地表明,公民诉讼是实现与政府执法基本相同目的的次优手段。

国会一方面肯定公民诉讼制度有力地促使行政机构更严格地执行环境法律,另一方面又对该制度设置了多种限制,这表明在对待行政机关与私人公民执行环境法律的问题上,国会试图使公民诉讼只是行政执法的补充(supplement)并不是取代(supplant),避免使公民的角色由间接性(interstitial)变成潜在侵犯性(potentially intrusive)。[4]或许最能代表国会对环境公民诉讼制度的态度就在于没有采取实质性行动——从最初环

---

[1] 例如,CWA规定:"(1)在原告发送指控违法的通知给环保局局长、违法行为所在州和被指控违反标准、限制或命令的违法者60日之前……则不得依据该法公民诉讼条款提起公民诉讼。但任何公民可基于其权利参加在美国法院提起的上述任何诉讼。"33 U.S.C.A. § 1365.

[2] 例如,CWA规定:"如果环保局局长或州政府在联邦或州的法院已经开始或正在勤勉地进行一项旨在要求违法者遵守有关排污标准、限制或命令的民事或刑事诉讼……则不得依据该法公民诉讼条款提起公民诉讼。"33 U.S.C.A. § 1365.

[3] 例如,CAA规定:"法院在对依据本条(a)所提起的任何诉讼作出终局判决时,可以将诉讼费用(包括合理的律师费)判决给任何一方当事人,只要法院认为该判决是合适的即可。"42 U.S.C. § 7604(d).

[4] See Gwaltney of Smithfield, Ltd. v. Chesapeake Bay Found., Inc., 484 U.S. 49, 60, 61 (1987).

境法案通过以来，许多包含公民诉讼条款的环境法规虽然经过数次修订，但仅有的修订是扩大司法救济措施，并没有对这些条款进行重大修订或修改，可见国会不愿重新审视公民诉讼的基本轮廓，而是支持公民诉讼制度。

（二）环境公民诉讼制度的作用

传统的监管模式在监管行动的数量和质量方面引起人们质疑。由于工作人员和信息不足，行政机构可能在执法活动中失败，不能实现保护环境的任务。在决定是否采取执法行动时，行政机构常常被有组织的利益团体所俘获或者被程序上的繁文缛节纠缠，很少能够迅速而全面地采取行动以解决社会问题。事实上，国会对公民诉讼的热情可能反映出其担心法定承诺会受到官僚主义失败的威胁，以及一些行政机构可能被俘获。在现实中，行政机构被俘获的例子不胜枚举。[1]俘获是由信息不对称和交易成本所导致的结果。对机构俘获源于一个小群体（通常是一个行业），而该机构本应该对更大群体（通常是公众）的利益进行监管。信息不对称和交易成本阻碍了更大群体的参与。对此，美国行政法学教授皮尔斯教授指出："在制定行政政策方面，小群体比大群体有巨大优势。小群体的成员有强烈的动机积极参与每个行政机构的程序，以获得有价值的详细信息……并与主要机构工作人员建立有价值的政治联盟。相比之下，大集团中每个成员的低个人利益限制了每个成员参与机构决策过程的积极性。有效参与的高交易成本……限制了群体获得利益有效代表的能力。"[2]

由于这些限制往往使得行政机构无法充分执行环境法律，因此国会通过赋予公民起诉权促使行政机构获得法院和公民的执法援助，呼吁"用更灵活的、以激励为导向的措施取代这种命令与控制体系（command -

---

[1] See Richard B. Stewart, *The Reformation of American Administrative Law*, 88 Harvard Law Review 1669 (1975).

[2] Richard J. Pierce, Jr., *The Role of the Judiciary in Implementing an Agency Theory of Government*, 64 New York University Law Review 1239 (1989).

and – control system)”。[1]在对监管机关执法有效性不再抱有幻想的时代,人们提出解除管制(deregulate)的方案,将管制机关的职能转移至私人(private sector)。然而,在环境保护领域,全面解除监管在理论上站不住脚,在政治上也不可接受。尽管国会通常希望采用更狭窄和更具体的授权形式,但这并不适用于行政法的所有实质性领域。因此,国会必须继续依靠法院来防止行政机构滥用被授予的裁量权。随着法院向民主行政国家模式的转变,俘获问题得到了部分解决。因此,公民诉讼可以成为基本监管改革的有效替代方案。

监管职能私有化(privatizing regulatory functions)的吸引力在诸如环境管制等领域得以加强,因为在这些领域,执法资源和行政任务之间的差距较大,而且可能还会扩大。例如,在20世纪70年代的“环境十年”(environmental decade)期间,立法机构为负担过重的行政机构赋予诸多新职责,但并没有为行政机构有效履行职责提供必要的资源。20世纪80年代的联邦预算赤字清楚地表明,职责与执法资源之间的差距不是暂时现象。即使在行政机构预算稳步增长的情况下,职责与执法之间的差距也是明显的。在可预见的未来,环境执法机构的前景是执法资源减少和监管能力下降。如果行政机构无法履行其全部职责,那么必须找到结构上的替代办法,能够在不依赖行政资源的情况下实现法定目标。公民诉讼可以通过从违法者那里收回费用来自给自足,因此成为解决资源缺口的部分办法。[2]而且,拥有公民诉讼权力的私人团体没有那些妨碍政府执法者的官僚制度和政治约束的限制。

公民诉讼发挥着重要的作用。首先,公民诉讼对行政权力进行监督。在选择违法者数量时,行政机构几乎拥有完全的自由裁量权。如果行政机构对环境监管持敌对态度,则可能导致执法不力的问题,因此不太倾向于将执法资源分配给环境执法。例如,在里根政府期间,EPA执法活动的

[1] See Cass R. Sunstein, *What's Standing After Lujan? Of Citizen Suits, Injuries and Article Ⅲ*, 91 Michigan Law Review 163 (1992).

[2] See Barry Boyer & Errol Meidinger, *Privatizing Regulatory Enforcement: A Preliminary Assessment of Citizen Suits Under Federal Environmental Laws*, 34 Buffalo Law Review 833 (1985).

数量明显下降。有学者得出结论认为,行政机构执法数量的下降是政府没能够优先执行环境法律的直接后果。[1]其次,公民诉讼也增强了行政机构的责任。在某种程度上,动员起来的支持监管的团体可以抵销被监管者的影响,迫使行政机构接受或至少回应他们的观点。那些试图影响行政机构的支持监管的团体可以打破被监管者可能拥有的信息和互动的垄断,而且它们还可以消除被监管者在立法过程中对行政机构的威胁。通过允许公民在行政机构未能执行法律时执法,公民诉讼会激励行政机构彻底地执行法律,否则将面临严厉的处罚。通过这种方式,公民诉讼可以防止行政机构被俘获——也就是说,被监管者对监管机构的不当影响,从而使这些行政机构抛弃执法责任。最后,公民诉讼也为有意义的公众参与政治进程提供了机会——特别是在执行环境监管方面。[2]通过促进受过良好教育和政治活跃的公民参与其中,公民诉讼可以更广泛地进行环境保护,而不仅仅是执法。

然而,公民诉讼扰乱政府执法的风险是显而易见的。但是公民诉讼的问题不应被过分夸大,因为 EPA 本身就断断续续地鼓励此类诉讼。EPA 非常清楚自身的局限性,并于 1990 年公开承认公民诉讼的价值:"我们可以预期,由于公众的环保意识不断提高以及政府执法资源的紧缩,将来公民诉讼将会增加。在公民组织成功执法的情况下,就取得了积极成果;也就是说,公民诉讼补救措施的可用性有助于填补行政机构稀缺的执法资源。此外,在某种程度上如果受监管者将公民执法视为不可预测的,那么公民诉讼的事实将产生更大的威慑效果,促使受监管者积极守法以避免联邦、州执法或者公民诉讼。"[3]因此,公民诉讼不是仅仅用于偶然刺激不情愿的行政机构采取行动的手段,也不是对不寻常的行政失误的

---

〔1〕 See Kristi M. Smith, *Who's Suing Whom?: A Comparison Of Government and Citizen Suit Environmental Enforcement Actions Brought Under EPA - Administered Statutes*, 1995 - 2000, 29 Columbia Journal of Environmental Law 359 (2004).

〔2〕 See Cass R. Sunstein, *What's Standing After Lujan? Of Citizen Suits, Injuries and Article* Ⅲ, 91 Michigan Law Review 163 (1992).

〔3〕 Office of Enforcement, U. S. Envtl. Protection Agency, 22E - 2000, Enforcement in the 1990's Project: Recommendations of the Analytical Workgroups 5 - 47 to 5 - 48 (1991).

特别补救措施。相反，公民诉讼是在重要的监管领域寻求重要或可能永久性调整角色和权力的手段：设立私人检察总长（private attorneys general），其职责堪比公共检察总长（public attorney general）。[1]

（三）环境公民诉讼的定位

有充分的理由相信公民诉讼确实有助于提高行政法规的守法程度，但没有理由认为公民诉讼是现代监管改革的基本组成部分。[2]公民诉讼是复杂监管系统的一部分，在这个系统中，行政机构占有重要位置。在制定环境法律时，国会对公民诉讼制度的态度是非常谨慎的，既希望其作为行政机构不充分执法的补充，又要防止其对行政机构的执法活动造成干扰。公民诉讼日益成为环境法执法的一部分，私人执法可以在确保遵守这些法规方面发挥关键作用。它可以刺激适当的政府行动，并可以确保对可能以其他方式逃避侦查的违法者执行法律。CWA 的起草者指出，"如果联邦、州和地方机构未能履行其执法责任，公众有权根据公民诉讼条款寻求强有力的执法行动"[3]。事实上，国会发现"公民诉讼是一种经过证实的行之有效的执法工具"，其运作方式是"国会旨在刺激和补充政府的执法行动"，而这些诉讼"威慑了违法者，并取得了显著的守法成果"。[4]

虽然环境公民诉讼制度发挥着补充作用，但公民诉讼并不是行政机构的副手（deputy），公民诉讼制度具有其独立价值。总体来说，公民诉讼条款使诉诸法院成为那些受到环境退化和行政不作为威胁的人的实际选择。有了起诉的现实机会，公民就可以在平等的基础上与政府和受监管者进行谈判。诉讼的前景可以激励决策者改变传统的"决定、宣布、辩护"

---

[1] See Barry Boyer & Errol Meidinger, *Privatizing Regulatory Enforcement: A Preliminary Assessment of Citizen Suits Under Federal Environmental Laws*, 34 Buffalo Law Review 833 (1985).

[2] See Cass R. Sunstein, *What's Standing after Lujan? Of Citizen Suits Injuries and Article Ⅲ*, 91 Michigan Law Review 163 (1992).

[3] S. Rep. No. 92 – 414, at 64 (1971), Reprinted in 1972 U. S. C. C. A. N. 3668, 3730.

[4] See Senate Comm. On Env. & Pub. Works, Clean Water Act Amendments of 1985, S. Rep. No. 50, 99th Cong., 1st Sess. 28 (1985).

(decide,announce,defend)的公共关系方式,并认真对待公民关切。其结果是,公民拥有影响环境政策的真正权力。显然,公民诉讼条款不仅仅是对行政执法的补充。作为公众参与的牙齿(teeth),它们增强了环境决策的民主性。[1]

如果允许公民控制执法权,他们可能会强迫违法者守法,这样做的成本高得令人望而却步,或作为和解的一部分敲诈勒索,而和解措施仅有利于特定的环保团体,而不是整个社会。然而,如果没有潜在公民诉讼的约束,行政机构可能会由于资源匮乏被获,使违法者逃脱法律约束。私人实施法律作为与公权力实施法律相对应的一种执法机制,二者之间的关系可谓既竞争又合作。当行政机构和公民相互理解和尊重彼此的优势和弱点,并利用各自的优势来支持对方的弱点时,执行方案的影响可能大于其各部分的总和。[2]从立法目的来看,国会制定公民诉讼条款时目的是明确的,即延伸公民角色的定位,以监督和保障环境法律的有效实施。如果政府机构由于缺乏资源而显得不愿或无法采取适当的执法行动,公民可以直接提起诉讼,公民诉讼将成为一种直接执法手段。与此同时,也会存在一个真正的危险,即公民诉讼将成为执行环境法的主要工具。这导致私人检察总长可以强制执行他们自己对环境法规的解释,而不考虑行政机构做出的决定。这个问题,没有简单的答案,但首先是让所有利益相关方认识到公民诉讼的价值及问题,审慎考虑。[3]

二、行政权与公众参与权的平衡

公众和行政机构在当前环境监管中扮演着不可或缺的角色,二者均不能单独垄断执法权。不能简单地忽视公民诉讼或行政执法的价值,因

---

[1] See Adam Babich, *Citizen Suits: The Teeth in Public Participation*, 25 Environmental Law Reports 10141 (1995).

[2] See David R. Hodas, *Enforcement of Environmental Law in a Triangular Federal System: Can Three Not Be a Crowd When Enforcement Authorization Is Shared by the United States, the States, and Their Citizens?*, 54 Maryland Law Review 1552 (1995).

[3] See Ross Macfarlane & Lori Terry, *Citizen Suits: Impacts on Permitting and Agency Enforcement*, 11 Natural Resources & Environment 20 (1997).

为二者都是当前环境执法机制中的重要组成部分。因此,如何平衡行政权与公众参与权的关系是环境监管必须回答的问题。

(一)行政权的优先地位

尽管国会希望通过公民诉讼制度扩展公民在环境法律实施中的作用,但公民诉讼尚不能涵盖环境监督管理的所有范围,更不能替代行政权。行政权力作为不可或缺的重要公权力,负有维护公共利益职责。

1. 行政权的主导

公共利益理论是一种理性主义,即相信人类理性可以解决复杂的问题,行政机构被认为是专门为实现这一理想而设立的机构。行政机构是政府权力的体现,能够在其管辖范围内协调解决社会和经济问题,而且行政机构具备专业性信息和系统化知识来理解复杂的问题并制定合理的解决方案。该观点隐含着一种比较制度优势:相对于市场来说,虽然市场集中体现了大量的专门信息,但它们是分散的和不受控制的;相对于司法机关来说,虽然法院可以获得独立于争议的专门信息,但通常是分散的并且法院缺乏专业知识;相对于立法机关来说,虽然立法机关是权力的潜在来源,但它往往缺乏专门的信息和专业知识。[1]相比较来说,行政机构比这些部门更有可能实现将复杂现象置于人类理性控制之下的目标,即更能实现公共利益。

从立法目的来看,国会创设环境公民诉讼制度是为了"刺激行政机构负起执法责任",[2]而且CWA的立法报告也强调"由州采取大量的执法行动",[3]这也表明行政机构在环境公益保护方面居于主导地位。为了实现环境法律的目标,国会为行政机构确立了各种执法机制。当企业违反环保法律时,行政机构可以选择采用行政措施、民事司法措施或者刑事措施等执法措施予以纠正。尽管国会希望通过公民诉讼制度扩展公民在环境法律实施中的作用,但公民诉讼的适用范围和救济手段有限,不可能

---

〔1〕 See Thomas W. Merrill, *Capture Theory and the Courts*: 1967 – 1983, 72 Chicago – Kent Law Review 1039 (1997).

〔2〕 See S. Rep. No. 1196, 91st Cong., 2d Sess. 36 – 37(1970).

〔3〕 See S. Rep. 414, 92d Cong., 1st Sess. 64 (1972).

替代行政机构执法。例如,公众无法直接决定环境排放标准、无权颁发排污许可证、采取强制措施等,在公益保护领域,占据主导地位的仍然是行政机构。几乎所有主要的联邦环境法律均规定了公民诉讼条款,并且公民在提起此类诉讼之前应当向违法者和行政机构发出通知,这是为了让行政机构有时间自行采取执法行动。如果联邦或州政府采取执法措施,则公民诉讼便被排除。[1]

2. 综合运用多种执法措施

无论联邦环境法规多么详细,它都没有对行政机构选择执法对象或选择执法工具作出明确的限制。没有自由裁量空间的执法将造成不公正,因为合理的和微不足道的违法行为将被视为与故意和经常性违法行为相同。凯斯·桑斯坦[2],布鲁斯·阿克曼和理查德·斯图尔特[3]也认为,基于效率考量的执法计划可以为环境法律创造更好的民主。潜意识的分配的公平性促使国会实施全国统一的污染排放标准。但是,从经济角度来看,各州的排污设施和地区之间的边际减排成本可能差别很大。例如,不同的发电厂可以享有不同的比较优势,使一个发电厂的最佳守法选择不一定适用于另一个。位于美国中西部一条铁路线上的工厂,从怀俄明州可以享受廉价且随时可得的低硫煤,在其整体守法计划中将更有可能包括低硫煤。行政机构不应该试图将这些污染源中的每一个都视为相同。而且,公平思维可能导致复杂的法规迷宫,使管理变得困难,耗时且昂贵。例如,CWA 第 301 节要求 EPA 为每种类型的点源污染者设定不同的污水排放规定。[4] 这意味着 EPA 不仅需要为该法案规定的 27 个工业类别制定标准,而且还需要制定 180 个子类别和其他 45 个分类。[5]

---

[1] See 15 U. S. C. § 2619(b);33 U. S. C. § 1365(b).

[2] See Cass R. Sunstein, *Democratizing America Through Law*, 25 Suffolk University Law Review 949 (1991).

[3] See Bruce A. Ackerman & Richard B. Stewart, *Reforming Environmental Law: The Democratic Case for Market Incentives*, 13 Columbia Journal of Environmental Law 171 (1988).

[4] See 33 U. S. C. § 1311(b).

[5] See Federal Water Pollution Control Act § 307(b)(1),33 U. S. C. § 1316(b)(1) (2003).

为了实现环境法规的目标,国会为行政机构确立了各种执法机制。当排污者违反环境法律时,行政机构可以选择采用行政措施、民事司法措施或者刑事措施等执法措施加以纠正。抗衡性的执法措施(如罚款和禁令)具有威慑力。例如,EPA 的罚款政策规定。成功的威慑是重要的,因为它为环境提供了最好的保护。因此,对于诉讼案件,行政机构将要求法定最高罚款。然而,EPA 在实际中的做法可能不那么具有对抗性。有学者对 EPA 水务办公室(Office of Water)采取的执法活动行动进行了实证研究发现,非正式的守法措施不仅占到所有执法行动的 70%,而且"许多此类行动都是在非常低的(正式)级别上进行的——人们可能会把它们描述为非正式行动中最非正式的一种"。[1]

在公民诉讼日益增多的同时,传统的行政执法活动在下降。大多数行政机构正在从命令和控制(command and control)执法转向强调非对抗性执法,以提高受监管者的整体守法效果。EPA 一直在努力实施克林顿总统关于"重塑政府"(reinventing government)的行政命令,强调创新方法,超越传统模式与受监管者合作。这些计划强调监管的灵活性努力。目前盛行的"命令与控制"环境监管方式是笨拙和低效的,交易成本高,但往往无法推进环境质量目标。目前为减少对抗性政策制定所做的努力包括通过谈判制定规则、以市场为基础的污染控制制度等。这些举措避免了被政策制定过程疏远的被监管者和支持监管的利益集团的诉讼和问题解决过程中的普遍拖延,从而以较低的交易成本达到同等或更好的环境结果。

有充分的证据,特别是来自各州的证据表明,环境监管机构一直在实施合作执法(cooperative enforcement)。一些系统的实证研究和大量的证据表明,这些机构倾向于在执法过程中进行谈判和妥协,而且这种倾向仍在增加。[2]大多数监管机构更愿意与违法者进行非正式合作:与他们讨价还价或帮助他们实现自愿守法,而不是在正式的行政或司法行动中惩

[1] See Susan Hunter & Richard Waterman, *Determining an Agency's Regulatory Style: How Does the EPA Water Office Enforce the Law?*, 45 Western Political Quarterly 403 (1992).

[2] See Matthew D. Zinn, *Policing Environmental Regulatory Enforcement: Cooperation, Capture, and Citizen Suits*, 21 Stanford Environmental Law Journal 81 (2002).

罚他们的不守法行为。合作执法模式强调协商执法：监管机构和被监管者在沟通和讨价还价(communicate and bargain)中实现守法。[1]行政机构还可以提供信息，作为被监管者的顾问，以帮助其守法。作为交换，违法者可以承诺在特定日期、特定过程选择变更污染控制技术，或承诺更严格地遵守其他监管命令。

(二)公民参与的充分性

美国社会长期以来一直不信任政府，为了与这一传统保持一致，国会从未对政府机构保护公众健康和环境持有充分的信任。美国文化体现了对监管权力根深蒂固的怀疑和恐惧，并通过宪法和政治监督严格限制行政权力，公民参与被认为可以防止行政机构被俘获和腐败等官僚制弊端。

1. 公众参与的意义

美国有大量的法律制度支持公众参与原则。特别是20世纪60年代标志着美国公民参与扩大的重要时期。[2]蕾切尔·卡逊的《寂静的春天》和概述各种环境灾难的报纸头条出版后，环保运动虽然并不新鲜，但得到了新的推动。这些作品突出了快速工业发展对环境和人类健康造成的可怕后果，并强调必须采取一种更好的方式处理人与环境的关系。在复杂的代议制民主社会中，国会已经认识到公众参与是监管机制的组成部分。从建国之初到现在，美国的政治进程已经认识到公民参与是一项基本原则。[3]公众参与是一个“过程，通过这个过程，有兴趣和受影响的个人、组织和政府被咨询并纳入决策过程”。[4]公众参与确保行政机构和公众交换信息，从而使公众能够更好地了解拟议的机构计划的影响，并

[1] See Susan Hunter & Richard Waterman, *Determining an Agency's Regulatory Style: How Does the EPA Water Office Enforce the Law?*, 45 Western Political Quarterly 403 (1992).

[2] See Steven D. Shermer, *The Efficiency of Private Participation in Regulating and Enforcing the Federal Pollution Control Laws: A Model for Citizen Involvement*, 14 Journal of Environmental Law and Litigation 461 (1999).

[3] See Adam N. Bram, *Public Participation Provisions Need Not Contribute to Environmental Injustice*, 5 Temple Political & Civil Rights Law Review 145 (1996).

[4] See James L. Creighton, *The Public Involvement Manual*, Cambridge, 1981, p. 3.

让机构了解公众对这些计划的态度和关注。公民参与不仅使法律得到有意义的实施,还鼓励了政府的责任制,确保了参与式民主的继续,甚至可以提出对环境问题的创造性和社会可接受的解决办法。[1]

公众可能希望参与废物设施选址过程的一些原因包括:对公民本身或社区的经济影响,社会/环境问题,公平/价值问题等。当涉及有毒污染问题时,公众可能包括环保团体、当地居民、房主、当地企业和员工。虽然环保团体可能担心邻近河口的安全,但当地居民可能希望保护他们的饮用水供应;虽然企业的主要利益可能是避免延迟以节省利润,但员工可能会集中精力保护自己的工作。公共利益集团代表保证社区的所有受影响的部分都有机会对任何行政机构提案进行自我教育并表达他们的关注和愿望。信息交流包括行政机构与公众之间的对话,其可以达到使公众能够掌握拟议的行政机构计划的效果,并使行政机构对公众观点和关注的范围有所了解。公共利益调解和可接受性依赖于妥协和谈判的过程,以确保最终计划通常能够反映竞争利益集团的价值。行政机构的回应表明该机构已将公众的观点纳入最终决策、结果或计划。通过让政府以外的人员参与执法工作,公民诉讼条款提高了可用于执行环境法律的总体资源水平,并增加了(政府或其他机构)对违法者采取执法行动的可能性。公民诉讼是公众参与的重要形式,但不是唯一形式。

2. 公众参与的全程性

虽然政府机构仍然拥有主要的监管权力,但几乎在监管过程的每一步中,公众都有权参与行政执法过程。立法者和司法机关已经关注和肯定了公众参与的重要价值,联邦环境监管法律以公众参与为中心赋予公众环境信息知情权、行政程序参与权和司法救济权,公众参与无所不在。

首先,当行政机构制定行政规则时,公众参与了该规则的制定过程。行政规则是美国法律规范的一项重要的渊源,很多具有不同任务和政治使命的行政机构都制定行政规则。APA 和 NEPA 是扩大公众参与国家环境行政决策的两大主要来源。例如,APA 规定,公众有权查阅有关机构组织结构和各方文件,获取行政机构政策、手册、决定和供公众查阅的其他

---

[1] See Raj Anand & Ian G. Scott, *Financing Public Participation in Environmental Decision-making*, 60 Canadian Bar Review 81 (1982).

记录的过程信息;它还提供了便于向提出请求的任何人传播文件的说明。[1]该法进一步规定,在涉及非正式规则制定的情况下,公众应得到通知并有机会发表评论;对于正式的规则制定,公众必须有机会参加公开听证会。[2]APA 要求行政机关应当保障利害关系人申请发布和废除行政规则的权利。除非存在法律另有规定的紧急状况和例外情况,行政机构通过公告告知公众行政规则的主要内容或者草案,公布于联邦公报之上,使公众了解知晓行政规则的内容,进而决定是否对行政规则进行评论和参与。规则制定的通知和评论(Notice – and – Comment Rulemaking)是一种准立法程序,在收到书面和口头评论的意见之后,行政机构通常会重新审议暂定规则,这种程序是以立法机关的代表和政治程序为蓝本。参与者只是陈述自己的观点,通常不接受盘问。公共利益团体通常被允许自由参与规则制定的通知和评论。

其次,当立法草案成为法律之后,公众可以参与行政机构实施条例的起草工作,对拟议的条例提出意见,并寻求对被认为与国会授权不符的条例进行司法审查。赋予利益相关方与监管机构和受监管实体平等参与的权利,要求建立与现有机制类似但远远超出现行法律规定的参与机会的公民参与机制。例如,1986 年《应急规划与社区知情权法》(Emergency Planning and Community Right – to – Know Act)确立了州、区域和地方机构的框架,旨在向公众通报危险化学品的存在,并在这些化学品威胁健康时提供紧急反应。[3]这种机制使公民能够获得行政机构可获得的所有信息,使公民能够有效参与环境监管。又如,CWA 要求排污设施必须获得 NPDES 许可证,[4]该许可证要求被许可人履行排放设施的各项监控记录并向行政机构报告。由于监测记录、排污报告向公众开放,公民可以快速廉价地获取任何排污设施的信息。而且,在行政机构拟定行政处罚之后,应当在《联邦公报》上发布通知并接受公众评论;[5]在评论结束和行

[1] See Administrative Procedures Act § 552 (a) (1946).

[2] See Administrative Procedures Act § § 553,556,557.

[3] See 42 U. S. C. § § 11022,11023 (1994).

[4] See 33 U. S. C. A. § 1342.

[5] See 33 U. S. C. § 1319(g)(4)(A).

政命令发布之前,行政机构应当举行听证会,任何对拟定处罚发表意见的人都可以参加该听证会;[1]一旦行政命令最终做出,任何对该行政命令进行评论的人都可以寻求司法审查。[2]

最后,如果行政机构在前述的行政程序后忽视了违法行为或不履行非自由裁量职责,那么这将使之前的公众参与活动变得毫无意义。当公众具有现实的诉讼能力时,公民通常可以在不实际提起大量诉讼的情况下参与行政程序。"即使案件本身尚未被提起,但仅仅是存在公民诉讼条款(允许第三方迫使行政机关履行职责)的事实"[3],就足以促使行政机关履行职责。诉讼的可能性——不一定是诉讼本身——为公民提供了参与政府决策的能力。为了确保特定的环境结果,公民可以在联邦法院中采取三种一般类型的诉讼:(1)针对违法者执行联邦环境法的私人诉讼权利;(2)强制联邦行政机构采取行动执行联邦环境法的诉讼;(3)对联邦行政机构行动进行司法审查的诉讼。[4]在这三种诉讼中,强迫联邦机构采取行动通常需要的时间和资源最少,因为它涉及有限的证据引入,并侧重于明确适用相关法规。[5]然而,寻求对违法者进行司法审查或执法的行动通常需要更多的时间和资源,因为它们涉及更复杂的事实和程序问题。

为了使公民诉讼切实可行,公众必须能够获得有关受监管实体守法状况的准确信息。一些环境法规和许可证——尤其是 CWA——要求受监管方监督自己的排污行为并检查排污设施。受监管者必须定期向州或联邦机构提交详细的监测结果报告,并且必须保存其检测记录。根据

[1] See 33 U. S. C. § 1319(g)(4)(C).

[2] See 33 U. S. C. § 1319(g)(8).

[3] Donald J. Barry, *Opportunity in the Face of Danger: The Pragmatic Development of Habitat Conservation Plans*, 4 Hastings West—Northwest Journal of Environmental Law and Policy 129 (1998).

[4] See Charles C. Caldart et al., Public Interest Environmental Litigation, ENVI MA – CLE 4 – i:5 (1999).

[5] See Charles C. Caldart et al., Public Interest Environmental Litigation, ENVI MA – CLE 4 – i:5 (1999).

FOIA[1]和各种州公开记录法,公众有权审查受监管者和政府的检查报告。此外,《应急计划和社区知情权法》要求受监管者收集和发布有关排污的报告。[2]有时候,政府会隐瞒一些数据来保护企业的商业秘密,但总的来说,公民可以通过一种实用的方式获取数据,这些数据通常可以识别违法者。因此,公民诉讼制度使公民可以对违法者或者行政机关提起诉讼,切实地执行环境法律。

综上所述,公众参与贯穿环境法律的全过程,通过公众评论、听证和司法审查等形式,防止行政专权和武断,最大限度地限制行政主体公权力的滥用。在所有可能的情况下,行政执法与公众参与的结合将产生最大的环境效益。例如,在20世纪八九十年代,铅的排放量和环境浓度均明显下降,美国人的平均血铅水平也有所下降。这主要是由于1976年环保组织提起 Natural Resources Defense Council, Inc. v. Train[3]案促使 EPA 于1978年颁布了铅的排放标准。[4]

三、发挥法院的能动性

美国司法的能动性是保障美国权力分立与制衡机制的重要因素。在环境保护中,行政机构具有多种执法措施,有选择司法渠道还是行政渠道的权利,相应地,公民在行政权力不当适用或者怠于行使时完全可以主动寻求司法渠道的救济。行政机构、公民和法院三者之间很好地衔接、制约和监督,确保了公民诉讼的顺利进行。公民诉讼是杠杆,司法审查是阿基米德支点,二者结合以保障环境公共利益。

(一)法院的平台作用

环境诉讼通常涉及诸多利益,如生存、发展与环保之间的复杂利益纠葛,环境问题对于美国经济、政治、法律等社会生活的复杂影响开始呈现。

[1] See 5 U. S. C. § § 552 - 552a, ELR STAT. ADMIN. PROC.

[2] See 42 U. S. C. § § 11001 - 11050, ELR STAT. EPCRA § § 301 - 330.

[3] See Natural Res. Def. Council, Inc. v. Train, 545 F. 2d 320 (2d Cir. 1976).

[4] See National Primary and Secondary Ambient Air Quality Standards for Lead, 43 Federal Register 46246 (1978).

在这场争端中,法院成为平衡各方利益的主战场。美国环境法学奠基人约瑟夫·萨克斯教授认为:“诉诸美国法院是公民直接参与环境决策的最为有效方式,并且可能是确保民主过程在环境保护领域运作的唯一方式。”〔1〕法院之所以能够公正地解决争议,是因为法官不受裙带关系以及闭门操作所导致的各种限制,而且,那些使行政机构成为政治部门的各种因素在法院基本上不存在。例如,法官在审理案件过程中,通常不会接到参议员或行政机构打来的电话,在处理某一个案时不受部门计划或者预算的掣肘。司法机关在一种没有各种压力影响的氛围中解决争议,通过消除环境诉讼的各种障碍(这些障碍一直存在于全国性危机中),法院成为一个公民参与民主进程的平台,并演变成一种催生立法的催化剂。〔2〕

法院可以运用多种手段使得它们能够在并不公然承担权衡各种不同法律之品质职能的情况下以一种差别对待的方式行事。如果法院对某部法律所体现的政策是否恰当,或是对这部法律的通过方式心存疑虑,那么法院可以狭义地解读这部法律。如果法院可能认为对某部法律进行某种解读可能会引起宪法性问题,那么法院可以对这部法律进行限制性的解释以避免这类宪法性问题。总之,法院充当的角色是立法过程的催化剂,而非篡位者。〔3〕这不是因为法院是——在某种理论意义上——解决冲突的特别可取的机构,而是因为在可预见的将来将会存在各种冲突,而法院特别适合确保普通公民参与决策过程的权利。〔4〕

环境公民诉讼给现代联邦法学留下了难以磨灭的印记。本文所选用的美国联邦法院的判例多数是解决环境公民诉讼的经典案例,有许多案例还没能形成先例,即在没有现成答案时,法官用自己的聪明才智,在法

---

〔1〕 [美]约瑟夫·L. 萨克斯:《保卫环境:公民诉讼战略》,王小钢译,中国政法大学出版社 2011 年版,导言第 2 页。

〔2〕 参见[美]约瑟夫·L. 萨克斯:《保卫环境:公民诉讼战略》,王小钢译,中国政法大学出版社 2011 年版,导言第 3 页。

〔3〕 参见[美]约瑟夫·L. 萨克斯:《保卫环境:公民诉讼战略》,王小钢译,中国政法大学出版社 2011 年版,第 133 页。

〔4〕 参见[美]约瑟夫·L. 萨克斯:《保卫环境:公民诉讼战略》,王小钢译,中国政法大学出版社 2011 年版,第 196 页。

律原理允许的范围内解决了争议。也许这些解决并不完美,但至少是在当时受各种条件约束下所能给出的最好的答案,法官们用自己的智慧和对法律的理解深深地塑造了美国的环境法律制度。实际上,司法实践中的许多公民诉讼案件均是依据CWA提起的,其是否同等适用于濒危物种保护、空气、海洋生态、固体废弃物等其他领域,仍然具有不确定性,而法院掌握着最终的决定权。可以预想,将来公民诉讼的实践仍然充满不确定性。司法对于环境公民诉讼无论采取保障抑或限制之态势,有一点始终是不变的,就是美国环境公民诉讼制度的运行始终是处于法治的语境下完成的。

(二)行政权与司法权的平衡

环境诉讼的司法审查具有许多显著特征,这些特征极大地影响了熟悉的司法审查原则的适用。首先,环境主张往往是最复杂的司法审查程序之一,涉及大量的事实,政策和技术材料。其次,司法部门对环境案件的高层政策(如关于核电未来的政策或新机场的位置)进行实质性审查的压力很大。最后,环境诉讼的司法审查更强调在环境背景下公众参与和协商的必要性。这种复杂性特征直接影响行政权与司法权的关系:既要对行政行为加以监督,又必须尊重行政规律与行政机构的裁量权。

公民诉讼制度最早是由国会在俘获理论主导的管制学术时期颁布的,[1]即公民诉讼是管制俘获理论发展的产物。俘获理论是对新政时代监管法规的反映,新政时代赋予行政机构广泛的权力以规范公共利益。20世纪60年代后期,人们普遍认为行政机构被赋予了过多的自由裁量权,导致他们被特殊利益所统治或俘获。随着时间的推移,不受约束的行政机构自由裁量权会进入一种“微妙的关系,在这种关系中,被监管者的观念、态度和思维会占据监管机构的方法和思维”,导致监管机构对被监

---

〔1〕 See Barry Boyer & Errol Meidinger, *Privatizing Regulatory Enforcement: A Preliminary Assessment of Citizen Suits Under Federal Environmental Laws*, 34 Buffalo Law Review 833 (1985).

管者进行疏忽的、无效的监督。[1]环境法规及其立法历史表明,国会希望公民成为法律的积极执行者,并赋予其广泛的起诉权。

虽然确保行政自主权与责任制的政策目标似乎存在冲突,但是对行政自主权的尊重并非在所有情况下都是同等的。在对行政机关不履行非自由裁量职责进行司法审查的背景下,法院盲目地尊重行政自主权很容易导致行政责任制的缺失。反过来也是正确的,即为确保行政机构责任制而增加司法审查可能过度损害行政机构自主权。为了使司法审查能够实现这两项政策目的,经过长期的实践与摸索,法院转向重点关注行政程序,加强对行政程序的司法审查。总体来看,美国对于行政机构不履行法定职责的司法审查经历了由消极不予审查到积极软化处理的转变。由于APA关于案卷制度的规定渐趋完善,以及后新政时期行政机关的规制及命令大幅增加,对于行政机构不作为的认定所需时间及资源也相应缩减,使得对于行政机构直接履行职责的积极行为和不履行法定职责消极行为的司法审查可得性趋于一致。在公民诉讼中,法院对行政程序的审查,既不侵犯行政机构的裁量权,又能保证行政权的合法运行。司法审查行政机构未能履行法定职责,特别是如果行政机构违反一项明确的法定要求,不会过分影响该行政机构享有的自治领域。在这样做时,法院要确保行政机构在立法机关授权及限制的范围内行使职权,就像法院审查行政机构行使自由裁量权所作决定的实质内容时那样,以确定行政机构行使职权的行为是否构成对自由裁量权的滥用或超出立法机关授权的范围。[2]

(三)法院对公民诉讼的个案审查

批评人士认为,公民诉讼是一种敲诈,即公民原告为了故意获取律师费用或附加环境项目基金而对微不足道或毫无根据的案件起诉。这种批

---

〔1〕 See Marver Bernstein, *Regulating Business by Independent Commission*, 31 Indiana Law Journal 83 (1955).

〔2〕 See Robert L. Glicksman, *The Value of Agency - forcing Citizen Suits to Enforce Nondiscretionary Duties*, 10 Widener Law Review 353 (2004).

评体现了司法部门对公民诉讼的不信任。[1]最明显的是，法院，尤其是联邦最高法院对公民诉讼表现出的敌意，因为它不太愿意赋予公民原告起诉的权利。这些法院扭转了1960年和1970年的趋势，即扩大公共监管受益者的诉讼资格。缩减公民诉讼的诉讼资格表现为法院要求公民原告更有力地证明可归因于被告行为的"事实上的损害"，并要求被告行为更密切地联系原告声称的损害和可救济性。任何对公民执法的普遍怀疑都是不明智和不必要的。只要执法机构经常与被监管者过度接触，法院就必须对于公民诉讼予以考虑。鉴于立法已经制定公民诉讼制度作为对俘获风险的回应，对行政机构的广泛尊重也是不必要的，法院应让公民诉讼发挥其预期的预防行政机构被违法者俘获的作用。

法院审理公民诉讼应以个案为基础，为了在公民原告的有力执法和行政机构与被监管者的有效合作之间取得适当的平衡，法院应坚持最佳执法原则。[2]该原则描述了行政机构对被监管者特定行为的适当反应。如果行政机构活动与该原则不一致，法院应积极关注强有力的公民执法，以鼓励被告遵守法规并提高监管机构的警惕性。法院受理公民诉讼时对适当执法的判断，应当从以下基本标准出发：(1)执法处理过程。这无疑是法院在考虑公民诉讼时最重要因素。持续且重大的违法行为需要强有力的抗衡性执法约束。相反，如果是轻微的意外或技术违法，在这些案件中，公民诉讼不太可能有所帮助。(2)行政行为的模式。如果公民原告证明行政机构在特定计划下有执法不力的历史，则应鼓励原告提起诉讼。对此类案件采取积极的司法立场，向被监管者发出一个信息，即与行政机构签订的执法协议不太可能保护被监管者免受公民诉讼。因此，企业可能会寻求更严格的执法，在这种情况下，公民诉讼的威慑作用是有用的。(3)公众参与的机会。如果行政机构允许或鼓励支持公众参与机构执法，法院应该给予更大的尊重。在有参与机会的地方，特别是在法律规定的情况下，应该鼓励潜在的公民诉讼当事人参与。因此，根据穷尽行政救济

---

〔1〕 See William Glaberson, *Citizen Suits, Once a Weapon Against Polluters, Are Losing Their Power*, N. Y. Times, June 5, 1999, at A1.

〔2〕 See Matthew D. Zinn, *Policing Environmental Regulatory Enforcement: Cooperation, Capture, and Citizen Suits*, 21 Stanford Environmental Law Journal 81 (2002).

原则,法院可能对公民原告明显回避参与行政执法过程的公民诉讼持怀疑态度[1]。

本章小结

美国公民诉讼制度的确立是基于特定的立法背景与特有的法律文化,虽然环境公民诉讼在补充行政机构执法、实现环境法规的立法目的方面发挥着重要作用,但该制度也会导致一定的问题。环境公民诉讼制度可能偏离立法者的最初设想,国会及法院对该制度价值的态度错综复杂,具体问题盘根错节。在环境法规中提起公民诉讼受到多种因素的影响,公民诉讼的实施与发展归根结底受制于美国各种社会变迁因素。公民诉讼并不是实施环境法的最佳方法,但是公民诉讼是一种有效的执法工具,也是实现环境目标的关键因素。[2] 梳理美国环境公民诉讼的立法规定及司法实践,可以看到美国环境公民诉讼制度设计富有实验性和创新性的特点。正是由于环境公民诉讼制度承载着协调行政权、公民参与权以及司法权之间关系的重任,其内容虽不断调整但仍错综复杂。

---

[1] See Matthew D. Zinn, *Policing Environmental Regulatory Enforcement: Cooperation, Capture, and Citizen Suits*, 21 Stanford Environmental Law Journal 81 (2002).

[2] See 116 CONG. Rec. 42,382 (1970) (statement of Sen. Muskie).

第七章

中国环境公益诉讼的展开

第一节　我国环境公益诉讼的现实图景

公民诉讼的发展以及20世纪下半叶以法院为中心的环境保护运动在事实上推动了公益诉讼制度在世界范围内的演进。将目光从美国公民诉讼制度回到对我国公益诉讼制度的考察,我们可以发现我国公益诉讼制度在近年来发展迅速。在前文对美国环境公民诉讼制度的立法规定及司法实践进行全方面考察的基础上,本章对近年来我国公益诉讼制度的发展进行思考,积极回应现实关切。

一、我国公益诉讼制度的确立

(一)我国公益诉讼的实践探索

公益诉讼发端于20世纪六七十年代的美国并逐步扩展到全世界,其边界逐步从环境保护领域向外扩展。在21世纪初引发我国理论界的广泛关注。[1]随着公众法律意识的觉醒,实践中以保护公益为由提起的诉讼案件层出不穷。从我国公益诉讼的司法实践来看,公益诉讼提起主体经历了由公民到社会组织,再到检察机关的发展历程。

---

〔1〕 参见秦前红:《检察机关参与行政公益诉讼理论与实践的若干问题探讨》,载《政治与法律》2016年第11期。

1. 公民

随着我国政治水平的提高以及公民权利意识的觉醒，出现了公民个人提起诉讼来维护受行政行为侵害的公共利益、国家利益和社会整体利益的案例。如1998年“王日忠状告税务局不履行法定职责案”，开了公益维权的先河。王日忠系浙江省送变电工程公司的一名普通职工，他为人正直，富有正义感和责任心。1994年以来，王日忠发现本单位以及下属9个部门有偷漏个人所得税等严重违法行为。从1995年年底至1998年年初，王日忠分别向各级税务部门多次举报并反映该情况，结果不但未得到任何口头或书面的答复，反而为举报付出了沉重的代价。无奈之下，1998年5月，王日忠将杭州市地税局告到法院，要求被告继续履行对他人的税务稽查义务。但最后，法院却并未支持原告的诉讼请求，以“原告并不是他们稽查行为的相对人，并不具有起诉资格”而驳回起诉。

2. 社会组织

社会组织具有公益性、非营利性的特征，在推动经济改革、满足人民生活需要和促进社会发展过程中起着极为重要的作用，也出现过社会组织为保护公共利益而提起行政诉讼的案例。例如，2013年4月11日，环保公益组织——北京市丰台区源头爱好者环境研究所以福建省林业厅为被告提起的行政诉讼就是其中的代表。针对福建省林业厅为“归真堂”“活熊取胆”颁发“驯养繁殖”和“经营加工”许可证的行政行为，源头爱好者环境研究所向福建省福州市鼓楼区法院起诉，要求被告撤销颁给“归真堂”的上述两证。该案的代理律师，中国政法大学环境资源法研究中心志愿者、北京市两高律师事务所臧云律师表示，虽然上述诉讼申请因“原告主体资格的法律依据不足”未被法院受理，但实际上已经开启了公益组织通过司法救济途径开展野生动物保护的破冰之旅。〔1〕

3. 检察机关

在2015年《关于授权最高人民检察院在部分地区开展公益诉讼试点工作的决定》正式发布之前，2014年金沙县检察院诉金沙县环保局不履行行政职责案开启了检察机关参与行政公益诉讼第一案。2014年9月，

---

〔1〕 参见黄庆畅、杨子强：《破除行政公益诉讼的“门禁”》，载《人民日报》2014年3月26日版。

金沙县检察院在审查金沙县环保局移送的环境执法工作相关材料过程中,发现四川省泸州市佳乐建筑安装工程有限公司(以下简称佳乐公司)在修建宏圆大厦过程中,欠缴2013年3月至2014年10月噪声超标排污费12.15万余元,金沙县环保局分别于2013年11月26日和2014年8月19日向佳乐公司发出《缴纳排污费通知书》《限期缴纳排污费通知书》,但是佳乐公司均未按期缴纳排污费。金沙县检察院认为金沙县环保局没有及时追收排污费,也没有对违法者进行行政处罚,存在未依法履职情况。对此,金沙县检察院口头要求金沙县环保局依法履职,2014年10月13日,在金沙县环保局的催促下,佳乐公司才缴纳了拖欠的噪声超标排污费12.15万余元。金沙县检察院认为佳乐公司虽然已经缴纳排污费,但是该公司未依照《排污费征收使用管理条例》(该条例于2018年1月1日废止)的规定按时缴纳,在金沙县环保局两次发出缴纳通知后均不主动履行其法定义务,拖延支付排污费近一年时间,已对国有财政资金造成损害,其行为依法应当受到处罚,但当时金沙县环保局并没有给予该公司任何处罚。

2014年10月20日,金沙县检察院以行政公益诉讼原告身份将金沙县环保局诉至有管辖权的仁怀市法院,请求判令金沙县环保局依法履行处罚职责。2014年10月29日,仁怀市法院向金沙县环保局依法送达了相关法律文书。金沙县环保局在接到法律文书后,再次对佳乐公司逾期拒不缴纳排污费的情况进行研究,认为佳乐公司没有依法及时缴纳排污费,违反了《环境噪声污染防治法》(该法于2022年6月5日废止)第16条的规定,遂依据法律规定,立即决定对佳乐公司处以警告处罚,并将处罚情况告知金沙县检察院。金沙县检察院经研究后,认为金沙县环保局对佳乐公司所作的行政处罚符合现行法律规定,检察机关通过行政公益诉讼督促行政机关依法履职的目的已经达到,遂向仁怀市法院申请撤回起诉。

(二)检察机关作为"公益诉讼人"

党的十八届四中全会通过了中共中央《关于全面推进依法治国若干重大问题的决定》,提出"探索建立检察机关提起公益诉讼制度"。习近平总书记在《关于〈中共中央关于全面推进依法治国若干重大问题的决定〉的说明》中指出:“在现实生活中,对一些行政机关违法行使职权或者不作为造成对国家和社会公共利益侵害或者有侵害危险的案件,如国有资产保护、国有土地使用权转让、生态环境和资源保护等由于与公民、法人和其他社会组织没有直接利害关系,使其没有也无法提起公益诉讼,导致违法行政行为缺乏有效司法监督,不利于促进依法行政、严格执法,加强对公共利益的保护。”[1]根据党的十八届四中全会提出的“探索建立检察机关提起公益诉讼制度”的构想,全国人大常委会赋予检察机关提起公益诉讼的权力,至此,备受瞩目的公益诉讼终于迎来“国家队”的加入。[2]试点两年后,2017年6月27日,十二届全国人大常委会将检察机关作为“公益诉讼人”提起公益诉讼制度纳入《行政诉讼法》和《民事诉讼法》,设置公益保护的最后防线。

对此,有学者认为:“在立法中增加公益诉讼相关规定,两大诉讼法中当事人理论也会发生变化,行政诉讼当事人的概念将会逐步从利害关系人概念向程序当事人概念转变。相应地,行政诉讼当事人范围也应扩展为原告、公益诉讼人与被告三类。”[3]检察机关以“公益诉讼人”身份提起公益诉讼,不仅符合我国宪法对于检察机关的职能配置及定位,而且也符合检察权的目的,是检察机关的职责所在。《宪法》规定“中华人民共和国人民检察院是国家的法律监督机关”,无论从法律监督的字面含义还是从实际的法律规定来看,法律监督机关并不是纯粹的刑事法律监督机关,其职能应当也包括民事和行政法律监督。[4]随着反腐败斗争压倒性态势已经形成并巩固发展,人民群众的呼声更多地体现在行政不作为、乱作为方面。检察机关立足诉讼活动,可以从刑事、民事、行政案件中发现

---

〔1〕 习近平:《关于〈中共中央关于全面推进依法治国若干重大问题的决定〉的说明》,载新华网,http://news.xinhuanet.com/2014-10/28/c_1113015372_3.htm.最后访问日期:2017年3月5日。

〔2〕 参见刘子阳:《诉前“先礼后兵”避免纠违“踢皮球”》,载《法制日报》2015年7月6日,第5版。

〔3〕 刘艺:《检察公益诉讼的司法实践与理论探索》,载《国家检察官学院学报》2017年第2期。

〔4〕 参见刘艺:《检察公益诉讼的司法实践与理论探索》,载《国家检察官学院学报》2017年第2期。

行政执法缺位等问题,通过诉前检察建议、公益诉讼等手段,对行政机关的履职行为进行监督,这意味着检察权的领域从“三大诉讼”拓展至行政执法活动,助力实现建设“职责明确、依法行政的政府治理体系”的改革目标。[1]

同时,《检察官法》规定检察官的职责包括“代表国家进行公诉”,检察权并不局限于制约监督侦查权、提起公诉等参与刑事司法方面,还应包括代表国家对破坏法律秩序、损害国家利益和公共利益的当事人提起诉讼。特别是在2019年《检察官法》修订时,增加规定检察官职责包含“开展公益诉讼工作”,与2017年修改后的《民事诉讼法》《行政诉讼法》的相关规定相协调。把检察机关提起公益诉讼定位为“公益诉讼人”是比较科学合理的,正如学者所言,这“既体现出中国检察机关的法律定位,又是其在刑事诉讼中承担公诉人角色的自然延伸,同时又按照现行行政诉讼法进行诉讼,不破坏传统的行政诉讼结构”。[2]行政公益诉讼针对的是行政机关侵犯公共利益的行政行为,天然地具有涉及面广、诉讼时间长等特点。赋予检察机关“公益诉讼人”身份,一方面,检察机关在获取证据、举证能力、技术手段以及对法律法规的理解等方面,基本上与行政机关保持平衡,符合权力对等和抗衡的法治精神;[3]另一方面,符合社会主义司法体制的内在机理,也符合我国权力制约的实践能力。[4]

二、我国环境公益诉讼的司法实践

2015年7月2日最高人民检察院发布并实施了《检察机关提起公益诉讼改革试点方案》。该文件对行政公益诉讼的受案范围进行了规定,即检察机关提起行政公益诉讼试点案件范围主要涉及三个领域:生态环境

---

〔1〕参见胡卫列等:《中国特色民事行政检察的制度实践与理论探索——民事行政检察30周年综述》,载《国家检察官学院学报》2018年第6期。

〔2〕参见田凯:《行政公益诉讼启动模式与检察机关的定位选择》,载《人民检察》2009年第17期。

〔3〕参见孙长春、唐子石:《行政公益诉讼为何由检察机关提起》,载《人民日报》2015年4月2日,第7版。

〔4〕参见黄学贤:《行政公益诉讼:多维的功能未来的方向》,载谢玉红、曹明德编:《中国环境法治(2014年卷·上)》,法律出版社2014年版,第95页。

和资源保护领域、国有资产保护领域、国有土地使用权出让领域。

2017 年 6 月 27 日，第十二届全国人民代表大会常务委员会第二十八次会议通过对《行政诉讼法》作出修改的决定，对行政公益诉讼的受案范围采取了列举加概况的方式，该法修正后第 25 条第 4 款规定："人民检察院在履行职责中发现生态环境和资源保护、食品药品安全、国有财产保护、国有土地使用权出让等领域负有监督管理职责的行政机关违法行使职权或者不作为，致使国家利益或者社会公共利益受到侵害的，应当向行政机关提出检察建议，督促其依法履行职责。行政机关不依法履行职责的，人民检察院依法向人民法院提起诉讼。"可见，《行政诉讼法》将试点中的三个领域进行了扩展，将食品药品安全纳入受案范围。据统计，2018 年全国检察机关立案办理公益诉讼案件 113,160 件，其中涉及生态环境和资源保护 59,312 件，占立案数的 52.6%；2019 年全国检察机关立案办理公益诉讼案件 126,912 件，其中生态环境领域公益诉讼案件 69,236 件，占立案数的 54.6%。可见，检察机关办理的公益诉讼案件多集中于生态环境和资源保护领域。

在检察公益诉讼制度被《行政诉讼法》和《民事诉讼法》确立以来，全国各级各地检察机关积极履行公益诉讼人职责，检察机关提起公益诉讼已经成为常态。而且，最高人民检察院发布的数据显示，2017 年 7 月至 2022 年 6 月底，共立案公益诉讼案件 67 万余件，其中，民事公益诉讼 5.8 万件，行政公益诉讼 61.4 万件。[1] 检察机关提起办理行政公益诉讼的案件数量远远超过民事公益诉讼案件。（见图 1）在全面推进依法治国的背景下，我国对检察机关法律监督的定位越来越重视，赋予了检察机关行政违法行为监督、行政强制措施监督、提起公益诉讼等新的监督职能。检察机关提起公益诉讼不断增长就目前来看是不可逆的趋势，同时也是检察机关法律监督定位的必然要求。可以预见，行政公益诉讼必会在检察机关法律监督职能中承担更加重要的角色。对此，仍需要进一步研究。

习近平总书记在审议《检察机关提起公益诉讼改革试点方案》时强

---

[1] 《最高检发布检察机关全面开展公益诉讼五周年工作情况　五年共立案公益诉讼案件 67 万余件》，载最高人民检察院网上发布厅，https://www.spp.gov.cn/xwfbh/wsfbt/202206/t20220630_561637.shtml#1，最后访问日期：2022 年 7 月 20 日。

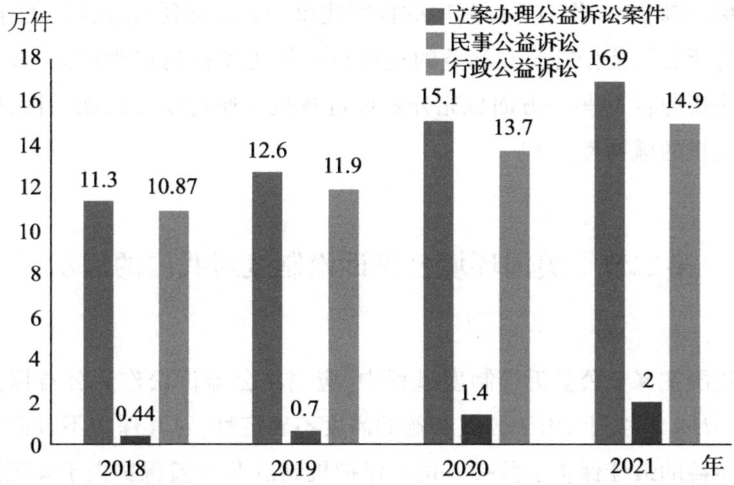

图 1　检察机关立案办理公益诉讼案件统计

资料来源:2019 ~ 2022 年最高人民检察院工作报告

调,诉讼是最后手段,之前要充分发挥检察建议等手段的作用。《行政诉讼法》规定“人民检察院……应当向行政机关提出检察建议,督促其依法履行职责”。诉前检察建议程序的履行是检察机关提起行政公益诉讼的前提条件。换言之,当检察机关确定行政机关有侵害国家、社会公共利益行为时,应首先向该行政机关提出检察建议,督促其纠正不法行为。只有在接受检察建议的行政机关一定期间内不予答复或答复超过法定期限,或者检察机关有证据证明行政机关在收到检察建议以后仍拒绝或怠于履行职责的情况下,检察机关才可启动诉讼程序。这是对行政权力的维护与尊重,是不干涉行政权的一种有力表现。〔1〕最高人民检察院发布的数据显示,检察机关大多将诉前程序作为工作重点,而非提起诉讼本身。2017 年 7 月至 2022 年 6 月,全国共制发公益诉讼诉前检察建议 52 万余件;行政机关诉前阶段回复整改率已从 2018 年的 97.2% 持续上升至 2021

〔1〕 参见马明生:《检察机关提起行政公益诉讼制度研究》,载《中国政法大学学报》2010 年第6 期。

年的99.5%。[1] 作为诉前程序的检察建议一方面起到"过滤器"的作用，避免将所有可能侵害公共利益的违法行政行为都推向审判机关，有效节约司法资源；[2]另一方面也充分发挥行政机关履行职责的能动性，体现了司法权的谦抑性。[3]

第二节 美国环境公民诉讼制度对我国的启示

我国在深化公益诉讼制度过程中，应当将公益诉讼作为公益保护体系的一环。事实上，由于公共利益的高度不确定性，对其保护不宜简单地套用私益的最佳保护手段——司法保护机制。[4]公益保护由于其范围广泛、问题复杂等特点，不可能靠一两个机构、一两种渠道就能实现，而必须建立多样性的、整体上和谐的体系。同时，从全局的角度出发，基于每一种渠道的特定价值（如可获得性、效率、威慑力等）区别，功能定位应该有所不同，充分发挥各自保护公益的优势。

一、行政主导

美国环境公民诉讼的立法历史表明了行政机构执法的主导作用。如前所述，国会制定公民诉讼条款时至少具有两项目的。首先，公民诉讼将刺激行政机构更好地执法。通过起诉前的通知要求，公民向执法机构报告重大违法行为，不断提醒行政机构履行法律职责。其次，如果政府机构由于缺乏资源而不愿或无法采取适当的执法行动，公民可以直接提起诉讼，即公民诉讼将作为一种直接执法手段。公民诉讼制度的双重目的也

---

[1] 《最高检发布检察机关全面开展公益诉讼五周年工作情况 五年共立案公益诉讼案件67万余件》，载最高人民检察院网上发布厅，https://www.spp.gov.cn/xwfbh/wsfbt/202206/t20220630_561637.shtml#1，最后访问日期：2022年7月20日。

[2] 参见徐全兵：《检察机关提起公益诉讼有关问题》，载《国家检察官学院学报》2016年第3期。

[3] 参见范明志等：《〈人民法院审理人民检察院提起公益诉讼案件试点工作实施办法〉的理解与适用》，载《法律适用》2016年第5期。

[4] 参见章志远：《行政公益诉讼热的冷思考》，载《法学评论》2007年第1期。

反映了国会所设想的执法顺序,即"如果联邦、州和地方机构未能履行其执法责任,公众有权根据公民诉讼条款寻求强有力的执法行动"。[1]在由 EPA、州和公民组成的三方执法框架下,EPA 和州享有主要的执法地位,公民诉讼通过通知或随后的执法诉讼来弥补执法疏漏。相较于美国,我国行政机关拥有丰富的执法资源,执法能力无疑更加强大和完备,检察公益诉讼诉前程序设计充分体现这一优势。[2]行政机关拥有专业设备、技术人员和检测网络,加之执法的强制性、持续性、主动性等特征,天然地具有判断、维护和促进公共利益的优势,使其能够对公共利益提供常态化的保护。公共利益保护首先依赖于规制机构的公共实施,公共利益诉讼仅对公共执法发挥补充性作用。[3]为防止司法权过早干预行政权,立法者在授权检察公益诉讼时,将检察机关"应当向行政机关提出检察建议"[4]作为诉前程序。检察机关树立"诉前实现保护公益目的是最佳司法状态"理念,充分运用党领导一切这个最大的政治优势,积极有力促进行政机关发挥主动纠错机制作用,以磋商或者检察建议等非诉方式督促协同行政机关开展前端治理,推动绝大多数案件在诉前环节得以解决。[5] 在当前的行政公益诉讼实践中,诉前程序在制度设计以及运行实践中被证明是卓有特色和成效的制度创新,[6]约有 83.6% 的案件通过

---

〔1〕 S. Rep. No. 92 – 414, at 64, reprinted in 1972 U. S. C. C. A. N. 3668, 3730.

〔2〕 参见刘艺:《美国私人检察诉讼演变及其对我国的启示》,载《行政法学研究》2017 年第 5 期。

〔3〕 参见陈承堂:《公益诉讼起诉资格研究》,载《当代法学》2015 年第 2 期。

〔4〕 《行政诉讼法》第 25 条第 4 款规定:"人民检察院在履行职责中发现生态环境和资源保护、食品药品安全、国有财产保护、国有土地使用权出让等领域负有监督管理职责的行政机关违法行使职权或者不作为,致使国家利益或者社会公共利益受到侵害的,应当向行政机关提出检察建议,督促其依法履行职责。行政机关不依法履行职责的,人民检察院依法向人民法院提起诉讼。"

〔5〕 《最高检发布检察机关全面开展公益诉讼五周年工作情况 五年共立案公益诉讼案件 67 万余件》,载最高人民检察院网上发布厅,https://www.spp.gov.cn/xwfbh/wsfbt/202206/t20220630_561637.shtml#1,最后访问日期:2022 年 7 月 20 日。

〔6〕 参见刘超:《环境行政公益诉讼诉前程序省思》,载《法学》2018 年第 1 期。

诉前程序得到解决。[1]

虽然立法者使用检察建议这一措辞，但并非通俗理解的可以采纳也可以不采纳的建议，检察建议实际上是检察院请求权的行使方式。[2]就行政机关而言，诉前程序的设置从表面上看是重新赋予行政机关自我纠错的机会，具有权利的性质，但检察建议具有赋予行政机关一定作为义务的法律效果，实质上成为一种新的职责。[3]"充分发挥司法审判、法律监督职能作用"[4]是司法机关办理公益诉讼案件的主要任务。在制度价值上，行政公益诉讼的制度旨趣并非是扩张司法权，而是督促行政权，诉前程序能兼顾监督行政权和尊重行政专业性的二元价值以及双重目的。[5]作为国家的法律监督机关，检察机关在行政公益诉讼中不能忽略、取代、逾越行政机关的职责，自行采取措施修复受损害的公共利益，检察机关的职责在于监督行政机关依法全面履行职责。公益诉讼应当是公益保护体系中的最终环节，在案件选择、提起诉讼、审理及裁判的整个过程都要满足严格制度规范和程序要求。检察机关在办理公益诉讼案件时，应当将督促行政机关置于提起诉讼的优先地位，但在行政机关不履行或者不充分履行职责的情况下，检察机关有必要向法院起诉。

二、公众参与

在中国特色社会主义进入新时代之际，习近平总书记在党的十九大报告中为中华民族伟大复兴的中国梦描绘了一幅宏伟蓝图。作为中国梦的重要组成部分，习近平总书记全面阐述了"美丽中国"的生态文明建设目标，并提出"构建政府为主导、企业为主体、社会组织和公众共同参与的

---

〔1〕 参见沈开举、邢昕：《检察机关提起行政公益诉讼诉前程序实证研究》，载《行政法学研究》2017年第5期。

〔2〕 参见沈岿：《检察机关在行政公益诉讼中的请求权和政治责任》，载《中国法律评论》2017年第5期。

〔3〕 参见胡卫列、迟晓燕：《从试点情况看行政公益诉讼诉前程序》，载《国家检察官学院学报》2017年第2期。

〔4〕 最高人民法院、最高人民检察院《关于检察公益诉讼案件适用法律若干问题的解释》（法释〔2020〕20号）。

〔5〕 参见刘超：《环境行政公益诉讼诉前程序省思》，载《法学》2018年第1期。

环境治理体系”。

(一)重视公众参与

公众参与是可持续发展的一个关键原则。《联合国里约环境与发展宣言》原收10指出,环境问题的处理需要公众参与决策、公众获取信息和公众诉诸司法:“环境问题最好由所有有关公民在各种程度上参与处理。”[1]美国很久以前就认识到,公民诉讼不仅仅是解决行政机构执法资源短缺问题的权宜之计。从基本意义来看,它们是公众参与过程的必要基石。[2]通过让政府以外的人员参与执法工作,公民诉讼条款提高了可用于执行环境法律的资源总体水平,并增加了行政机构对违法者采取执法行动的可能性。公民诉讼是公众参与的重要形式,但不是唯一形式。对此,可借鉴美国公民诉讼制度的有益经验,通过多种渠道发挥公众参与的作用。

首先,发展公民组织。美国环境公民诉讼条款扩展了公民及环保组织在执行污染控制法律中的作用,公民诉讼的发展也要归因于环境团体的成熟。各种环境影响因地而异,必须熟悉当地环境情况,才能确定最为关切的环境影响。这些具有地方性的信息不在中央监管机构的监管范围之内,而分散在各地的环境组织可以更好地观察这些环境影响,并据此采取行动。虽然中国的社会组织没有美国的公益组织那样历史悠久,但最近的数量却在激增。[3]虽然社会组织在中国面临着多方面的障碍,如注册困难、融资困难、活动开展受限等,但这些障碍可以通过政府的制度性

---

〔1〕 *Rio Declaration on Environment and Development*, Principle 10, U. N. Doc. A/ CONF. 151/5/Rev. 1, 31 I. L. M. 874 (1992), http:// www. un. org/documents/ga/conf151/aconf15126 – 1annex1. htm.

〔2〕 See David R. Hodas, *Enforcement of Environmental Law in a Triangular Federal System: Can Three Not Be a Crowd When Enforcement Authorization Is Shared by the United States, the States, and Their Citizens?*, 54 Maryland Law Review 1552 (1995).

〔3〕 根据中华人民共和国民政部的最新统计,截至2017年年底,全国共有社会组织76.2万个,比上年增长8.4%,涉及卫生、教育、环境、法律、社会服务等领域。参见《2017年社会服务发展统计公报》,载中国民政部网,http://www. mca. gov. cn/article//sj/tjgb/201808/20180800010446. shtml。

和政策性支持来克服。例如,“十三五”时期,财政、税务等部门出台非营利组织免税资格认定、公益性捐赠税前扣除、公益股权捐赠不视同销售征收所得税、社会团体会费免征增值税等政策。十四五时期也将继续推动社会组织健康有序发展。[1]

其次,畅通信息渠道。在环境保护治理主体体系中,政府担当着环境保护管理与污染治理的决策者、管理者的主导角色,但公众参与缺乏畅通的信息渠道,这使得公众参与流于形式。通过公众参与,公众所持有的信息、关注和价值观可以影响行政机关的决定,而不授予公共利益集团阻止机构采取合理手段鼓励法规遵从的权力。迈向这个方向的一个有益步骤——改变当前关于保密信息和特许保密通讯的观念和实践都过于严格的现状。[2]这类信息的提供将会促进公民团体自身从事平行研究和同步分析的机会,从而提供各种替代性解决方案,这些解决方案可以作为官方制订规划的参考资料提供给公众和立法机关。更多的信息对行政机构决策质量的积极影响有三个方面:第一,当信息通过行政程序为实际决策者所掌握时,其可以通过改进设定议程时使用的信息库来促成最终决策的合理性,制定替代方案,并做出最终的政策决定;第二,关于机构提案的更多信息有助于公众对机构提案的理解和支持;第三,当参与者彼此交换信息时,他们更有可能意识到他人的观点,有助于形成理解和共识。[3]美国重视信息公开的作用,并制定了多项法律保障信息畅通。根据FOIA和各种州公开记录法,公众有权审查受监管者和政府检查报告[4]。《应急计划和社区知情权法》要求受监管者收集和发布有关排污的报告。[5]通过提高信息的数量和质量,有助于在行政机构与公众之间建立有价值的联

---

[1] 《民政部关于印发〈“十四五”社会组织发展规划〉的通知》,载民政部门户网,https://www.mca.gov.cn/article/xw/tzgg/202110/20211000037062.shtml,最后访问日期:2022年6月20日。

[2] 参见[美]约瑟夫·L.萨克斯:《保卫环境:公民诉讼战略》,王小钢译,中国政法大学出版社2011年版,第89页。

[3] See Jim Rossi, *Participation Run Amok: The Costs of Mass Participation for Deliberative Agency Decisionmaking*, 92 Northwestern University Law Review 173 (1997).

[4] See 5 U.S.C. §§ 552–552a, ELR STAT. ADMIN. PROC.

[5] See 42 U.S.C. §§ 11001–11050, ELR STAT. EPCRA §§ 301–330.

系，并增加行政机构所做决策的合理性。对此，环境保护部（现整合为生态环境部）在2015年制定《环境保护公众参与办法》，该办法对行政机关对环境信息的披露、公众的信息获取及参与行政程序等作了详细规定。在行政机关不履行或不充分履行职责时，社会组织有必要自行提起民事公益诉讼或请求检察机关提起行政公益诉讼。

最后，将公众参与纳入行政执法程序。在美国公民诉讼制度中，如果行政机构在执法过程中没有为公民提供参与机会，那么法院认定行政机构执法并不勤勉。[1]例如，在 Sierra Club v. SCM Corp. 案中，联邦地区法院裁定，在公民诉讼提起之前的行政机构与排污者的执法和解并不能阻却公民诉讼，因为公民团体"缺乏参与行政机构执法程序（和解协议）的机会"。[2]公众参与可以为行政机构提供另一个有助于确保其做出负责任决策的维度；它可以作为一个安全阀，允许有兴趣的人士和团体在政策宣布和执行之前表达他们的意见；它可以缓解依赖公共合作的行政项目的执行；也可以满足行政机构遵守最高程序标准的司法要求。在有参与机会的地方，特别是在法律规定的情况下，应该鼓励潜在的公民诉讼当事人参与。根据穷尽行政救济原则，如果行政机构允许或鼓励支持公众参与行政执法，法院应该给予更大的尊重。

（二）审慎考虑私人直接执法

我国2017年修订的《行政诉讼法》规定，"行政机关不依法履行职责的，人民检察院依法向人民法院提起诉讼"，这一规定是否意味着检察院是唯一具有资格起诉的主体呢？公民个人和社会组织能否提起行政公益诉讼？关于公民、法人与其他组织的起诉资格争议一直比较激烈。由谁来提起行政公益诉讼，有一个便利性、实效性的考量。根据理性选择理

---

〔1〕 典型案例如 Natural Res. Def. Council, Inc. v. Vygen Corp., 803 F. Supp. 97, 101 (N. D. Ohio 1992); Pub. Interest Research Grp. of N. J., Inc. v. GAF Corp., 770 F. Supp. 943, 951 (D. N. J. 1991); Atl. States Legal Found., Inc. v. Universal Tool & Stamping Co., 735 F. Supp. 1404, 1415 (N. D. Ind. 1990); McAbee v. City of Fort Payne, 318 F. 3d 1248, 1255 (11th Cir. 2003)。

〔2〕 See Sierra Club v. SCM Corp., 572 F. Supp. 828 (W. D. N. Y. 1983).

论,每个人都是自己利益的最佳维护者。当前中国的公共利益保护问题(如生态环境、食品安全等)已经影响到多数国民的日常生活,从理论上来说,公民个人和社会组织似乎最能保护与之息息相关的公共利益。但是,由于制度设计、运转等实际状况,这并不意味他们应当被纳入行政公益诉讼的原告范围。首先,赋予公民、法人与其他组织起诉权可能导致某一特定时期(如环境污染特别严重时)大量案件涌向法院,而这些案件的案由、诉讼请求又基本相同,导致诉讼的不经济。其次,为了胜诉,起诉主体要提出证据证明行政机关的作为或者不作为与公共利益受损之间存在因果关系,其中涉及对专业性、法律性问题的判断,需要有专门知识作为支撑,而这是绝大多数公民、法人与其他组织所无法胜任的。最后,还是一种现实可行性的考虑——不当诉讼对行政机关工作的过度干预会影响行政效率。〔1〕

当前阶段检察机关应当是唯一的起诉主体,这主要因为检察机关能更好地履行诉讼职能。尽管《行政诉讼法》已经确立了行政公益诉讼制度,并肯定了检察机关的起诉主体身份,但是检察机关能否充分发挥诉讼主体身份,是当下建构行政公益诉讼制度的核心关切问题。对于这一问题,有学者认为,不应对检察机关在行政公益诉讼中的政治责任机制抱有过高期待,检察行政公益诉讼不应是唯一的行政公益诉讼模式,对此,可以考虑将社会公益组织以及热心公益事业的自然人加入到起诉主体中,使"公民行政公益诉讼"与"检察行政公益诉讼"相得益彰,共同发挥作用。〔2〕鉴于私人参与环境执法可能带来的潜在好处,现在和将来都有扩大私人作用的呼吁。

正如前文中所讨论的,第一个将公民诉讼纳入立法的环境法规,即美国1970年制定的CAA,其是在非常匆忙和情绪化的氛围下通过的。该法案的公民诉讼条款是在最后一刻加入的,是由该法案的主要发起者——

---

〔1〕 参见应松年:《行政公益诉讼试点亟待解决的几个问题》,载《人民论坛》2015年第24期。

〔2〕 参见沈岿:《检察机关在行政公益诉讼中的请求权和政治责任》,载《中国法律评论》2017年第5期。

参议员马斯基操纵的国会委员会通过的。[1]在特定的立法背景下，立法者创新性地在联邦环境法律中确立了公民诉讼制度。公民诉讼并不意味着任何无个别利害关系的公民均可提起诉讼。虽然环境法律看似规定任何人均为适格的当事人的公民诉讼条款，但并不理所当然地能够使让任何人启动与获得司法裁决。虽然美国联邦最高法院对诉讼资格的认定标准仍然松紧不一，但它拒绝接受纯粹的公共诉讼或公民的概念，事实上的损害、因果关系和可救济性三要件以及具体判断标准已经成为认定诉讼资格的基本规则。而且公民诉讼需要相应的机制（如信息公开、独立司法等）予以具体落实。没有简单的答案，但首先是让所有利益相关方认识到公民诉讼的价值及问题，审慎考虑。[2]

在增加私人参与执行环境法律的额外途径之前，必须花费时间和精力来评估现有私人参与的实际效果。由于国家机关与公民各具优势及缺陷，使他们在行政公益诉讼中不能完全取代对方而独自垄断诉讼。我国《行政诉讼法》将检察机关提起公益诉讼案件线索的条件限定为"履行职责中"，有学者指出这一规定实际上"排除了其他主体自行收集线索的可能"，无形中会打击了其他主体参与诉讼的积极性，"检察机关垄断案件线索采集权后，会逐步形成对行政公益诉讼的垄断"。[3]公民、法人与其他组织发现行政行为违法需要提起行政公益诉讼的，可向检察机关提出起诉申请。从制度建构上，当公民认为行政机关的作为或者不作为损害公共利益时，《宪法》已为公民向检察机关检举提供了渠道[4]。此外，还需要设计若干辅助机制，以推动公民参与到行政公益诉讼过程，例如，明确

---

〔1〕 See J. Rabkin, *Judicial Compulsions*, *How Public Law Distorts Public Policy*, Basic Books, 1989, p. 283.

〔2〕 See Ross Macfarlane & Lori Terry, *Citizen Suits: Impacts on Permitting and Agency Enforcement*, 11 Natural Resources & Environment 20 (1997).

〔3〕 参见秦前红：《检察机关参与行政公益诉讼理论与实践的若干问题探讨》，载《政治与法律》2016 年第 11 期。

〔4〕 参见《宪法》第 41 条规定：中华人民共和国公民对于任何国家机关和国家工作人员，有提出批评和建议的权利；对于任何国家机关和国家工作人员的违法失职行为，有向有关国家机关提出申诉、控告或者检举的权利，但是不得捏造或者歪曲事实进行诬告陷害。

检察机关信息公开义务，建立检察机关对公民申请起诉的审查反馈机制等，使公民能够了解到公益诉讼的进程。

三、能动司法

近年来，司法权和行政权的关系理论逐渐突破传统框架，能动司法概念渐渐兴起。[1]同时，司法权在行政诉讼实践中也面临着诸多难题，如立案难、审理难、执行难等。因此，我国便赋予检察机关诉讼资格，使检察机关有权提起行政公益诉讼。在分权制衡的司法体制之下，无论是审判权还是检察权，都是不完整的权力结构，只有彼此结合，方能实现诉讼的目的和任务。[2]可以说，检察机关提起行政公益诉讼制度，“是国家治理体系与治理能力现代化的重要维度”。[3]

（一）客观诉讼视角下的行政公益诉讼制度

司法作为最终的、常态化的救济方式，更能稳定而规范地保护各种利益，包括个体利益和公共利益。行政公益诉讼案件的司法审查应在对行政公益诉讼制度的立法目的、效果等因素综合考量的基础上，与行政公益诉讼制度的功能、价值及结构相融洽。以诉讼目的为划分标准，行政诉讼可以分为主观诉讼和客观诉讼这两种模式。客观诉讼是“以监督行政公权力行为为主要意旨的诉讼类型，在具体制度中表现为法院就行政公权力行为的合法性进行审查”。[4]行政公益诉讼作为一种实践及制度创新，其正当性和合法性依据在于救济和维护公共利益以保证法治的统一及司法公正，属于客观诉讼。行政公益诉讼在保护公共利益的同时，也牵涉到行政权与司法权之间的权力配置的问题，实际上是“由检察机关采用

---

〔1〕 参见王明远：《论我国环境公益诉讼的发展方向：基于行政权与司法权关系理论的分析》，载《中国法学》2016 年第 1 期。

〔2〕 参见孙谦：《设置行政公诉的价值目标与制度构想》，载《中国社会科学》2011 年第 1 期。

〔3〕 参见姜涛：《检察机关提起行政公益诉讼制度：一个中国问题的思考》，载《政法论坛》2015 年第 6 期。

〔4〕 参见梁凤云：《行政诉讼法修改的若干理论前提（从客观诉讼和主观诉讼的角度）》，载《法律适用》2006 年第 5 期。

诉讼形式，利用国家检察权力启动审判，通过检察权和审判权两种权力的合理运用，发挥司法的政策引导功能和强制威慑功能，从而实现司法权对行政权的制约”〔1〕。

行政公益诉讼目的是行政公益诉讼制度的一个基础性和前提性的问题，具有重要的理论价值和现实意义。从我国现有的立法体制来看，行政诉讼的制度设计属于主观诉讼的范畴，其核心功能在于保障公民的合法权益。虽然《行政诉讼法》的立法目的也强调监督行政机关依法行使职权，但这种监督是以行政相对人具体权益遭受侵害为前提，属于间接监督。由于制度设计的缺陷，“行政诉讼制度在权力制约方面显得相当力不从心”〔2〕，其预设的制度功能没有得到充分发挥。行政公益诉讼作为客观诉讼，旨在借助法院、检察机关的力量来共同监督行政权依法行使。对此，最高人民法院、最高人民检察院《关于检察公益诉讼案件适用法律若干问题的解释》也明确指出，“人民法院、人民检察院办理公益诉讼案件主要任务是充分发挥司法审判、法律监督职能作用，维护宪法法律权威，维护社会公平正义，维护国家利益和社会公共利益，督促适格主体依法行使公益诉权，促进依法行政、严格执法”〔3〕。

可见，行政公益诉讼具有多重目标，包括公益保障、公法秩序等。而且，实现行政公益诉讼目标的方式并不限于单线条式的路径，而是具有多层次性和多重性，相互作用、相互依存的有机统一整体。行政公益诉讼制度贯穿着权力监督这条主线，通过法律监督和司法审判形成司法合力以监督行政机关依法行政，这样才能实现保护公益的最终目标，取得标本兼治的效果。从功能角度看，行政公益诉讼只有基于客观诉讼逻辑，才能得到清晰阐述及良性发展。〔4〕权力制约和平衡作为现代法治理念之一，不仅表现在宏观的权力配置中，还需要落实在动态运行的诉讼制度中。就

〔1〕 孙谦：《设置行政公诉的价值目标与制度构想》，载《中国社会科学》2011 年第 1 期。

〔2〕 杨海坤：《对于摆脱〈行政诉讼法〉实施困境的反思》，载《行政法学研究》2009 年第 3 期。

〔3〕 最高人民法院、最高人民检察院《关于检察公益诉讼案件适用法律若干问题的解释》法释〔2020〕20 号，第 2 条。

〔4〕 参见刘艺：《构建行政公益诉讼的客观诉讼机制》，载《法学研究》2018 年第 3 期。

行政公益诉讼来说,法院既要防止陷入司法权对行政权干预过度和制衡不足的双重危险,还要兼顾公共利益保护。将作为客观诉讼的行政公益诉讼制度嵌入到现有的行政诉讼体制中,必会对传统行政诉讼观念及规则造成冲击。对此,行政公益诉讼的适用规则不应该完全套用一般行政诉讼规则,应凸显保护公共利益和监督行政机构依法行政这两项客观诉讼目的。

此外,对于正在进行且需要尽快制止的严重侵害公共利益案件,即使依照最高人民法院、最高人民检察院《关于检察公益诉讼案件适用法律若干问题的解释》关于紧急情况下的行政机关回复的要求,也难以有效弥补公共利益所受的损害。对此,可借鉴美国环境公民诉讼的初步禁令救济。在公民诉讼实践中,禁令是法院签发的要求当事人为或不为某种行为的命令,所有的法规都提供了某种形式的禁令救济,联邦法院有权颁布禁令,并对已被证明的违法者进行罚款,但对行政机构的罚款是不允许的,[1]因此在许多公民诉讼案件中,禁令甚至是唯一可资使用的救济方式。一旦公民原告提起诉讼,原告通常会申请初步禁令,该禁令的目的是阻止或推迟公民反对的某些活动,由于环境利益的性质以及不可逆转性,法院更倾向于提供初步禁令救济。诉前禁令在我国司法实践中主要适用于海事和知识产权领域。对此,可在行政公益诉讼中将诉前禁令适用于可能“会造成立即和不可弥补的伤害,损失或损害”的案件中。

(二)发挥检察机关法律监督职能

检察总长(Attorney General of the United States)是美国的DOJ部长,也是联邦政府的首席法律官员。需要注意的是,美国检察总长的职权以及地位均不能与我国的检察机关相提并论。随着我国监察体制改革的深入,检察机关将面临人员转隶、机构撤并、功能转型等一系列的改革措施,检察机关传统的检察职能将被重塑。[2]检察机关对行政非诉执行监督是对人民法院行政非诉执行活动实行法律监督的一项重要职能,就其功能

---

〔1〕 See 42 U. S. C. § 7604(a).

〔2〕 参见马怀德:《国家监察体制改革的重要意义和主要任务》,载《国家行政学院学报》2016年第6期。

来说，既监督人民法院公正司法，又促进行政机关依法行政。应当强调的是，检察机关对行政执法活动的监督并不等同于漫无边际的监督，必须从合理配置监督权出发，划定职权边界，而不是取代行政机关，代替行政执法。同时，对检察机关尊重行政机关自主权不能僵化和机械理解，而忽视了行政执法检察监督的启动前提正是由于行政机关违法行为导致公共利益受到损害，检察机关只应在行政权理性行使的情况下给予行政机关必要尊重。

对于检察建议的作用，最高人民检察院通过指导性案例进行了明确阐述。例如，在福建省清流县人民检察院诉清流县环保局行政公益诉讼案中，最高人民检察院指出："诉前程序主要目的在于增强行政机关纠正违法行政行为的主动性，也是为了最大限度地节约诉讼成本和司法资源。"〔1〕检察机关将检察建议作为监督行政机关行政执法的手段，并以其作为环境行政公益诉讼的诉前程序具有合理性和必要性。不过，这并不意味着检察建议仅仅是行政公益诉讼的附庸，检察建议是为合理配置司法权与行政权，这并不妨碍检察建议仍然是一项具有独立性并且可以广泛适用的法律监督手段。对于检察建议的内容，实践中检察机关产生了分歧。有些检察机关不仅指出认定行政机关违法行为的具体法律依据，甚至将行政机关应当履行职责的具体内容予以明确，例如对相对人处罚的金额、执法措施等作了具体要求。对于如何纠正违法行为以及如何履行行政职责，相较于检察机关，行政机关更有条件和经验。对此，可以参考美国环境公民诉讼中的诉前通知内容要求，通知应当"确定该法律要求采取行动或设定此类职责的规定"，"以合理特殊性来描述"行政机构采取或不采取的行动。

美国环境公民诉讼中设置了诉前通知程序，通常通过提供一段潜伏期来避免不必要的诉讼，在此期间，公民和潜在被告可以商讨案件问题。例如，公民可以提议召开预审会议，讨论解决办法，潜在被告可以指明围绕被指控的违法行为的减轻情节。统计显示，这一潜伏期消除了许多不

〔1〕福建省清流县人民检察院诉清流县环保局行政公益诉讼案，最高人民检察院指导案例第 31 号。

必要的诉讼。[1]在当下中国的行政公益诉讼的实践中,诉前程序在制度设计以及运行实践中被证明是卓有特色和成效的制度创新,[2]大多数行政机关收到检察建议后纠正违法行为或积极履行职责,这体现在不少案例中。同时,也有部分行政机关在收到检察建议后并没有实际履行职责,对检察建议敷衍了事。例如,在清流县人民检察院诉清流县环保局案[3]中,在发现清流县环保局未对扣押的电子废料进行无害化处理并对生态环境造成严重危害,清流县人民检察院遂向清流县环保局发出检察建议,清流县环保局回函称会将电子垃圾等危险废物交由有资质的单位处置。但实际上,清流县环保局不仅未对危险废物进行无害化处置,而是将其转移、贮存至不具有危险废物经营资质的公司仓库,而且也未对违法者作出相应的行政处罚。这样的回复显然只是为了应付检察机关,实践中类似情形不在少数。为了发挥诉前程序的价值,在行政机关回复检察建议之后,不仅要看行政机关的书面回复内容,还要核实行政机关的整改活动以及效果。对此,《人民检察院检察建议工作规定》第24条对检察建议的落实做出了规定:"人民检察院应当积极督促和支持配合被建议单位落实检察建议。督促落实工作由原承办检察官办理,可以采取询问、走访、不定期会商、召开联席会议等方式,并制作笔录或者工作记录。"

在收到行政机关的回复后,检察机关经过分析和研判,如果认定行政机关已经切实履行法定职责的,那么诉前程序即可终止;反之,如果行政机关无正当理由拒不履行职责或不充分履行职责的,检察机关应当启动诉讼程序。此外,与美国公民诉讼勤勉执法认定类似,行政机关在收到检察建议后对检察机关的回复将会对法院审查产生影响。当诉前程序十分完备时,法院对行政活动予以一定程度的尊重,司法审查程度相对较低;如果行政机关在诉前程序中明显拖延、敷衍了事,则法院可以对行政活动加强审查力度。

---

[1] See A. Fadil, *Citizen Suits Against Polluters: An Analysis of Their Use and Non-use, and Some Suggestions for Change* 20 (May 1984).

[2] 参见刘超:《环境行政公益诉讼诉前程序省思》,载《法学》2018年第1期。

[3] 参见清流县人民检察院诉清流县环境保护局环保行政公益诉讼案,福建省明溪县人民法院(2015)明行初字第22号行政判决书。

本章小结

公益诉讼作为一种有力的公共利益保护方式,在守住绿水青山的过程中发挥着重要作用。我国公益诉讼制度的深化应当基于我国的法律体系及法律文化,对域外经验要有全面且深刻的认识。对此,应充分审视我国独特的政治制度与法制传统,结合公益保护的范围广泛、问题复杂等特点,公益保护不是仅靠一两个部门、一两种渠道就可以实现的。在深化检察机关公益诉讼的过程中,应考量综合行政公益诉讼制度的功能、价值及结构,司法机关应合力发挥法律监督、司法审判职能,以实现保护公共利益以及监督行政机关依法行政的目的。同时,在增加私人参与执行环境法律的额外途径之前,必须花费时间和精力来评估现有私人参与的实际效果。重视公民参与权,通过多种渠道发挥公众参与的作用。

结论

环境公民诉讼制度作为“典型的美国法律程序的创新”,[1]其创设于特定的时代背景,管制俘获理论受推崇以及声势浩大的环保运动交相呼应,共同推动了公民诉讼条款被纳入环境法律。在面临着前所未有的环境危机,环境保护与经济发展的矛盾凸显之际,通过成文法以及普通法救济等传统法制已经不能满足时代对于环境保护的迫切需要。国会在联邦环境法律中确立公民诉讼制度,将执行环境法律的责任主体直接扩展至公民,为公民/公民组织提起公民诉讼提供渠道,架构了由 EPA、州和公民组成的三方执法框架。在特定的历史背景下,立法者创新性地在联邦环境法律中确立公民诉讼制度,是“有意扩大公民进入法院渠道的选择,将其作为环境法律执行的补充和有力保障”。[2]

公民诉讼的范围极其广泛,包括以违反环境法律的排污者为被告、针对违法行为的诉讼,和以环境监管者即行政机构为被告、针对其不履行非自由裁量职责的诉讼。国会希望通过公民诉讼制度扩展公民在环境法律实施中的作用,即一方面促使行政机构更积极地执行反污染标准,另一方面在行政机构无所作为时提供一种替代执行法律的机制。[3]环境公民诉讼制度扩展了公民在环境法律实施中的作用,使公民在行政机构未能履行职责时作为私人检察长执行环境法律,促使行政机构克服政治障碍,以

[1] See Zygmunt J. B. Plater, *The Three Economies: An Essay in Honor of Joseph Sax*, 25 Ecology Law Quarterly 411 (1998).

[2] See Natural Resources Defense Council, Inc. v. Train, 510 F. 2d 692, 700 (D. C. Cir. 1974).

[3] See Baughman v. Bradford Coal Co., Inc., 592 F. 2d 215, 217 (3d Cir. 1979).

促进公众参与等方式督促行政机构履行职责。[1]作为环境公益诉讼制度的典型,公民诉讼推动了环境法律的良好实施,督促行政机构和排污者遵守环境法律,减少了无数的污染源,保护了数千亩生态土地和数百种稀有物种。[2]公民诉讼不仅是解决行政机构执法资源短缺问题的权宜之计,从基本意义来看,也是公众参与过程的必要基石,[3]国会试图"将公众参与的概念扩展到执法过程中"。[4]作为公众参与的牙齿(teeth),它们增强了环境决策的民主性。[5]

虽然环境公民诉讼可以防止行政机构被受管制者俘获,在补充行政机构执法、保护环境方面发挥着重要作用,但这并不是没有代价的。环境公民诉讼制度可能偏离立法者的最初设想,美国理论界和实务界对该制度价值存有质疑。国会一方面肯定公民诉讼制度有力地促使行政机构更严格地执行环境法律,另一方面又对该制度设置了多种限制。公民诉讼并不是实施环境法律的最佳方法,但公民诉讼是一种有效的执法工具,也是实现环境目标的关键因素。[6]更普遍来说,公民诉讼条款强调了法治的重要性,法治是公正和可持续社会的基本要素。[7]

当然,笔者对美国环境公民诉讼制度进行全面系统地介绍与解读的目的绝非要将该制度全盘移植至我国,而是想借助对美国环境公民诉讼制度的观察,客观考虑我国行政公益诉讼深化中的问题。目前,我国环境

---

〔1〕 See e. g. ,Robert L. Glicksman & Stephen B. Chapman, *Regulatory Reform and (Breach of) the Contract with America: Improving Environmental Policy or Destroying Environmental Protection?*, 5 Kansas Journal of Law & Public Policy 9 (1996).

〔2〕 See Adam Babich, *Citizen Suits: The Teeth in Public Participation*, 25 Environmental Law Reporter 10141 (1995).

〔3〕 See David R. Hodas, *Enforcement of Environmental Law in a Triangular Federal System: Can Three Not Be a Crowd When Enforcement Authorization Is Shared by the United States, the States, and Their Citizens?*, 54 Maryland Law Review 1552 (1995).

〔4〕 See 116 Cong. Rec. 32,903 (1970).

〔5〕 See Adam Babich, *Citizen Suits: The Teeth in Public Participation*, 25 Environmental Law Reports 10141 (1995).

〔6〕 See 116 Cong. Rec. 42,382 (1970).

〔7〕 See John C. Dernbach, *Citizen Suits And Sustainability*, 10 Widener Law Review 503 (2004).

公益诉讼立法已形成基本框架,如何深化行政公益诉讼制度,进行制度设计、理论阐释、完善细化配套制度,将是我国环境公益诉讼的真正挑战。环境公民诉讼的实施与发展归根结底受制于美国各种社会变迁因素,如政治体制、法制背景、经济发展、环保文化、社会思潮、法官政治偏好等多种因素综合复杂之影响。我国公益诉讼制度有效地深化应当基于我国的法律体系及法律文化,对域外经验要有全面且深刻的认识,切不可将关注点片面集中于立法的宽泛表述而忽略制度细节。

正如本文中所讨论的,并非所有的公民诉讼最终都会对社会有益,而且公民诉讼需要相应的机制予以具体落实,使该制度与其他制度有效地衔接和融合。因此,在增加私人参与执行环境条例的额外途径之前,必须花费时间和精力来评估现有私人参与的实际效果。现代社会事务不断多元发展,行政法学的研究也逐渐更加紧密地同国家治理体系和治理能力结合起来,更加充满实践性。我国在深化公益诉讼制度过程中,应当将公益诉讼作为公益保护体系的一环。从全局的角度出发,基于每一种渠道的特定价值区别,职能定位应该有所不同,充分发挥各自保护公益的优势。

参考文献

一、中文著作及论文

1. [美]约瑟夫·L. 萨克斯：《保卫环境：公民诉讼战略》，王小钢译，中国政法大学出版社 2011 年版。

2. 王名扬：《美国行政法》，中国法制出版社 1995 年版。

3. 汪劲、严厚福、孙晓璞编译：《环境正义：丧钟为谁而鸣——美国联邦法院环境诉讼经典判例选》，北京大学出版社 2006 年版。

4. 杨严炎等：《外国环境公益诉讼和集团诉讼案例评析》，法律出版社 2014 年版。

5. 陈冬：《美国环境公民诉讼研究》，中国人民大学出版社 2014 年版。

6. 李挚萍：《环境法的新发展——管制与民主之互动》，人民法院出版社 2006 年版。

7. 颜运秋：《公益诉讼理念研究》，中国检察出版社 2002 年版。

8. 王曦：《美国环境法概论》，武汉大学出版社 1992 年版。

9. 蔡守秋：《环境行政执法和环境行政诉讼》，武汉大学出版社 1992 年版。

10. 王珂瑾：《行政公益诉讼制度研究》，山东大学出版社 2009 年版。

11. 黄学贤、王太高：《行政公益诉讼研究》，中国政法大学出版社 2008 年版。

12. 应松年：《行政公益诉讼试点亟待解决的几个问题》，载《人民论坛》2015 年第 24 期。

13. 应松年等：《行政诉讼检察监督制度的改革与完善》，载《国家检察官学院学报》2015 年第 3 期。

14. 马怀德:《行政公益诉讼制度,从理论走向现实》,载《检察日报》2015 年 7 月 3 日,第 3 版。

15. 胡卫列、迟晓燕:《从试点情况看行政公益诉讼诉前程序》,载《国家检察官学院学报》2017 年第 2 期。

16. 胡卫列:《美国行政诉讼中几类特殊原告及其启示》,载《国家检察官学院学报》2001 年第 3 期。

17. 沈岿:《检察机关在行政公益诉讼中的请求权和政治责任》,载《中国法律评论》2017 年第 5 期。

18. 沈开举、邢昕:《检察机关提起行政公益诉讼诉前程序实证研究》,载《行政法学研究》2017 年第 5 期。

19. 高家伟:《检察行政公益诉讼的理论基础》,载《国家检察官学院学报》2017 年第 2 期。

20. 秦前红:《检察机关参与行政公益诉讼理论与实践的若干问题探讨》,载《政治与法律》2016 年第 11 期。

21. 姜涛:《检察机关提起行政公益诉讼制度:一个中国问题的思考》,载《政法论坛》2015 年第 6 期。

22. 王明远:《论我国环境公益诉讼的发展方向:基于行政权与司法权关系理论的分析》,载《中国法学》2016 年第 1 期。

23. 王明远:《论环境行政诉讼与环境侵害的排除》,载《人大复印资料:诉讼法学、司法制度》2001 年第 6 期。

24. 孙谦:《设置行政公诉的价值目标与制度构想》,载《中国社会科学》2011 年第 1 期。

25. 刘艺:《构建行政公益诉讼的客观诉讼机制》,载《法学研究》2018 年第 3 期。

26. 杨海坤、张琳:《行政诉讼制度目的论辨析》,载《学术交流》2016 年第 8 期。

27. 杨海坤:《对于摆脱〈行政诉讼法〉实施困境的反思》,载《行政法学研究》2009 年第 3 期。

28. 陈承堂:《公益诉讼起诉资格研究》,载《当代法学》2015 年第 2 期。

29. 张辉:《美国公民诉讼之"私人检察总长理论"解析》,载《环球法律评论》2014 年第 1 期。

30. 吴凯:《域外行政公益诉讼原告资格的嬗变与借鉴》,载《行政与法》2010 年第 7 期。

31. 徐全兵:《检察机关提起公益诉讼有关问题》,载《国家检察官学院学报》2016 年第 3 期。

32. 薛志远、王敬波:《行政公益诉讼制度的新发展》,载《法律适用》2016 年第 9 期。

33. 林莉红、马立群:《作为客观诉讼的行政公益诉讼》,载《行政法学研究》2011 年第 4 期。

34. 巩固:《美国原告资格演变及对公民诉讼的影响解析》,载《法制与社会发展》2017 年第 4 期。

35. 巩固:《大同小异抑或貌合神离?中美环境公益诉讼比较研究》,载《比较法研究》2017 年第 2 期。

36. 刘超:《环境行政公益诉讼诉前程序省思》,载《法学》2018 年第1 期。

37. 黄学贤:《行政公益诉讼:多维的功能　未来的方向》,载《中国环境法治》2014 年第 1 期。

38. 章志远:《行政公益诉讼热的冷思考》,载《法学评论》2007 年第1 期。

39. 王姝亚:《行政公益诉讼制度完善之策》,载《人民论坛》2011 年第 20 期。

40. 陶红英:《美国环境法中的公民诉讼制度》,载《法学评论》1990 年第 6 期。

41. 孔祥稳、王玎、余积明:《检察机关提起行政公益诉讼试点工作调研报告》,载《行政法学研究》2017 年第 5 期。

42. 晋松:《困惑与突破:环境司法保护的诉讼模式——基于行政公益诉讼制度构建的反思》,载《法律适用》2014 年第 2 期。

43. 顾昕:《俘获、激励和公共利益:政府管制的新政治经济学》,载《中国行政管理》2016 年第 4 期。

44. 胡肖华:《行政诉讼目的论》,载《中国法学》2001 年第 6 期。

45. 何家弘:《论美国检察制度的特色》,载《外国法译评》1995 年第 4 期。

46. 梁凤云:《行政诉讼法修改的若干理论前提(从客观诉讼和主观诉讼的角度)》,载《法律适用》2006 年第 5 期。

47. 李艳芳:《美国的公民诉讼制度及其启示——关于建立我国公益

诉讼制度的借鉴性思考》,载《中国人民大学学报》2003 年第 2 期。

48. 罗飞云:《环境权行政诉讼探析》,载《社会科学》2003 年第 5 期。

49. 牛娟娟:《中美检察制度之比较》,载《广州市公安管理干部学院学报》2006 年第 1 期。

50. 张明华:《环境公益诉讼制度刍议》,载《法学论坛》2002 年第 6 期。

51. 朱谦:《美国环境法上的公民诉讼制度及其启示》,载《世界环境》1999 年第 3 期。

52. 孙小夕、张金阳、李忠萍:《环境行政公益诉讼特性研究》,载《商》2016 年第 15 期。

53. 宋英辉,陈永生:《英美法系与大陆法系国家检察机关之比较》,载《中央检察官管理学院学报》1998 年第 3 期。

54. 颜运秋:《论环境与资源诉讼中的公益理念》,载《甘肃政法学院学报》2003 年第 2 期。

55. 严军:《环境行政诉讼中的原告资格及相关问题研究》,载《科学·经济·社会》2001 年第 4 期。

56. 巫玉芳:《美国联邦环境法的公民诉讼制度》,载《现代法学》2001 年第 6 期。

57. 薛刚凌:《建立行政公益诉讼制度促进依法行政》,载《检察日报》2015 年 7 月 22 日,第 3 版。

58. 傅达林:《"行政公益诉讼"概念之辩》,载《检察日报》2014 年 2 月 19 日,第 7 版。

59. 黄庆畅、杨子强:《破除行政公益诉讼的"门禁"》,载《人民日报》2014 年 3 月 26 日,第 18 版。

60. 张建伟:《检察机关提起环境公益诉讼若干问题研究》,载曾晓东、周珂主编:《中国环境法治》(2011 年卷)(上),法律出版社 2011 年版。

61. 徐伟敏:《环境公民诉讼问题研究——以美国法为中心》,载梁慧星主编:《民商法论丛》(第 29 卷),法律出版社 2004 年版。

62. 胡靓:《环境行政公益诉讼——公众环境权的程序法保障》,"水资源、水环境与水法制建设"中国法学会环境资源法学研究会会议论文,2003 年于青岛。

63. 马明生:《行政公益诉讼制度研究》,中国政法大学 2008 年博士学位论文。

二、英文书目

1. Bernard Schwartz, *Administrative Law*, 3rd ed., Little Brown Company, 1991.

2. DOJ, 2002 Citizen Suit Report; Annual Environmental Citizen Suit Report (2002).

3. Jeffrey G. Miller, ed., *Citizen Suits: Private Enforcement of Federal Pollution Control Laws*, John Wiley & Sons, 1987.

4. John E. Chubb, *Interest Groups and the Bureaucracy: The Politics of Energy*, Stanford University Press, 1983.

5. Joseph L. Sax, *Defending the Environment: A Strategy for Citizen Action*, Alfred A. Knopf lawpony, 1971.

6. J. Clarence Davies & Barbaras. Davies, eds., *Politics of Pollution*, The Bobbsmerrill Company, Inc., 1975.

7. Robert V Percival, *Environmental Regulation: Law, Science, and Policy*, 4th ed., ASPEN Publishers, 2003.

8. R. Shep Melnick, *Regulation and the Courts: The Case of the Clean Air Act*, Brookings Institution Press, 1983.

三、英文期刊

1. Abram Chayes, *The Role of the Judge in Public Law Litigation*, 89 Harvard Law Review, 1281 (1976).

2. Adam Babich, *Citizen Suits: The Teeth in Public Participation*, 25 Environmental Law Reporter, 10, 141 (1995).

3. Adam Babich, *The Wages of Sin: The Violator – Pays Rule for Environmental Citizen Suits*, 10 Widener Law Review, 219 (2003).

4. Adam Babich, *Fee Shifting after Buckhannon*, 32 Environmental Law Reporter, 10, 137 (2002).

5. Adam N. Bram, *Public Participation Provisions Need Not Contribute to Environmental Injustice*, 5 Temple Political & Civil Rights Law Review 145 (1996).

6. A. H. Barnett & Timothy D. Terrell, *Economic Observations on Citizen – Suit Provisions of Environmental Legislation*, 12 Duke Environmental Law and Poliy Forum, 1(2001).

7. Alden F. Abbot, *The Case Against Federal Statutory and Judicial Deadlines: A Cost – benefit Appraisal*, 39 Administrative Law Review, 171 (1987).

8. Antonin Scalia, *The Doctrine of Standing as an Essential Element of the Separation of Powers*, 17 Suffolk University Law Review, 881(1983).

9. Barry Boyer & Errol Meidinger, *Privatizing Regulatory Enforcement: A Preliminary Assessment of Citizen Suits under Federal Environmental*, 34 Buffalo Law Review, 939(1985).

10. Barton H. Thompson Jr., *The Continuing Innovation of Citizen Enforcement*, 2000 University of Illinois Law Review, 185(2000).

11. Cass R. Sunstein, *What's Standing after Lujan? Citizen Suits, Injuries, and Article* 3, 91 Michigan Law Review, 179(1992).

12. Cass R. Sunstein, *Standing and the Privatization of Public Law*, 88 Columbia Law Review, 1432(1988).

13. Cass R. Sunstein, *Article* Ⅱ *Revisionism*, 92 Michigan Law Review, 131(1993).

14. Cass R. Sunstein & Fourth Panelist, *Panel* Ⅱ *: Public Versus Private Environmental Regulation*, 21 Ecology Law Quarterly, 455(1994).

15. Cassandra Stubbs, *Is the Environmental Citizen Suit Dead? An Examination of the Erosion of Standards of Justiciability for Environmental Citizen Suits*, 26 New York University Review of Law and Social Change, 77(2000 – 2001).

16. Catherine R. Albiston & Laura Beth Nielsen, *The Procedural Attack on Civil Rights: The Empirical Reality of Buckhannon for the Private Attorney General*, 54 UCLA Law Review., 1 (2007).

17. Catherine Albiston, *The Rule of Law and the Litigation Process: The Paradox of Losing by Winning*, 33 Law & Society Review, 869(1999).

18. Courtney Chin, *Standing Still: The Implications of Clapper for Envi-*

ronmental Plaintiffs' Constitutional Standing,40 Columbia Journal of Environmental Law,335(2015).

19. Charles S. Abell,*Ignoring The Trees For The Forests:How the Citizen Suit Provision of the Clean Water Act Violates the Constitution's Separation of Powers Principle*,81 Virginia Law Review,1957(1995).

20. Clifford Rechtschaffen,*Deferrence vs. Cooperation And The Evolving Theory of Environmental Enforcement*,71 South Carolina Law Review,1181(1998).

21. Dan M. Kahan,*Reciprocity, Collective Action,And Community Policing*,90 California Law Review,1513(2002).

22. Dan Tarlock,*Environmental Law:Ethics or Science?*,7 Duke Environmental Law and Poliy Forum, 193(1996).

23. Daniel J. Fiorino, *Citizen Participation and Environmental Risk:A Survey of Institutional Mechanisms*, 15 Science, Technology & Human Values,226(1990).

24. Daniel P. Selmi,*Jurisdiction to Review Agency Inaction under Federal Environmental Law*,72 Indiana Law Journd,65 (1996).

25. David R. Hodas,*Enforcement of Environmental Law in a Triangular Federal System:Can Three Not be a Crowd When Enforcement Authority is Shared by the United States,the States,and Their Citizens?*,54 Maryland Law Review,1552(1995).

26. David A. Dana,*The Uncertain Merits of Environmental Enforcement Reform:The Case of Supplemental Environmental Projects*,1998 Wisconsin. Law Review,1181(1998).

27. Deborah L. Rhode,*Public Interest Law:The Movement at Midlife*,60 Stanford Law Review,2027(2008).

28. Drury D. Stevenson & Sonny Eckhart,*Standing as Channeling in the Administrative Age*,53 Boston College Law Review,1357(2012).

29. Edward Lloyd,*Supplemental Environmental Projects Have Been Effectively Used in Citizen Suits to Deter Future Violations as Well as to Achieve Significant Additional Environmental Benefits*,10 Widener Law Re-

view,413(2004).

30. Edward A. Hartnett,*The Standing of the United States:How Criminal Prosecutions Show that Standing Doctrine Is Looking for Answers in All the Wrong Places*, 97 Michigan Law Review 2239 (1999).

31. Eileen Gauna, *Federal Environmental Citizen Provisions: Obstacles And Incentives on the Road to Environmental Justice*,22 Ecology Law Quarterly,1(1995).

32. Elizabeth R. Thagard,*The Rule That Clean Water Act Civil Penalties Must go to the Treasury and How to Avoid It*,16 Harvard Environmental Law Review,507(1992).

33. Eric Biber,*The Importance of Resource Allocation in Administrative Law*,60 Administrative Law Review,1 (2008).

34. Ernest Gellhorn,*Public Participation in Administrative Proceedings*, 81 Yale Law Journal,359(1972).

35. Evan Caminker, *The Constitutionality of Qui Tam Actions*,99 Yale Law Journal,341(1989).

36. F. Andrew Hessick,*Standing,Injury in Fact,and Private Rights*,93 Cornell Law Review,275(2008).

37. Frank Fischer,*Citizen Participation and the Democratization of Policy Expertise: From Theoretical Inquiry to Practical Cases*, 26 Policy Sciences,165(1993).

38. Frank B. Cross, *Rethinking Environmental Citizen Suits*, 8 Temple Environmental Law and Techndogy Journal,55(1989).

39. Gene R. Nichol,Jr. ,*Standing for Privilege:The Failure of Injury Analysis*,82 Boston University Law Review,301(2002).

40. George R. Rogers, *Legislative Intent vs. Executive Non – enforcement:A New Bounty Statute as a Solution to Executive Usurpation of Congressional Power*,69 Indiana Law Journal,1257(1993).

41. Gillian E. Metzger, Privatization as Delegation, 103 Columbia Law Review,1367(2003).

42. Gillian E. Metzger,Federalism and Federal Agency Reform,111 Co-

lumbia Law Review,1(2011).

43. Henry P. Monaghan, Constitutional Adjudication: The Who and When,82 The Yale Law Journal,1365(1973).

44. Karl S. Coplan,Is Citizen Suit Notice Jurisdictional and Why Does it Matter?,10 Widener Law Review,49 (2003).

45. James M. Hecker,*The Citizen's Role in Environmental Enforcement: Private Attorney General,Private Citizen,or Both?* 8 Natural. Resources and Environmental,31(1994).

46. James L. Thompson, *Citizen Suits and Civil Penalties under the Clean Water Act*,85 Michigan Law Review,1656(1987).

47. James T. Lang,*Citizens' Environmental Lawsuits*,47 Texas Environmental Law Journal,17(2017).

48. James R. May,*Now More than Ever: Trends in Environmental Citizen Suits at* 30,10 Widener Law Review,1(2003).

49. Jeannette L. Austin,*The Rise of Citizen - Suit Enforcement in Environmental Law: Reconciling Private and Public Attorneys General*,81 Northwestern University Law Review,220(1987).

50. Jeremy A. Rabkin,*The Secret Life of the Private Attorney General*, 61 Law & Contemporary Problems ,179(1998).

51. Jeffrey M. Gaba,*Mary E. Kellya. The Citizen Suit Provision of CERCLA: A Sheep in Wolf's Clothing?* 43 South Western Law Journal, 929 (1990).

52. Jeffrey G. Miller,*Overlooked Issues in the Diligent Prosecution Citizen Suit Preclusion*,10 Widener Law Review,63 (2003).

53. Jeffrey G. Miller, *Theme and Variations in Statutory Preclusions Against Successive Environmental Enforcement Actions by EPA and Citizens, Part One: Statutory Bars in Citizen Suit Provisions*, 28 Harvard Environmental Law Review,401 (2004).

54. Jim Rossi,*Participation Run Amok: The Costs of Mass Participation for Deliberative Agency Decisionmaking*,92 Northwestern University Law Review,173(1997).

55. Jody Freeman, *The Private Role in Public Governance*, 75 New York University Law Reiew, 543 (2000).

56. John C. Dernbach, *Citizen Suits and Sustainability*, 10 Widener Law Review, 503 (2004).

57. John M. De Figueiredo & Emerson H. Tiller, *Congressional Control of the Courts: A Theoretical and Emirical Analysis of Expansion of the Federal Judiciary*, 39 Journal Law & Economics, 435 (1996).

58. Jonathan S. Campbell, *Has the Citizen – Suit Provision of the Clean Water Act Exceeded Its Supplemental Birth?*, 24 William & Mary Environmental Law and Policy Review, 305 (2000).

59. Jonathan R. Macey, *Promoting Public – Regarding Legislation Through Statutory Interpretation: An Interest Group Model*, 86 Columbia Law Review, 223 (1986).

60. Harold J. Krent & Ethan G. Shenkman, *Of Citizens Suits and Citizen Sunstein*, 91 Michigan Law Review, 1793 (1993).

61. Hope Babcock, *The Effect of the Supreme Court's Eleventh Amendment Jurisprudence on Environmental Citizen Suits: Gotcha!*, 10 Widener Law Review, 205 (2003).

62. Holly Doremus, *Adaptive Management, The Endangered Species Act, and the Institutional Challenges of New Age Environmental Protection*, 41 Washburn Law Joural, 50 (2001).

63. Louis L. Jaffe, *Standing to Secure Judicial Review: Public Actions*, 75 Harvard Law Review, 255 (1961).

64. Mark Tannahill, *Fee – Shifting Provisions and the Clean Air Act: Should Financially – Motivated Plaintiffs Be Barred From Recovering Fees?*, 49 Santa Clara Law Review, 863 (2009).

65. Mark Seidenfeld & Janna Satz Nugent, *The Friendship of the People: Citizen Participation In Environmental Enforcement*, 73 George. Washington Law Review, 269 (2005).

66. Mark Seidenfeld, *A Big Picture Approach to Presidential Influence on Agency Policy – Making*, 80 Iowa Law Review, 1 (1994).

67. Mark A. Ryan, *Clean Water Act Citizen Suits: What the Numbers Tell Us*, 32 Natural Resources and Environment, 20(2017).

68. Mark A. Cohen Paul, *Private Enforcement of Public Policy*, 3 Yale Joural on Regulation, 167 (1985).

69. Marco Restani & John M. Marzluff, *Funding Extinction? Biological Needs and Political Realities in the Allocation of Resources to Endangered Species Recovery*, 52 Bio Science, 169, 174 (2002).

70. Matthew C. Stephenson, *Public Regulation of Private Enforcement: The Case for Expanding the Role of Administrative Agencies*, 91 Virginia Law Review, 93(2005).

71. Michael A. Perino, *Justice Scalia: Standing, Environmental Law and the Supreme Court*, 15 Boston College Environmental Affairs Law Review, 144(1987).

72. Michael Paul Steve, *Limits On Supplemental Environmental Projects in Consent Agreements to Settle Clean Water Act Citizen Suits*, 10 Geogia State University Law Review, 757(1994).

73. Michael S. Greve, *The Private Enforcement of Environmental Law*, 65 Tulane Law Review, 339(1990).

74. Paul Sabin, *Environmental Law and the End of the New Deal Order*, 33 Law & Historg Review, 965(2015).

75. Peter L. Strauss, *Revisiting Overton Park: Political and Judicial Controls over Administrative Actions Affecting the Community*, 39 UCLA Law Review, 1251(1992).

76. Peter L. Strauss, *The Place of Agencies in Government: Seperation of Powers and the Fourth Branch*, 84 Columbia Law Review, 573(1984).

77. Phil Brown, *Popular Epidemiology: Community Response to Toxic Waste – Induced Disease in Woburn, Massachusetts*, 12 Science, Technology & Human Values, 78(1987).

78. Richard B. Stewart, *The Discontents of Legalism: Interest Group Relations in Administrative Regulation*, 1985 Wisconsin Law Review, 655 (1985).

79. Richard B. Stewart & Cass R. Sunstein, *Public Programs and Private Rights*, 95 Harvard Law Review, 1193(1982).

80. Richard B. Stewart, *The Reformation of American Administrative Law*, 88 Harvard Law Review, 1669(1975).

81. Richard J. Lazarus, *Thirty Years of Environmental Protection Law in the Supreme Court*, 17 Pace Environmental Law Review, 1(1999).

82. Richard J. Lazarus, *Fairness in Environmental Law*, 27 Environmental Law, 705(1997).

83. Richard J. Pierce, Jr. , *Is Standing Law or Politics?*, 77 North Carolina Law Review, 5(1999).

84. R. Shep Melnick, *Administrative Law and Bureaucratic Reality*, 44 Administrative Law Review, 245(1992).

85. Robin Kundis Craig, *Notice Letters and Notice Pleading: The Federal Rules of Civil Procedure and the Sufficiency of Environmental Citizen Suit Notice*, 78 Oregon Law Review, 105(1999).

86. Robert F. Blomquist, *Rethinking the Citizen as Prosecutor Model of Environmental Enforcement under the Clean Water Act: Some Overlooked Problems of Outcome Independent Values*, 22 Georgia Law Review, 337 (1988).

87. Robert v. Percival, *Environmental Federalism: Historical Roots and Contemporary Models*, 54 Maryland Law Review, 1165(1995).

88. Robert L. Glicksman, *The Value of Agency – Forcing Suits to Enforce Nondiscretionary Duties*, 10 Widener Law Review, 353 (2004).

89. Sidney A. Shapiro & Robert L. Glicksman, *Congress, The Supreme Court, and the Quiet Revolution in Administrative Law*, 1988 Duke Law Journal, 819 (1988).

90. Sara Mogharabi, *Dacia Meng, Anthony Papetti, Zaheer Tajan, Environmental Citizen Suits in the Trump Era*, 32 Natural Resources & Environment, 3(2017).

91. Scott L. Cummings & Deborah L. Rhode, *Public Interest Litigation: Insights from Theory and Practice*, 36 Fordham Urban Law Journal, 603(2009).

92. Shi – Ling Hsu, *Fairness Versus Efficiency in Environmental Law*, 31 Ecology Law Quarterly, 303(2004).

93. Steven L. Winter, *The Metaphor of Standing and the Problem of Self-Governance*, 40 Stanford Law Review, 1371(1988).

94. Steven L. Winter, *What if Justice Scalia Took History and the Rule of Law Seriously?*, 12 Duke Environmental Law & Policy Forum, 155(2001).

95. Stephen J. Driscoll, *Environmental Private Actions: Are Special Interest Groups Hobbling Comprehensive Programs Without Standing Themselves?*, 24 Rutgers Law Journal, 469(1993).

96. Stephen Breyer, *Judicial Review of Questions of Law and Policy*, 38 Adminstrative Law Review, 363(1986).

97. Stephen M. Johnson, *Private Plaintiffs, Public Rights: Article* Ⅱ *and Environmental Citizen Suits*, 49 University of Kansas Law Review, 383 (2001).

98. Thomas W. Merrill, *Capture Theory and the Courts*: 1967 – 1983, 72 Chicago – Kent Law Review, 1039(1997).

99. Trevor W. Morrison, *Private Attorneys General and the First Amendment*, 103 Michigan Law Review, 589(2005).

100. Walter B. Russell & Ⅲ Paul Thomas Grego, *Awards of Attorney's Fees in Environmental Litigation: Citizen Suits and the Appropriate Standard*, 18 Geogia Law Review, 307(1984).

101. William B. Rubenstein, *On What a Private Attorney General Is—and Why It Matters*, 57 Vanderbit Law Review, 2129(2004).

102. William Yeatman, *Deadline Citizen Suits: An Idea Whose Time Has Expired*, 8 Appalachian Natural Resources Law Journal, 51, 64 (2014).

103. Will Reisinger, *Trent A. Dougherty & Nolan Moser*, *Environmental Enforcement and the Limits of Cooperative Federalism: Will Courts Allow Citizen Suits to Pick Up The Slack?*, 20 Duke Environmental Law and Policy Forum, 1(2010).

